AF329851

ÉLIE FAURE

HISTOIRE DE L'ART

L'ART ANTIQUE

*... tu vois, Prométhée, celui qui
a donné aux hommes le feu...*
ESCHYLE.

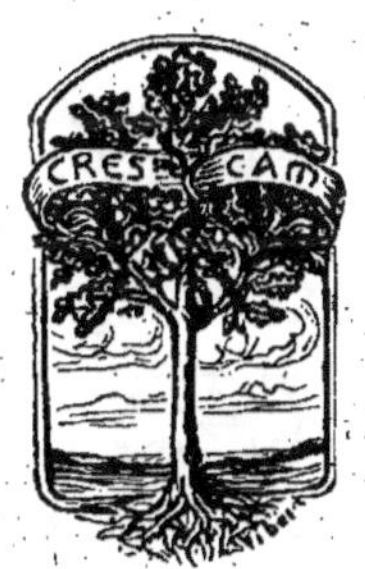

PARIS

LES ÉDITIONS G. CRÈS & Cie

21, RUE HAUTEFEUILLE

·MCMXXI

LES ÉDITIONS G. CRÈS & CIE

21, RUE HAUTEFEUILLE, PARIS, VIe

ŒUVRES D'ÉLIE FAURE :

Vélasquez (Laurens, éditeur) . . . . (*épuisé*) 1 vol.
Formes et Forces (Floury, éditeur) . . . .   —   1 vol.
Eugène Carrière   (id.)   . . . .   —.   1 vol.

HISTOIRE DE L'ART

I.   L'Art antique. (Éditions G. Crès et Cie) . . . . 1 vol.
II.   L'Art médiéval   (id.)   . . . . (*sous presse*). 1 vol.
III.   L'Art renaissant   (id.)   . . . . . .   —   1 vol.
IV.   L'Art moderne.   (id.)   . . . . 1 vol.
Les Constructeurs (Éditions G. Crès et Cie). . . (*en réimpression*) 1 vol.
La Conquête   (id.)   . . . . 1 vol.
La Sainte Face   (id.)   . . . . 1 vol.
La Roue, roman   (id.)   . . . . 1 vol.
La Danse sur le feu et l'eau   (id.)   . . . . 1 vol.

POUR PARAITRE :

Napoléon (Éditions G. Crès et Cie) . . . . 1 vol.
L'Esprit des Formes. 1 vol.
L'Arbre d'Eden . . . . 1 vol.

*

EXTRAIT DU CATALOGUE GÉNÉRAL

BEAUX-ARTS

COLLECTION « GANYMÈDE »

Chacun de ces trois albums est tiré à Cent exemplaires, numérotés de I à C.

Les Légendes religieuses de Rembrandt. — Préface de ÉLIE FAURE. Reproduction de vingt dessins (crayon, plume et lavis) grandeur nature et absolument identique (pour la couleur et le trait) aux originaux. Texte sur VAN GELDER. Format de l'album : 0,58×0,42. . . . . **1.200** »

Albrecht Durer. Paysages de la première époque. — Préface de ÉLIE FAURE. Reproduction de dix aquarelles en grandeur nature et absolument identique (pour la couleur et le dessin) aux originaux. Tirage sur papiers à la forme semblables aux papiers des originaux et fabriqués spécialement pour cet ouvrage. Format de l'album : 0,52×0,37. . . . . **1.000** »

Constantin Guys. Légendes parisiennes. — Préface de PAUL COLIN. Reproduction de quinze aquarelles en grandeur nature et absolument identique (pour la couleur et le trait) aux originaux. Format de l'album : 0,62×0,47 **1.100** »

HISTOIRE
DE L'ART

L'ART ANTIQUE

LES ÉDITIONS G. CRÈS & Cie

ÉLIE FAURE

HISTOIRE DE L'ART

I. — L'ART ANTIQUE : *La Préhistoire. L'Egypte. L'ancienne Asie. La Grèce. Rome.*

II. — L'ART MÉDIÉVAL : *Les Indes. La Chine. Le Japon. Les Tropiques. Byzance et l'Islam. Le Christianisme. L'Art Gothique.* (Épuisé, en réimpression.)

III. — L'ART RENAISSANT : *Venise. Florence. Rome. La Flandre. La France. L'Allemagne.* (Épuisé, en réimpression.)

IV. — L'ART MODERNE : *La Flandre. La Hollande. L'Espagne. La Monarchie française et le dogme esthétique. La passion rationaliste. L'Angleterre. Le Romantisme et le Matérialisme. La Genèse contemporaine.*

ÉVREUX, IMPRIMERIE CH. HÉRISSEY (1-1921)

ÉLIE FAURE

HISTOIRE DE L'ART

L'ART ANTIQUE

*... tu vois, Prométhée, celui qui
a donné aux hommes le feu...*

ESCHYLE.

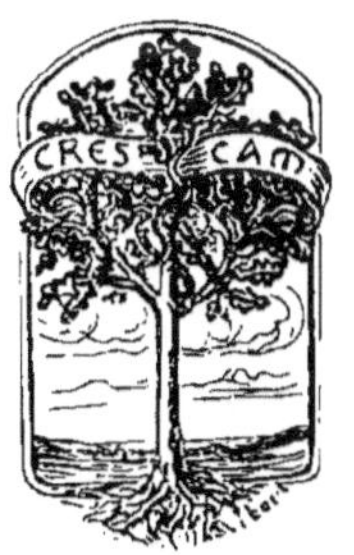

PARIS

LES ÉDITIONS G. CRÈS & Cie

21, RUE HAUTEFEUILLE

MCMXXI

Copyright by Editions G. Crès et Cⁱᵉ, 1921.

Tous droits de reproduction, de traduction et d'adaptation
réservés pour tous pays.

A

MA FEMME

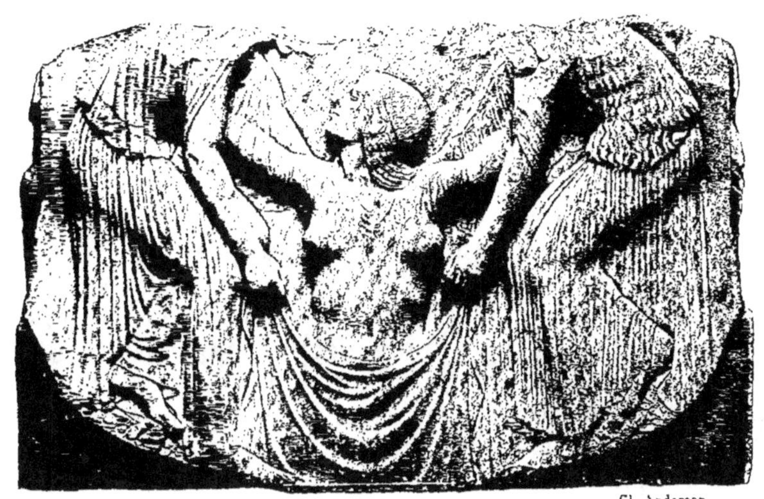

INTRODUCTION

A LA PREMIÈRE ÉDITION (1909).

L'art, qui exprime la vie, est mystérieux comme elle. Il échappe, comme elle, à toute formule. Mais le besoin de le définir nous poursuit, parce qu'il se mêle à toutes les heures de notre existence habituelle pour en magnifier les aspects par ses formes les plus élevées ou les déshonorer par ses formes les plus déchues. Quelle que soit notre répugnance à faire l'effort d'écouter et de regarder, il nous est impossible de ne pas entendre et de ne pas voir, il nous est impossible de renoncer tout à fait à nous faire une opinion quelconque sur le monde des apparences dont l'art a précisément la mission de nous révéler le sens. Les historiens, les moralistes, les biologistes, les métaphysiciens, tous ceux qui demandent à la vie le secret de

I

ses origines et de ses fins sont conduits tôt ou tard à rechercher pourquoi nous nous retrouvons dans les œuvres qui la manifestent. Mais ils nous obligent tous à rétrécir notre vision, quand nous entrons dans l'immensité mouvante du poème que l'homme chante, oublie, recommence à chanter et à oublier depuis qu'il est homme, à la mesure des cadres trop étroits de la biologie, de la métaphysique, de la morale, de l'histoire. Or, le sentiment de la beauté est solidaire de toutes ces choses à la fois, et sans doute aussi il les domine et les entraîne vers l'unité possible et désirée de toute notre action humaine, qu'il est seul à réaliser.

Ce n'est qu'en écoutant son cœur qu'on peut parler de l'art sans l'amoindrir. Nous portons tous en nous notre part de vérité, mais nous l'ignorerons nous-mêmes si nous n'avons pas le désir passionné de la rechercher et si nous n'éprouvons aucun enthousiasme à la dire. Celui qui laisse chanter en lui les voix divines, celui-là seul sait respecter le mystère de l'œuvre où il a puisé le besoin de faire partager aux autres hommes son émoi. Michelet n'a pas trahi les ouvriers gothiques ou Michel-Ange, parce que la passion qui soulève le vaisseau des cathédrales ou déchaîne son orage aux voûtes de la Sixtine le dévorait. Baudelaire a pénétré jusqu'au foyer central d'où rayonne en force et en lumière l'esprit des héros, parce qu'il est un grand poète. Et si les idées de Taine ne sont pas mortes avec lui, c'est que sa nature d'artiste dépasse sa volonté et que sa raideur dogmatique est débordée sans cesse par le flot toujours renouvelé des sensations et des images.

Il est venu à l'heure où nous apprenions que notre propre destinée était liée aux actes de ceux qui nous précèdent sur la route et à la structure même de la terre où nous sommes nés. Il avait le droit de voir la forme de notre pensée sortir du moule de l'histoire. « L'art résume la vie ». Il entre en nous avec la force de nos sols, avec la couleur de nos ciels, à travers les préparations ataviques qui le déterminent, les passions et les volontés des hommes qu'il définit. Nous employons à l'expression de nos idées les matériaux qu'atteint notre regard

II

et que nos mains peuvent toucher. Il est impossible que Phidias et Rembrandt, le sculpteur qui vit dans la lumière du Midi, au milieu d'un monde accusé, le peintre qui vit dans la brume du Nord, au milieu d'un monde flottant, deux hommes que séparent vingt siècles au cours desquels l'humanité a vécu, a souffert, a vieilli, se servent des mêmes mots... Seulement il est nécessaire que nous nous reconnaissions dans Rembrandt comme dans Phidias.

C'est notre langage, et seulement notre langage qui prend et garde l'apparence de ce qui frappe immédiatement nos sens autour de nous. Nous ne demanderions à l'art que de nous enseigner l'histoire s'il n'était qu'un reflet des sociétés qui passent avec l'ombre des nuages sur le sol. Mais il nous raconte l'homme, et l'univers à travers lui. Il dépasse l'instant, il élargit le lieu de toute la durée, de toute la compréhension de l'homme, de toute la durée et l'étendue de l'univers. Il fixe l'éternité mouvante dans sa forme momentanée.

En nous racontant l'homme, c'est nous qu'il nous apprend. L'étrange, c'est qu'il soit besoin de nous le dire. Le livre de Tolstoï [1], ne signifiait pas autre chose. Il est venu à une heure douloureuse, alors que fortement armés par notre enquête, mais désorientés devant les horizons qu'elle ouvre et nous apercevant que notre effort s'est dispersé, nous cherchons à confronter les résultats acquis pour nous unir dans une foi commune et marcher de l'avant. Nous pensons et nous croyons ce que nous avons besoin de penser et de croire, c'est ce qui donne à nos pensées et à nos croyances, au cours de notre histoire, ce fond indestructible d'humanité qu'elles ont toutes. Tolstoï a dit ce qu'il était nécessaire de dire à l'instant où il l'a dit.

L'art est l'appel à la communion des hommes. Nous nous reconnaissons les uns les autres aux échos qu'il éveille en nous, que nous transmettons à d'autres que nous par l'enthousiasme et qui retentissent en action vivante dans toute la durée

---

1. *Qu'est-ce que l'art ?*

des générations sans parfois qu'elles le soupçonnent. Si quelques-uns d'entre nous entendent seuls cet appel aux heures d'incompréhension et d'affaissement général, c'est qu'ils représentent à ces heures l'effort idéaliste qui ranimera l'héroïsme endormi dans les multitudes. On a dit que l'artiste se suffit à lui-même. Ce n'est pas vrai. L'artiste qui le dit est atteint d'un orgueil mauvais. L'artiste qui le croit n'est pas un artiste. S'il n'avait pas eu besoin du plus universel de nos langages, l'artiste ne l'aurait pas créé. Dans une île déserte, il bêcherait la terre pour faire pousser son pain. Nul n'a plus besoin que lui de la présence et de l'approbation des hommes. Il parle parce qu'il les sent autour de lui, et dans l'espoir souvent déçu et jamais découragé qu'ils finiront par l'entendre. C'est sa fonction de répandre son être, de donner le plus possible de sa vie à toutes les vies, de demander à toutes les vies de lui donner le plus possible d'elles, de réaliser avec elles, dans une collaboration obscure et magnifique, une harmonie d'autant plus émouvante qu'un plus grand nombre d'autres vies viennent y participer. L'artiste, à qui les hommes livrent tout, leur rend tout ce qu'il leur a pris.

Rien ne nous touche, hors de ce qui nous arrive ou de ce qui peut nous arriver. L'artiste, c'est nous-mêmes. Il a derrière lui les mêmes profondeurs d'humanité enthousiaste ou misérable, il a autour de lui la même nature secrète qu'élargit chacun de ses pas. L'artiste, c'est la foule à qui nous appartenons tous, qui nous définit tous avec notre consentement ou malgré notre révolte. Il n'a pas le pouvoir de ramasser les pierres de la maison qu'il nous bâtit au risque de s'écraser la poitrine et de se déchirer les mains, sur une autre route que celle que nous suivons à ses côtés. Il faut qu'il souffre de ce qui fait notre souffrance, que nous le fassions souffrir. Il faut qu'il ressente nos joies, qu'il tienne de nous ses joies. Il est nécessaire qu'il vive nos deuils et nos victoires intérieures, même quand nous ne les sentons pas.

L'artiste ne peut sentir et dominer son milieu qu'à la condition de le prendre comme moyen de création. Alors seule-

IV

ment il nous livre ces réalités permanentes que tous les faits et toutes les minutes révèlent à ceux qui savent les voir et les vivre. Elles survivent aux sociétés humaines comme la masse de la mer aux agitations de sa surface. L'art est toujours « un système de relations », et un système synthétique, même l'art primitif qui avoue, dans l'accumulation infatigable du détail, la poursuite passionnée d'un sentiment essentiel. Toute image, au fond, est un résumé symbolique de l'idée que se fait l'artiste du monde illimité des sensations et des formes, une expression de son désir d'y faire régner l'ordre qu'il sait y découvrir. L'art a été, dès ses plus humbles origines, la réalisation des pressentiments de quelques-uns répondant aux besoins de tous. Il a forcé le monde à lui livrer les lois qui nous ont permis d'établir progressivement sur le monde la royauté de notre esprit. Émané de l'humanité, il a révélé à l'humanité sa propre intelligence. Il a défini les races, il porte seul le témoignage de leur dramatique effort. Si nous voulons savoir ce que nous sommes, il faut que nous comprenions ce qu'il est.

Il est l'initiateur de quelques réalités profondes dont la possession définitive, si elle ne devait tuer le mouvement et par lui l'espérance, permettrait à l'humanité d'introduire en elle et autour d'elle la suprême harmonie qui est le but fuyant de son effort. Il est quelque chose d'infiniment plus grand à coup sûr que ne se le représentent ceux qui ne le comprennent pas, de plus pratique peut-être que ne se le représentent beaucoup de ceux qui sentent la force de son action. Né de l'association de nos sensibilités et de nos expériences pour la conquête de nous-mêmes, il n'a rien en tout cas de cette distraction désintéressée où Kant, Spencer, Guyau lui-même ont voulu limiter son rôle. Toutes les images du monde sont pour nous des instruments utiles, et l'œuvre d'art ne nous attire que parce que nous reconnaissons en elle notre désir formulé.

Nous avouons volontiers que les objets d'utilité première, nos vêtements, nos meubles, nos véhicules, nos routes, nos

v

maisons nous semblent beaux dès qu'ils remplissent leur fonction avec fidélité. Mais nous nous obstinons à placer au-dessus, c'est-à-dire hors de la nature, les organismes supérieurs où elle se dénonce à nous avec le plus d'intérêt pour nous-mêmes, notre corps, notre visage, notre pensée, le monde infini des idées, des passions et des paysages au milieu desquels ils vivent, qu'ils définissent et qui les définissent sans que nous puissions les séparer. Guyau n'allait pas assez loin quand il se demandait si le geste le plus utile n'est pas le geste le plus beau et nous reculons avec lui devant le mot décisif comme s'il devait étouffer notre rêve, que nous savons pourtant impérissable puisque nous n'atteindrons jamais cette réalisation de nous-mêmes que nous poursuivons sans arrêt. Or, ce mot a été prononcé. et par celui de tous les hommes dont l'intelligence fut la plus libérée, peut-être, de toute entrave matérielle : « N'est-ce pas la fonction d'un beau corps, disait Platon, n'est-ce pas son utilité qui nous démontrent qu'il est beau ? Et tout ce que nous trouvons beau, les visages, les couleurs, les sons, les métiers, tout cela n'est-il pas d'autant plus beau que nous le sentons plus utile ? »

Que notre idéalisme se rassure ! Ce n'est que par une longue accumulation d'émotions et de volontés que l'homme parvient à reconnaître sur sa route les formes qui lui sont utiles. C'est ce choix seul, opéré par quelques esprits, qui déterminera pour l'avenir dans l'instinct de multitudes ce qui est destiné à passer du domaine de la spéculation dans le domaine de la pratique. C'est notre développement général, c'est l'épuration pénible et progressive de notre intelligence et de notre désir qui créent et rendent nécessaires les formes de civilisation qui se traduisent, pour les esprits positifs, par la satisfaction directe et facile de tous leurs besoins matériels. Ce qu'il y a de plus utile à l'homme, c'est l'idée.

La forme belle, qu'elle soit un arbre ou un fleuve, les seins d'une femme ou ses flancs, les épaules ou les bras d'un homme ou le crâne d'un dieu, la forme belle c'est la forme qui s'adapte à sa fonction. L'idée n'a pas d'autre rôle que de nous

VI

la définir. L'idée, c'est l'aspect supérieur et l'extension infinie dans le monde et l'avenir du plus impérieux de nos instincts qu'elle résume et dénonce comme la fleur et le fruit résument la plante, la prolongent et la perpétuent. Tout être, même le plus bas, enferme en lui, une fois au moins dans son aventure terrestre, quand il aime, toute la poésie du monde. Et ce que nous appelons l'artiste c'est celui d'entre les êtres qui maintient, en face de la vie universelle, l'état d'amour dans son cœur. La formidable voix obscure qui révèle à l'homme et à la femme la beauté de la femme et de l'homme et qui les pousse à un choix décisif afin d'éterniser et de perfectionner leur espèce, ne cesse pas de retentir en lui, élargie et multipliée de toutes les voix et les murmures et les rumeurs et les tressaillements qui l'accompagnent. Cette voix, il l'entend toujours, toutes les fois que les herbes remuent, toutes les fois qu'une forme violente ou gracieuse affirme la vie sur son chemin, toutes les fois qu'il suit des racines aux feuilles l'ascension des sucs souterrains dans le tronc et les rameaux des arbres, toutes les fois qu'il regarde la mer se soulever et s'abaisser comme pour répondre aux marées des milliards de germes qu'elle roule, toutes les fois que la force de fécondation de la chaleur ou de la pluie l'inonde, toutes les fois que les vents générateurs lui répètent que les hymnes humains se font avec les appels de volupté et d'espérance dont le monde est rempli. Il cherche les formes qu'il pressent comme les cherchent l'homme, l'animal en proie à l'amour. Son désir va de l'une à l'autre, il établit entre elles des comparaisons impitoyables d'où jaillit un jour la forme supérieure, l'idée dont le souvenir pèsera sur son cœur tant qu'il ne lui aura pas communiqué sa vie. Il souffre jusqu'à la mort, parce que chaque fois qu'il a fécondé une forme, donné l'essor à une idée, l'image d'une autre naît en lui pour le torturer et que son espoir jamais lassé d'atteindre ce qu'il désire ne peut naître que du désespoir de ne pas l'avoir atteint. Il souffre, son inquiétude tyrannique fait souvent souffrir ceux qui vivent à ses côtés. Mais il console autour de lui et cinquante siècles après lui des millions

VII

d'hommes. Les images qu'il laissera assureront à ceux qui sauront en comprendre la logique et la certitude un accroissement de pouvoir. Ils goûteront à l'écouter l'illusion qu'il a goûtée une minute, l'illusion souvent redoutable mais toujours anoblissante de l'adaptation absolue.

C'est la seule illusion divine ! Nous appelons un Dieu la forme qui traduit le mieux notre désir, sensuel, moral, individuel, social, qu'importe ! notre désir indéfini de comprendre, d'utiliser la vie, de reculer sans cesse les limites de l'intelligence et du cœur. Nous envahissons de ce désir les lignes, les saillies, les volumes qui nous dénoncent cette forme, et c'est dans la rencontre avec les puissances profondes qui circulent au dedans d'elle que le Dieu se révèle à nous. Du choc de l'esprit qui l'anime et de l'esprit qui nous anime jaillit la vie. Nous ne saurons l'utiliser que si elle répond tout entière aux mouvements obscurs qui dictent nos propres actions. Quand Rodin voit frémir dans l'épaisseur du marbre un homme et une femme noués par leurs bras et leurs jambes, si étroite que soit l'étreinte, jamais nous n'en comprendrons la tragique nécessité si nous ne sentons pas qu'une force intérieure, le désir, confond les cœurs et les chairs des corps soudés ensemble. Quand Carrière arrache à la matière universelle une mère donnant le sein à son enfant, nous ne comprendrons pas la valeur de cet enlacement si nous ne sentons pas qu'une force intérieure, l'amour, commande l'inclinaison du torse et la courbe du bras maternel, et qu'une autre force intérieure, la faim, blottit l'enfant dans la poitrine. L'image qui n'exprime rien n'est pas belle, et le plus beau sentiment nous échappe s'il ne détermine pas directement l'image qui le traduira. Les frontons, les fresques, les épopées, les symphonies, les plus hautes architectures, toute la liberté entraînante, la gloire et l'irrésistible pouvoir du temple infini et vivant que nous élevons à nous-mêmes sont dans ce mystérieux accord.

Il définit dans tous les cas toutes les formes supérieures des témoignages de confiance et de foi que nous avons laissés sur notre longue route, tout notre effort idéaliste qu'aucun

VIII

finalisme — au sens « radical » [1] que donnent à ce mot les philosophes — n'a dirigé. Notre idéalisme n'est autre que la réalité de notre esprit. La nécessité d'adaptation le crée, le maintient en nous pour l'accroître et le transmettre à nos enfants. Il est en puissance au fond de notre vie morale originelle comme l'homme physique est contenu dans le lointain protozoaire. Notre recherche de l'absolu, c'est le désir infatigable du repos que nous donnerait le triomphe définitif sur l'ensemble des forces aveugles qui s'opposent à nos progrès. Mais, pour notre salut, à mesure que nous allons, la fin s'éloigne. La fin de la vie, c'est de vivre, et c'est à la vie toujours mouvante et toujours renouvelée que notre idéal nous conduit.

Quand on suit la marche du temps, qu'on passe d'un peuple à un autre, les formes de cet idéal semblent changer. Mais ce qui change, au fond, ce sont les besoins de ce temps, ce sont les besoins de ces peuples dont l'avenir seul peut démontrer, à travers les variations d'apparence, l'identité de nature et le caractère d'utilité. A peine sortis du monde égypto-hellénique, nous voyons s'étendre en surface le royaume de l'esprit. Les temples indous, les cathédrales font éclater ses frontières, les estropiés espagnols, les pauvres de Hollande l'envahissent sans y introduire un seul de ces types d'humanité générale par qui les premiers artistes avaient défini nos besoins. Qu'importe. Le grand rêve humain peut reconnaître, là encore, l'effort d'adaptation qui l'a toujours guidé. D'autres conditions de vie sont apparues, des formes d'art différentes nous ont fait sentir la nécessité de les comprendre pour orienter notre action dans le sens de notre intérêt. Le paysage réel, la vie populaire, la vie bourgeoise viennent caractériser avec puissance les aspects quotidiens où notre âme épuisée de rêve peut se recueillir et se refaire. L'appel même de la misère et du désespoir est fait pour exalter notre désir de nous rejoindre, de nous reconnaître et de nous rendre plus forts.

1. BERGSON. *L'Évolution créatrice.*

Si nous nous tournons tour à tour vers les Egyptiens, vers
les Assyriens, vers les Grecs, vers les Indous, vers les Français
du moyen âge, vers les Italiens, vers les Hollandais, c'est que
nous appartenons tantôt à un milieu, tantôt à une époque,
tantôt même à une minute de notre temps ou de notre vie qui
a besoin des uns plus que des autres. Quand nous avons froid,
nous cherchons le soleil, nous cherchons l'ombre quand nous
avons chaud. Les grandes civilisations qui nous ont formés
ont chacune une part égale à notre reconnaissance, parce que
nous avons demandé successivement à chacune d'elles ce
qui nous faisait défaut. Nous avons vécu la tradition quand
nous avions intérêt à la vivre, accepté la révolution quand
elle nous sauvait. Nous avons été idéalistes quand le monde
s'abandonnait au découragement ou pressentait des destinées
nouvelles, réalistes quand il semblait avoir trouvé sa stabilité
provisoire. Nous n'avons pas demandé plus de recueillement
aux races passionnées, ni plus d'élan aux races positives,
parce que nous avons compris la nécessité de la passion et la
nécessité de l'esprit positif. C'est nous qui avons écrit le livre
immense où Cervantès a raconté combien nous étions géné-
reux et combien nous étions pratiques. Nous avons suivi l'un
ou l'autre des grands courants de l'esprit et nous avons pu
invoquer des arguments de valeur à peu près égale pour
justifier nos penchants. Ce que nous appelons l'art idéaliste,
ce que nous appelons l'art réaliste sont des formes momen-
tanées de notre éternelle action. A nous de saisir la minute
immortelle où les forces conservatrices et les forces révolu-
tionnaires de la vie s'épousent pour réaliser l'équilibre de
l'âme humaine.

Ainsi, quelle que soit la forme sous laquelle il nous est offert,
qu'il soit actuellement vrai ou vrai dans notre désir, qu'il soit
vrai à la fois dans son apparence immédiate et dans ses destinées possibles, l'objet par lui-même, le fait par lui-même ne
sont rien. Ils ne valent que par leurs relations infiniment
nombreuses avec une ambiance infiniment complexe et jamais
semblable à une autre, qui traduisent des sentiments univer-

sels d'une infinie simplicité. Chaque fragment de l'œuvre, parce qu'adapté lui-même à sa fin, si humble que soit cette fin, doit retentir en échos silencieux dans toute sa profondeur et dans toute son étendue. Ses tendances sentimentales, au fond, sont d'ordre secondaire : « La belle peinture, disait Michel-Ange, est pieuse en elle-même, car l'âme s'élève par l'effort qu'il lui faut donner pour atteindre la perfection et se confondre en Dieu ; la belle peinture est un reflet de cette perfection divine, une ombre du pinceau de Dieu...! » Idéaliste ou réaliste, actuelle ou générale, que l'œuvre vive, et pour vivre, que l'œuvre soit *une*, d'abord ! L'œuvre qui n'est pas une meurt comme les êtres mal venus que l'espèce, évoluant vers ses destinées supérieures, doit éliminer peu à peu. L'œuvre une, au contraire, vit dans le moindre de ses fragments. Une poitrine de statue antique, un pied, un bras, même à demi rongé par l'humidité souterraine, frémit et paraît tiède au contact de la main, comme si les forces vitales le modelaient encore par le dedans. Le morceau déterré est vivant. Il saigne comme une blessure. Par-dessus le gouffre des siècles, l'esprit retrouve ses rapports avec les débris pulvérisés, anime l'organisme tout entier d'une existence imaginaire, mais présente à notre émotion. C'est le témoignage magnifique de l'importance humaine de l'art, gravant l'effort de notre intelligence dans les assises de la terre, comme les ossements y déposent la trace de l'ascension de nos organes matériels. Réaliser l'unité dans l'esprit et la transporter dans l'œuvre, c'est obéir à ce besoin d'ordre général et durable que notre univers nous impose et que le savant exprime par la loi de continuité, l'artiste par la loi d'harmonie, le juste par la loi de solidarité.

Ces trois instruments essentiels de notre adaptation humaine, la science qui définit les rapports du fait avec le fait, l'art qui suggère les rapports du fait avec l'homme, la morale qui recherche les rapports de l'homme avec l'homme, établissent pour notre usage, d'un bout du monde matériel et spirituel à l'autre, un système de relations dont la permanence et l'utilité nous démontreront la logique. Ils nous apprennent ce qui nous sert, ce qui nous suit. Le reste nous importe peu. Il n'y a ni erreur, ni vérité, ni laideur, ni beauté, ni mal, ni bien hors de l'usage humain que nous voulons en faire. La mission de notre sensibilité, de notre intelligence personnelle est d'en établir la valeur en recherchant de l'un à l'autre les passages mystérieux qui nous permettront d'embrasser la continuité de notre effort afin de tout comprendre et de tout accepter de lui. Ce sera le meilleur moyen d'utiliser peu à peu ce que nous appelons l'erreur, la laideur et le mal en vue d'une éducation plus haute, et de réaliser en nous l'harmonie pour la répandre autour de nous.

L'harmonie est une loi d'ordre profond qui remonte à l'unité première et dont le désir nous est imposé par la plus générale et la plus impérieuse de toutes les réalités. Les formes que nous voyons ne vivent que par les transitions qui les unissent et par qui l'esprit humain peut revenir à la source commune comme il peut suivre le courant nourricier des sèves en partant des fleurs et des feuilles pour remonter jusqu'aux racines. Voyez un paysage s'étendre jusqu'au cercle de l'horizon. Une plaine couverte d'herbes, de bouquets d'arbres, un fleuve qui coule à la mer, des routes bordées de maisons, des villages, des bêtes errantes, des hommes, un ciel plein de lumière ou de nuages. Les hommes se nourrissent avec les fruits des arbres, avec la chair, avec le lait des bêtes qui les habillent de leurs poils et de leurs peaux. Les bêtes vivent des herbes, des feuilles, et si les herbes et les feuilles poussent, c'est que le ciel prend aux mers et aux fleuves l'eau qu'il répand sur elles. Ni naissance, ni mort, la vie permanente et confuse. Tous les aspects de la matière se pénètrent les uns les autres, l'énergie générale flue et reflue, fleurit à tout instant pour se flétrir et refleurir en métamorphoses sans fins, la symphonie des couleurs et la symphonie des murmures ne sont guère que le parfum de la symphonie intérieure faite de la circulation des forces dans la continuité des formes. L'artiste vient, saisit la loi universelle, et nous

XII

rend un monde complet dont les éléments caractérisés par leurs relations principales, participent tous à l'accomplissement harmonieux de l'ensemble de ses fonctions.

Spencer a vu les astres nus s'échapper de la nébuleuse, se solidifier peu à peu, l'eau se condenser à leur surface, la vie élémentaire sourdre de l'eau, diversifier ses apparences, pousser tous les jours plus haut ses branches, ses rameaux, ses fruits, et, comme une fleur sphérique s'ouvre pour livrer sa poussière à l'espace, le cœur du monde s'épanouir dans ses formes multipliées. Mais il semble qu'un désir obscur de retourner à ses origines gouverne l'univers. Les planètes, sorties du soleil, ne peuvent s'arracher au cercle de sa force, comme si elles voulaient s'y replonger. L'atome sollicite l'atome, et tous les organismes vivants, issus d'une même cellule, cherchent des organismes vivants pour refaire cette cellule en s'abîmant en eux... Ainsi le juste quand il se contente de vivre, ainsi le savant, ainsi l'artiste quand ils pénètrent côte à côte dans le monde des formes et des sentiments, font remonter à leur conscience la route qu'il a parcourue pour passer de son ancienne homogénéité à sa diversité actuelle, et dans un héroïque effort, recréent l'unité primitive.

Que l'artiste ait donc l'orgueil de sa vie illuminée et douloureuse ! De ces annonciateurs de l'espérance, il a le rôle le plus haut. Il peut dans tous les cas le conquérir. L'action scientifique, l'action sociale portent en elles une signification assez définie pour se suffire. L'art touche à la science par le monde formel qui est l'élément de son œuvre, il entre dans le plan social en s'adressant à notre faculté d'aimer. Il y a de grands savants qui ne savent pas émouvoir, de grands hommes de bien qui ne savent pas raisonner. Il n'y a pas un héros de l'art qui ne soit en même temps, par l'âpre et longue conquête de son moyen d'expression, un héros de la connaissance, un héros humain par le cœur. Quand il sent vivre en lui la terre et l'espace, et tout ce qui remue, et tout ce qui vit, même tout ce qui paraît mort, jusqu'au tissu des

XIII

pierres, comment n'y sentirait-il pas vivre aussi les émotions,
les passions, les souffrances de ceux qui sont faits comme lui?
Qu'il le sache ou non, qu'il le veuille ou non, son œuvre est
solidaire de l'œuvre des artistes d'hier et des artistes de
demain, elle révèle aux hommes d'aujourd'hui la solidarité de
leur effort. Toute l'action du temps, toute l'action de l'étendue
aboutissent à son action. C'est à lui qu'il appartient d'affirmer
l'accord de la pensée de Jésus, de la pensée de Newton et de
la pensée de Lamarck. Et c'est pour cela qu'il est nécessaire
que Phidias et Rembrandt se reconnaissent et que nous nous
reconnaissions en eux.

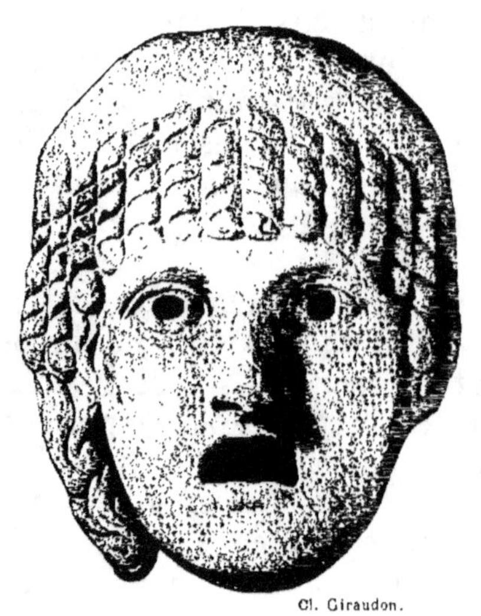

Cl. Giraudon.

XIV

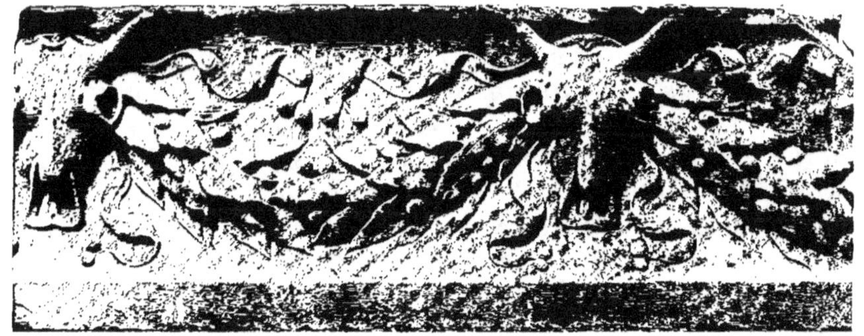

Cl. Alinari.

PRÉFACE

A LA NOUVELLE ÉDITION

J'ai été sur le point de supprimer les pages qui servent d'Introduction à la première édition de ce livre. Je les jugeais, — je les juge encore, — d'une philosophie puérile, sentimentale, larmoyante, obscure et mal écrites par surcroît. J'y ai renoncé. Après tout, elles représentent une minute de moi-même. Et puisque j'ai tenté d'exprimer cette minute elle ne m'appartient plus.

Peut-être devrait-on écrire les ouvrages qui comportent plusieurs volumes en quelques mois, leur documentation une fois achevée et les idées qu'ils représentent mises tout à fait au point. L'unité de l'œuvre y gagnerait. Mais l'ensemble de l'effort de l'ouvrier y perdrait sans doute. Toutes les fois qu'il croit s'être trompé, un désir vivant s'éveille en lui, qui le pousse à de nouvelles créations. Au fond, tout écrivain n'écrit qu'un livre, tout peintre ne peint qu'un tableau. Chaque œuvre nouvelle est destinée, dans l'esprit de son

XV

auteur, à corriger la précédente, à achever une pensée qui ne s'achèvera pas. Il refait sans cesse son travail, en le modifiant sur les points qui, dans le travail antérieur, ne rendaient qu'imparfaitement sa sensation ou sa pensée. Quand l'homme s'interroge et s'efforce, il ne change pas vraiment. Il ne fait qu'écarter de sa nature ce qui est étranger à sa nature, et en approfondir ce qui lui appartient. Ceux qui brûlent leur œuvre avant qu'on ne la connaisse parce qu'elle ne les satisfait plus, passent pour être doués d'un grand courage. Je me demande s'il n'y a pas plus de courage à consentir à n'avoir pas toujours été ce que l'on est devenu, à devenir ce que l'on n'est pas encore, et à laisser la vie aux témoignages matériels irréfutables des variations de son esprit.

Je n'ai donc pas plus supprimé la première Introduction de ce volume que les chapitres qui la suivent, où l'on trouvera pourtant aussi des idées que j'ai grand'peine à reconnaître aujourd'hui[1]. Je ne puis changer le visage qui était le mien il y a dix ans. Et si même je le pouvais, serait-ce contre celui qui est le mien à l'heure actuelle? J'y perdrais, sans doute, car il est maintenant moins jeune. Et qui sait si on ne hait pas, justement parce qu'on est plus vieux, les signes de la jeunesse dans son propre esprit, comme on dédaigne, à force de les regretter, les souvenirs de la jeunesse dans son propre corps? En tout cas, haïssable ou non, on ne peut modifier les traits d'un visage sans détruire du même coup l'harmonie du visage ancien et compromettre, de ce fait, les traits du futur visage. Car la plupart des idées que nous croyons constituer notre vérité présente ont précisément pour origine celles que nous croyons constituer notre erreur passée. Quand nous considérons un de nos ouvrages d'autrefois, les passages qui nous frappent le plus sont ceux que nous aimons le moins. Nous ne voyons bientôt plus qu'eux, ils nous fascinent, ils nous masquent l'ouvrage entier. Le livre refermé, ils nous

1. Les variantes que j'ai introduites dans cette édition nouvelle — additions ou soustractions — n'ajoutent ni ne retranchent rien au sens général de l'œuvre. Elles portent à peu près exclusivement sur la forme.

XVI

poursuivent encore, nous nous demandons pourquoi, et cela aboutit, pour peu que nous ayons quelque courage, à nous ouvrir des chemins que nous n'avions pas soupçonnés. C'est ainsi que l'esprit critique, aiguisé et subtilisé par les déconvenues et les souffrances du développement intellectuel, devient peu à peu l'auxiliaire le plus précieux, et sans doute le plus actif, de l'esprit créateur même.

Je suis un « autodidacte ». Je l'avoue sans honte et sans orgueil. Ce premier volume, qui me pèse, m'a du moins servi à me rendre compte que si je n'étais pas encore, au moment où je l'ai écrit, un peu en dehors du troupeau social, je répugnais déjà à entrer dans le troupeau philosophique. Bien loin qu'une esthétique a priori ait présidé à mon éducation d'artiste, ce sont mes émotions d'artiste qui m'ont progressivement amené à une philosophie de l'art de moins en moins dogmatique. On trouvera, dans beaucoup de ces vieilles pages, les traces d'un finalisme qui, je l'espère, a presque disparu de mon esprit. C'est que j'ai évolué avec les formes de l'art elles-mêmes, et qu'au lieu d'imposer aux idoles que j'adorais une religion qu'on m'avait apprise, j'ai demandé à ces idoles de m'apprendre la religion. Toutes, en effet, m'ont révélé la même, et qu'il était tout à fait impossible, précisément parce qu'elle est universelle, de la fixer.

Je voudrais, en considération de l'effort que j'ai dû faire vers une conception harmonieuse, mais décidément indémontrable, intuitive, — et si même on le veut mystique — du poème plastique où les hommes communient, qu'on me pardonnât la solennité didactique du commencement de mon œuvre. Elle est la marque de la trentième année, chez ceux du moins qui n'ont pas le privilège d'être à vingt ans des hommes libres et des esclaves à quarante ans. Quand l'analyse commence à corroder les illusions primitives, on se raidit, on veut les garder intactes, on se défend contre celles qui s'ébauchent, on tient à rester fidèle à des idées, à des images, à des moyens d'expression qui ne font plus partie de vous.

XVII

On s'entoure d'une gangue dure, qui gêne les mouvements.
N'est-ce pas tout juste le passage, dans toutes les évolutions
esthétiques et morales du passé et du présent, de l'instinctive
ingénuité première à la libre découverte d'une ingénuité
seconde, passage dont la raideur de tous les archaïsmes est
précisément la marque ? Si je ne me trompe pas, il me plairait
assez que l'allure tendue des commencements de mon livre
répondît quelque peu à la tension des premiers et des plus
innocents parmi les constructeurs de temples, les peintres de
tombeaux et les sculpteurs de dieux.

On m'a reproché de ne pas avoir écrit une Histoire de
l'Art mais plutôt une sorte de poème à propos de l'histoire de
l'art. Ce reproche m'a laissé rêveur. Je me suis demandé ce
que pourrait être, en dehors d'une chronologie pure et simple,
le récit d'événements intérieurs dont l'expression matérielle
est constituée tout entière par des éléments affectifs. Au sens
où les historiens entendent l'Histoire, des tableaux synoptiques suffisent, et je les ai faits. Il n'y a pas d'Histoire,
hors celle que ces tableaux résument[1], qui ne soit fatalement
soumise à l'interprétation de l'historien. Ce qui est vrai pour
l'histoire des actions de l'homme l'est infiniment plus pour
celle de ses idées, de ses sensations et de ses désirs. Je ne con-
çois pas une Histoire de l'art qui ne soit constituée par une
transposition poétique non pas aussi exacte, mais aussi
vivante que possible, du poème plastique conçu par l'humanité. J'ai tenté cette transposition. Ce n'est pas à moi qu'il
appartient de dire si je l'ai réussie.

L'Histoire, d'autre part, me paraît devoir être comprise
symphoniquement. La description des gestes des hommes n'a
aucun intérêt pour nous, aucune utilité, aucun sens même, si
nous n'essayons pas d'en saisir les rapports profonds, de
montrer leur enchaînement et surtout de leur restituer leur
caractère dynamique, cette germination sans arrêt de forces
naissantes qu'engendre le jeu ininterrompu des forces du

1. Et encore !

XVIII

passé sur les forces du présent. Chaque homme, chaque acte, chaque œuvre est un musicien ou un instrument dans un orchestre. Il vaut à la fois par lui-même et par ses rapports avec l'ensemble de l'orchestre. On ne peut donner, il me semble, au joueur de cymbale ou de triangle, l'importance du joueur de violoncelle ou de violon, de la masse des violoncelles ou de la masse des violons. L'historien est le chef d'orchestre de cette symphonie que les multitudes composent avec la collaboration des artistes, des philosophes et des hommes d'action. Son rôle est d'en mettre en valeur les caractères essentiels, d'en indiquer les grandes lignes, d'en faire saillir les volumes, d'en contraster les lumières et les ombres, d'en nuancer les passages et d'en accorder les tons. L'historien de l'art bien plus encore que l'historien de l'action, car l'importance de l'action s'enregistre automatiquement dans ses résultats et ses traces, tandis que l'importance de l'œuvre d'art est affaire d'appréciation. L'historien doit être partial. L'historien qui se dit un « savant » profère une simple sottise. Je ne connais pas, lui non plus, d'instrument de mesure qui lui permette de graduer l'importance respective de Léocharès et de Phidias, de Bernin et de Michel-Ange. Il semble qu'on l'admette volontiers pour l'histoire littéraire et qu'on ne songe pas à s'offusquer si l'historien des lettres oublie, volontairement ou non, Paul de Kock pour s'étendre sur Balzac. On ne s'étonne pas non plus que le professeur en Sorbonne, écrivant une Histoire de France, donne plus d'importance aux gestes de Napoléon qu'à ceux de Clarke ou de Maret. Les purs protestent seulement quand la partialité sentimentale intervient pour juger Napoléon, Clarke ou Maret. Ils ne se rendent pas compte que le simple exposé des faits déjà suppose un choix effectué par l'ensemble des hommes ou par les événements eux-mêmes avant que l'historien commence à intervenir.

Quand il s'agit d'histoire contemporaine, le rôle de chef d'orchestre est bien plus ardu à tenir. La vision éloignée des faits, l'influence plus ou moins forte ou persistante des évé-

nements sur les esprits, le souvenir qu'ils ont laissé imposent à celui qui commente le passé certains sommets, certaines dépressions visibles à tous et qu'il n'a plus, pour en refaire un organisme vivant, qu'à réunir par une courbe. De plus près, l'intuition seule décide, et le courage à s'en servir. Tant pis pour qui ne sait oser et s'en remettre à l'avenir du soin de dire s'il a bien ou mal fait de jouer avec les œuvres et les hommes de son temps comme un artiste avec l'ombre et la lumière qu'il distribue sur l'objet. Il est possible que, du point de vue orthodoxe de l'Histoire, ce soit une hérésie que d'affirmer, par exemple, que la moindre étude de Renoir, la moindre aquarelle de Cézanne appartient beaucoup plus effectivement à l'histoire de l'art que les cent mille toiles exposées, pendant dix ans, dans tous les salons de peinture. Et cependant, il faut risquer cette hérésie. Le poète du temps présent fait l'histoire du temps futur.

Allons plus loin. Le geste d'un affamé qui tend la main, les mots que murmure à l'oreille du passant une femme, dans quelque énervante soirée, le geste humain le plus infime, tiennent dans l'histoire de l'art même une place bien plus grande que les cent mille toiles en question et les associations d'intérêt qui tentent de les imposer au public. La multitude orchestrale qui fait valoir le jeu d'artistes tels que Cézanne ou Renoir et que ce jeu met en valeur à nos yeux mêmes, n'est constituée que dans une mesure insignifiante par la masse des œuvres médiocres au milieu desquelles elle apparaît comme un cri dans un silence plein de mimiques indiscrètes et de gestes excessifs. Elle est dans l'ensemble diffus des mœurs, de leur action sur l'évolution et l'échange des idées, dans les découvertes, les besoins, les conflits sociaux du moment, les bouleversements obscurs et formidables que l'amour et la faim provoquent dans les profondeurs de la vie collective et les mobiles cachés de la conscience individuelle. Que le mouvement dit « artistique » qui flotte à la surface de l'Histoire par le moyen des Instituts, des Ecoles, des doctrines officielles comme un fard mal lié sur un visage fémi-

nin joue sa partie, lui aussi, dans la grande symphonie plastique où Renoir et Cézanne tiennent, à notre époque par
exemple, comme Rubens et Rembrandt à une autre, le plus
illustre rôle, je le veux bien. Mais c'est seulement par voie
indirecte que l'esprit qu'il crée dans les foules réagit dans
chaque affirmation nouvelle apportée par un grand artiste
qui en ignore à peu près toutes les manifestations. Je crois que
si le risque est plus grand, pour l'historien moderne, de mettre
en valeur Cézanne et Renoir dans son récit, sa tentative est
aussi légitime, du point de vue dit « scientifique », que, pour
l'historien du passé, l'usage d'accorder plus d'importance,
avec une candeur bien naturelle, à Phidias qu'à Léocharès.

Au fond, nous avons été, depuis plus d'un siècle, — depuis
Winckelmann à peu près —, beaucoup trop enclins à établir
une confusion grandissante entre l'histoire de l'art et l'archéologie. Autant vaudrait confondre la littérature et la
grammaire. Autre chose est de décrire les monuments que
l'homme a laissés sur sa route par leurs caractères extérieurs,
de les mesurer, d'en définir les fonctions et le style, de les
situer dans l'espace et le temps, autre chose de tenter de dire
par quelles racines secrètes ces monuments viennent plonger
au cœur des races, comment ils en résument les désirs les
plus essentiels, comment ils constituent le témoignage sensible des souffrances, des besoins, des illusions et des mirages
qui ont creusé dans la chair de l'unanimité des morts et des
vivants le passage sanglant de la sensation à l'esprit. C'est
ainsi qu'en voulant écrire une histoire qui ne fût pas un
catalogue sec des œuvres plastiques de l'homme, mais un
récit aussi passionné que possible de la rencontre de sa
curiosité et de son éducation avec les formes qu'il croise,
j'ai pu commettre — j'ai commis — des erreurs archéolo-
giques. Bien que j'en sache de pires, et que je n'aie pas non
plus manqué d'en commettre, je n'irai pas jusqu'à dire que
je ne les regrette pas.

L'archéologie a été profondément utile. En cherchant, en
trouvant les sources primitives, en établissant les parentés,

XXI

les filiations, les rapports des œuvres et des écoles, elle a défini peu à peu, en face de la diversité formelle des images dont tant d'esthétiques ennemies se sont inspirées pour créer dans les esprits des exclusivismes niais, leur analogie originelle et le parallélisme à peu près constant de leur évolution. Partout, derrière l'artiste, elle nous a aidés à redécouvrir l'homme. Ceux d'entre nous qui sont devenus, aujourd'hui, capables d'entrer en communion immédiate avec les formes d'art les plus inattendues, ne se rendent évidemment pas compte que cette communion est le fruit d'une longue éducation antérieure dont l'archéologue est sans doute — bien qu'il en soit lui-même convaincu —, le meilleur artisan. Ceux qui s'élèvent avec le plus de mépris contre l'insensibilité de l'archéologue, sont probablement ceux qui lui doivent la plus grande part, sinon de leur sensibilité, du moins les moyens qui leur ont permis de l'affiner. Nous rions aujourd'hui des braves gens qui accordent à peine un regard de pitié à la haute spiritualité des statues égyptiennes ou qui reculent de dégoût devant la bestialité grandiose des bas-reliefs indiens. Cependant, il y eut des artistes qui sentirent comme ces braves gens-là. Je n'affirmerais pas que Michel-Ange n'eût pas haussé les épaules devant un colosse égyptien, et je suis bien sûr que Phidias eût jeté les toiles de Rembrandt au feu. L'archéologie, en plastique, c'est la classification en zoologie. Elle a recréé par la base, à son insu, la grande unité intérieure des formes universelles et permis à l'homme universel de s'affirmer dans le domaine de l'esprit. Que cet homme universel se réalise un jour dans le domaine social, je me garderai de le soutenir, bien que ce soit chose possible. Mais que quelques hommes, à travers l'immense diversité des idoles, puissent saisir l'unique dieu qui les anime, on me permettra, je l'espère, de m'en réjouir avec eux. J'essaierai même bientôt, sans doute, de dégager de ces idoles quelques-uns des traits de ce dieu [1].

1. Pour paraître : *L'Esprit des formes.*

XXII

Pas ici. Le cadre n'est pas assez large. Et je souhaite que mon lecteur soit trop impatient d'aborder le récit des aventures que j'ai tenté de lui conter, pour consentir à en cueillir la fleur avant que nous ayons eu la joie de la respirer ensemble. Pourtant, je ne voudrais laisser subsister entre lui et moi, dès le seuil de ce livre, le moindre malentendu. Je l'ai déjà prévenu que je me reconnaissais à peine dans ces pages liminaires d'un ouvrage déjà ancien. Elles constituent un plaidoyer d'ailleurs obscur, et souvent vulgaire, en faveur de l'utilité de l'art. Je veux dissiper l'équivoque. Je n'ai pas cessé de penser que l'art fût utile. J'ai même renforcé mon sentiment sur ce point-là. Non seulement l'art est utile, mais il est, sans doute aucun, la seule chose qui soit réellement utile à nous tous, après le pain. Avant le pain, peut-être, car enfin, si nous mangeons, c'est afin d'entretenir la flamme qui nous permet d'absorber, pour le refondre et le répandre, le monde des illusions bienfaisantes qui se révèle et se modifie sans arrêt autour de nous. Du collier d'osselets de l'homme des cavernes et des lacs jusqu'à l'image d'Épinal accrochée au mur du cabaret de campagne, de la silhouette d'auroch creusée dans la paroi de la grotte périgourdine jusqu'à l'icône de l'alcôve devant qui le moujik entretient le feu, de la danse de guerre du Sioux à la Symphonie héroïque *et de la gravure teintée de vermillon et d'émeraude qui se cache dans la nuit des hypogées à la fresque géante qui resplendit dans la salle de fête des palais vénitiens, le désir d'arrêter dans une forme définie les apparences fugitives où nous croyons trouver la loi de notre univers et la nôtre et par qui nous entretenons en nous l'énergie, l'amour, l'effort, se manifeste avec une constance et une continuité qui n'ont jamais défailli. Que ce soit la danse ou le chant, que ce soit l'image ou le récit au milieu d'un cercle d'auditeurs, c'est toujours la poursuite d'une idole intérieure que nous croyons toutes les fois définitive et que nous n'achevons jamais. Ce « jeu désintéressé » dont tous les philosophes qualifient l'irrésistible besoin qui nous pousse, depuis toujours, à extérioriser les cadences*

XXIII

secrètes de notre rythme spirituel dans le son ou le mot, dans
la couleur ou la forme, dans le geste ou dans le pas s'affirme
de ce point de vue, bien au contraire, comme la plus univer-
sellement intéressée des fonctions profondes de l'esprit. Tous
les jeux en eux-mêmes, d'ailleurs, même les plus puérils, sont
une recherche de l'ordre dans le chaos des sensations et des
sentiments confondus. L'homme mouvant croit s'adapter sans
cesse au monde mouvant qui l'entoure, par la certitude
fuyante qu'il a, dès qu'il s'imagine saisir l'ensemble d'un
phénomène, de le décrire pour toujours dans l'ivresse de l'expression. Ainsi, ce qu'il y a de plus utile à l'homme, c'est le
jeu.

L'amour du jeu, et sa recherche, et la curiosité ardente
que son exercice conditionne, créent la civilisation. Les civilisations, devrais-je dire, ces oasis semées le long du temps
ou dispersées dans l'espace, seules ici, s'interpénétrant là,
fusionnant ailleurs, essayant des ébauches successives d'une
entente spirituelle unanime entre les hommes, entente possible, probable, mais destinée sans doute, si elle se réalise, à
décliner, à mourir, à chercher en elle et autour d'elle des
matériaux de renouvellement. Une civilisation, c'est un phénomène lyrique, et c'est par les monuments qu'elle élève et
laisse après elle que nous en apprécions la qualité et la grandeur. Elle est d'autant mieux définie qu'elle s'impose à nous
selon un style plus impressionnant, plus vivant, plus cohérent et plus durable. Ce que la presque unanimité des
hommes entend par « civilisation » à l'heure actuelle, n'a rien
à voir avec cela. L'outil industriel — chemin de fer, machine,
électricité, télégraphe, — n'est qu'un outil, un outil que des
peuples entiers peuvent employer pour des fins immédiates
et matériellement intéressées sans que cet emploi ouvre en
eux les sources profondes de l'attention, de l'émotion, de la
passion de comprendre et du don d'exprimer qui mènent
seules au grand style esthétique où communie un moment
une race avec l'esprit universel. De ce point de vue, par
exemple, l'Egypte d'il y a cinq mille ans, la Chine d'il y a

cinq siècles, sont plus civilisées que l'Amérique actuelle dont le style est encore à naître. Et le Japon d'il y a cinquante ans est plus civilisé que le Japon d'aujourd'hui. Il est même possible que l'Egypte constitue, de par la solidarité, l'unité, la variété disciplinée de sa production artistique, l'énorme durée et la puissance soutenue de son effort, la plus grande civilisation qui ait encore paru sur terre, et que toutes les manifestations dites civilisées depuis elle, ne soient que des formes de dissolution et de dissociation de son style. Il faudrait vivre encore dix mille ans pour le savoir.

Le style, dans tous les cas, cette courbe harmonieuse et nette qui définit pour nous, sur la route que nous suivons, les étapes lyriques établies par ceux qui nous y précédèrent, le style n'est qu'un état momentané d'équilibre. On ne peut le dépasser. On ne peut que le remplacer. Il est la négation même du « progrès », possible seulement dans l'ordre de l'outillage et accroissant par là, avec le nombre et la puissance des moyens inventés par l'homme, la complexité de la vie et du même coup les éléments d'un équilibre nouveau. L'ordre moral, l'ordre esthétique peuvent, grâce à cet outillage, constituer des symphonies plus vastes, plus mêlées et enchevêtrées d'influences et d'échos, et servies par un beaucoup plus grand nombre d'instruments. Mais le « progrès moral », comme le « progrès esthétique », ne sont que des appâts fournis à l'homme simple par le philosophe social pour provoquer son effort et l'accroître. Le mal, l'erreur, la laideur, la sottise joueront toujours, dans la constitution de tout style nouveau, leur rôle indispensable comme condition même de l'imagination, de la méditation, de l'idéalisme et de la foi. L'art est un éclair d'harmonie conquis par un peuple ou un homme sur l'obscurité et le chaos qui le précèdent, le suivent, l'entourent nécessairement. Et Prométhée est condamné à ne saisir le feu que pour illuminer une seconde la plaie vive de son flanc et le calme de son front.

XXV

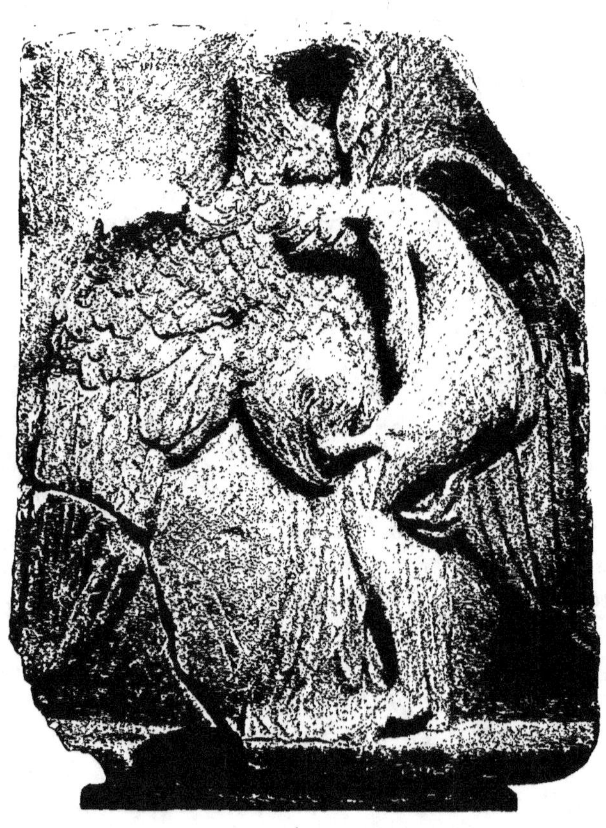

XXVI

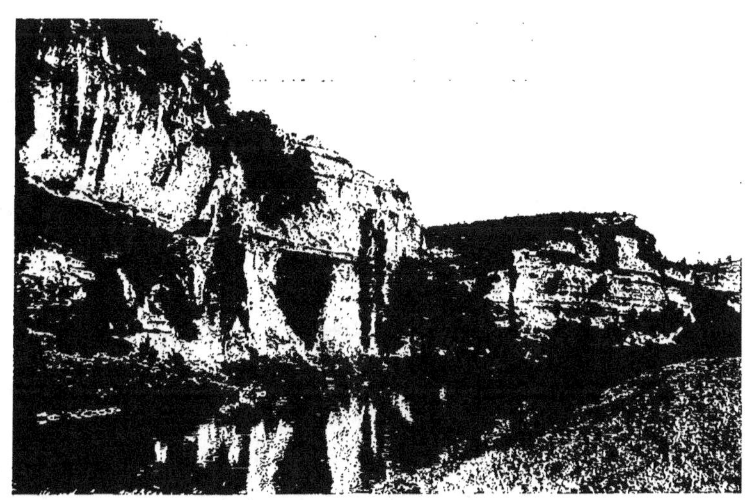

La Vézère aux Eyzies.

AVANT L'HISTOIRE

I

La poussière des os, les armes primitives, la houille, les bois submergés, la vieille énergie humaine et la vieille énergie solaire nous arrivent confondus comme les racines dans la fermentation de l'humidité souterraine. La terre est la matrice et la tueuse, la matière diffuse qui boit la mort pour en nourrir la vie. Les choses vivantes s'y dissolvent, les choses mortes y remuent. Elle use la pierre, elle lui donne la pâleur dorée de l'ivoire et de l'os. L'ivoire et l'os, avant d'être dévorés, deviennent à son contact rugueux comme la pierre. Les silex travaillés ont l'apparence de grosses dents triangulaires, les dents des monstres engloutis sont comme des tubercules pulpeux près de germer. Les crânes, les vertèbres, les carapaces ont la patine sombre et douce des

I

vieilles sculptures absolues. Les gravures primitives ressemblent à ces empreintes fossiles qui nous ont révélé la nature

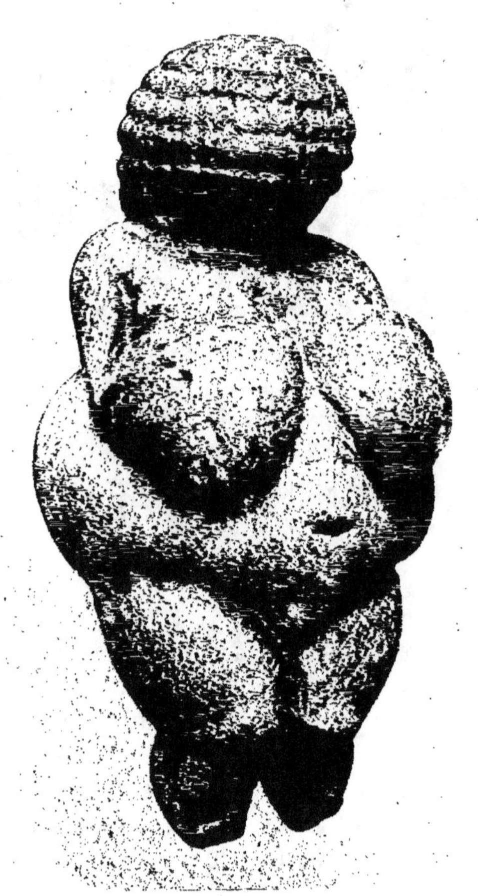

Cl. Giraudon.

AUTRICHE (Caverne de Willendorfi). Statuette de femme, calcaire oolithique.
(*Vienne*).

des coquillages, des plantes, des insectes disparus, spirales, arborescences, fougères, elytres et feuilles nervées. Un musée

2

préhistorique est un jardin pétrifié où l'action lente de la terre
et de l'eau sur les matières enfouies unifie le travail de l'homme
et le travail de l'élément. Au-dessus, les bois du grand cerf,
les ailes de l'esprit ouvertes [1].

Le trouble que nous éprouvons à voir se mêler dans
l'humus plein de radicelles et d'insectes nos premiers os et nos premiers outils a quelque chose de religieux. Il nous apprend que notre
effort pour dégager de l'animalité les
éléments rudimentaires d'une harmonie sociale, dépasse en puissance
essentielle tous nos efforts suivants
pour réaliser dans l'esprit l'harmonie
supérieure que nous n'atteindrons
d'ailleurs pas. Nulle invention. La
base de l'édifice humain est faite de
découvertes quotidiennes, et ses plus
hautes tours sont des entassements
patients de généralisations progres-
sives. L'homme a copié la forme de
ses outils de chasse et d'industrie sur
les becs, les dents et les griffes, il a
emprunté aux fruits leur forme pour
ses premiers pots. Ses poinçons, ses
aiguilles ont été d'abord des épines,
des arêtes, il a saisi dans les lames
imbriquées, les articulations et les
fermoirs des os l'idée des charpentes, des jointures et des

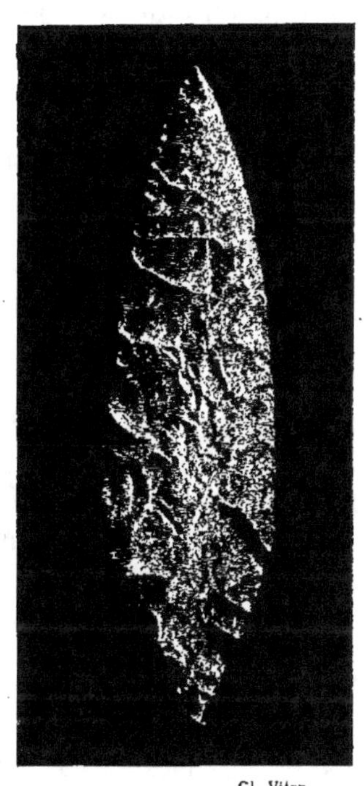

Cl. Vitry.

Silex taillé
(*Musée de Saint-Germain*).

1. L'illustration de ce chapitre ayant présenté des difficultés particulières,
nous adressons nos plus chaleureux remerciements à MM. Capitan et Breuil,
d'une part, à la M^{son} Masson et Cie, d'autre part, sans lesquels nous ne serions
pas venus à bout de notre tâche. Les travaux de l'abbé Breuil, surtout, constituent la base désormais indispensable de l'illustration artistique de tout livre
consacré à la préhistoire. C'est grâce à ses admirables pastels que les fresques
troglodytes du Périgord et de l'Espagne nous ont été restituées dans leur
caractère originel le plus probable.

leviers. Là est le seul départ de l'abstraction miraculeuse, des formules les plus purifiées de toute trace d'expérience, du plus haut idéal. Et c'est là que nous devons chercher la mesure de notre humilité et de notre force à la fois.

L'arme, l'outil, le vase, et, dans les climats rudes, un grossier vêtement de peau, voilà les premières formes étrangères à sa propre substance que façonne le primitif, environné de bêtes de proie, assailli sans relâche par les éléments hostiles d'une nature encore cahotique, voyant des forces ennemies dans le feu, l'orage, le moindre tressaillement du feuillage ou de l'eau, dans les saisons même, et le jour et la nuit, avant que les saisons et le jour et la nuit, avec le battement de ses artères et le bruit de ses pas, lui aient donné le sens du rythme. L'art est d'abord un outil d'utilité immédiate, comme les premiers balbutiements du verbe : désigner les objets qui l'entourent, les imiter ou les modifier pour s'en servir, l'homme ne va pas au delà. L'art ne peut être encore un instrument de généralisation philosophique qu'il ne saurait pas utiliser. Mais il forge cet instrument, puisqu'il dégage déjà de son milieu quelques lois rudimentaires qu'il applique à son profit.

Les hommes, les jeunes gens courent les bois. Leur arme est d'abord la branche noueuse arrachée au chêne ou à l'orme, la pierre ramassée sur le sol. Les femmes restent cachées dans la demeure, étape improvisée ou grotte, avec les vieux, avec les petits. Dès ses premiers pas titubants, l'homme est aux prises avec un idéal, la bête qui fuit et qui représente l'avenir immédiat de la tribu, le repas du soir, dévoré pour faire des muscles aux chasseurs, du lait aux mères. La femme, au contraire, n'a devant elle que la réalité présente et proche, le repas à préparer, l'enfant à nourrir, la peau à faire sécher, plus tard le feu à entretenir. C'est elle, sans doute, qui trouve le premier outil, le premier pot, c'est elle le premier ouvrier. C'est de son rôle réaliste et conservateur que sort l'industrie humaine. Peut-être aussi assemble-t-elle en colliers des dents et des cailloux, pour attirer sur elle l'attention et plaire. Mais sa destinée positive ferme son horizon, et le premier véritable artiste, c'est l'homme. C'est l'homme explorateur des plaines, des forêts, navigateur des rivières et qui sort des cavernes pour étudier les constellations et les nuages, c'est l'homme de par sa fonction idéaliste et révolutionnaire qui va s'emparer des objets que fabrique sa compagne pour en faire peu à peu l'instrument expressif du monde des abstractions qui lui apparaît confusément. Ainsi, dès le début, les deux grandes

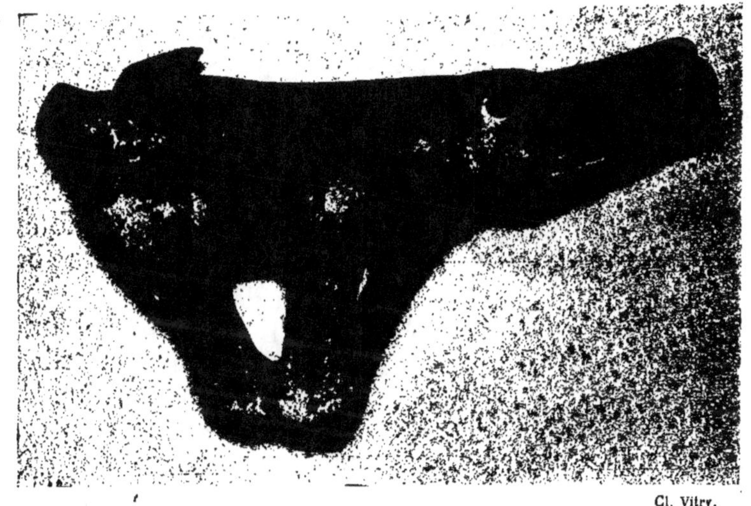

CAVERNE DE BRUNIQUEL (Tarn-et-Garonne). — Mammouth, bois de renne sculpté
(*Musée de Saint-Germain*).

forces humaines réalisent cet équilibre qui ne sera jamais rompu : la femme, centre de la vie immédiate, élève l'enfant et maintient la famille dans la tradition nécessaire à la continuité sociale, l'homme, foyer de la vie imaginaire, s'enfonce dans le mystère inexploré pour préserver la société de la mort en la dirigeant dans les voies d'une évolution sans arrêt.

L'idéalisme masculin, qui sera plus tard un désir de conquête morale, est d'abord un désir de conquête matérielle. Il s'agit, pour le primitif, de tuer des bêtes afin d'avoir de la viande,

5

des ossements, des peaux, il s'agit de séduire une femme afin de perpétuer l'espèce dont la voix crie dans ses veines, il s'agit d'effrayer les hommes de la tribu voisine qui veulent lui ravir sa compagne ou empiéter sur ses territoires de chasse. Créer, épancher son être, envahir la vie d'alentour, l'instinct reproducteur est le point de départ de toutes ses plus hautes conquêtes, de son besoin futur de communion morale et de sa volonté d'imaginer un instrument d'adaptation intellectuelle à la loi de son univers. Il a déjà l'arme, le silex éclaté,

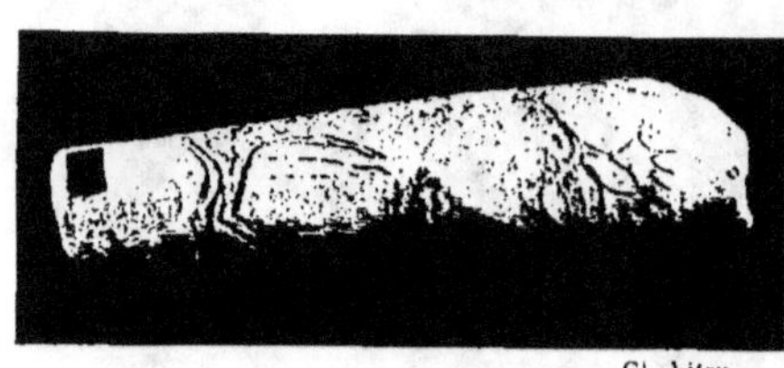

Suisse (Kesslerloth). Renne broutant, gravé sur bois de renne (*Musée de Saint-Germain*).

il lui faut l'ornement qui séduit ou épouvante, plumes d'oiseaux au chignon, colliers de griffes ou de dents, manches d'outils ciselés, tatouages, couleurs fraîches bariolant la peau.

L'art est né. L'un des hommes de la tribu est habile à tailler une forme dans un os, ou à peindre sur le torse ou les bras un oiseau aux ailes ouvertes, un mammouth, un lion, une fleur. En rentrant de la chasse, il ramasse un bout de bois pour lui donner l'apparence d'un animal, un morceau d'argile pour le pétrir en figurine, un os plat pour y graver une silhouette. Il jouit de voir vingt faces rudes et naïves penchées sur son travail. Il jouit de ce travail lui-même qui crée une entente obscure entre les autres et lui, entre lui-même et le monde infini des êtres et des plantes qu'il aime, parce qu'il est sa vie. Il obéit à quelque chose de plus positif aussi, le besoin d'arrêter quelques acquisitions de la première science humaine pour en faire profiter l'ensemble de la tribu. Le mot décrit mal aux vieillards, aux femmes assemblées, aux enfants surtout, la forme d'une bête rencontrée dans les bois, et qu'il faut craindre ou retrouver. Il en fixe l'allure et la forme en quelques traits sommaires. L'art est né.

6

La plus vieille humanité connue, qu'il définit tout entière, habitait les grottes innombrables de la haute Dordogne, près des rivières poissonneuses qui viennent au travers des rochers roux et des forêts, d'une région boursouflée de volcans. C'était là le foyer central, mais il essaimait des colonies

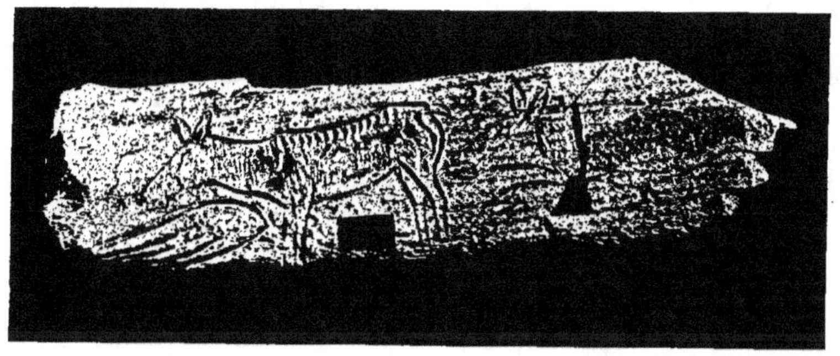

Cl. Vitry.

GROTTE DU CHAFFAUD (Vienne). Biches, os gravé (*Musée de Saint-Germain*).

tout le long des rives du Lot, de la Garonne, de l'Ariège, et jusqu'aux deux versants des Pyrénées et des Cévennes. La terre commençait à moins tressaillir des forces souterraines. Des arbres drus et verts comblaient de leurs racines saines les tourbières qui cachaient les grands squelettes des derniers monstres chaotiques. L'affermissement de l'écorce terrestre, les pluies et les vents régularisés par les bois, la succession mieux rythmée des saisons introduisaient dans la nature une harmonie plus apparente. Des espèces plus souples, plus logiques, moins enfoncées dans la matière originelle étaient apparues peu à peu. Si les eaux froides où venaient boire le mammouth, le rhinocéros, le lion des cavernes, abritaient encore des hippopotames, les chevaux, les bœufs, les bisons, les bouquetins, les aurochs remplissaient les bois. Le renne, ami des glaces qui descendaient des Alpes, des Pyrénées, des Cévennes jusqu'à la lisière des plaines, y vivait en troupes nombreuses. L'homme s'était dégagé de la bête dans un effroyable silence. Il apparaissait à peu près tel qu'il est aujourd'hui, les jambes perpendiculaires, les bras courts, le front droit, la mâchoire effacée, le crâne volumineux et rond. Cette harmonie qui commençait à régner autour de lui, il allait, par l'esprit, l'introduire en un monde imaginaire qui deviendrait peu à peu sa réalité véritable et sa raison d'agir.

L'évolution primitive de ses conceptions artistiques est, bien entendu, profondément obscure. Avec un recul pareil, tout semble au même plan, et les divisions établies sont sans doute illusoires. La période paléolithique a pris fin avec l'âge quaternaire, douze mille années au moins avant nous, et l'art des troglodytes, à cette époque reculée, avait déjà atteint le sommet de sa courbe. Le développement d'une civilisation est d'autant plus lent qu'elle est plus primitive. Ce sont les premiers pas qui sont les plus chancelants. Les millions de haches éclatées trouvées dans les cavernes et dans le lit des fleuves, les quelques milliers de dessins gravés sur des os, sur des bois de rennes, les poignées sculptées, les fresques découvertes sur les parois des grottes représentent évidemment la production d'une très longue série de siècles. Les variations des images conservées ne peuvent s'expliquer uniquement par des différences de tempéraments individuels. L'art des troglodytes n'est pas fait de tâtonnements obscurs, il se développe avec une logique et un accroissement d'intelligence qu'on devine et dont on peut embrasser les grandes lignes mais qu'on ne pourra sans doute jamais suivre pas à pas.

Ce qui est sûr, c'est que l'artiste paléolithique appartenait à une civilisation déjà très ancienne, et qui cherchait à refléter dans son esprit, en interprétant les aspects du milieu où elle était destinée à vivre, la loi même de ce milieu. Or, toute civilisation, aussi haute soit-elle, n'a pas d'autre mobile et d'autre fin. Le chasseur de rennes n'est pas seulement le moins borné des primitifs, il est le premier des civilisés. Il possède l'art et le feu.

8

En tout cas, plus nous descendons, avec les assises géologiques, dans la civilisation des cavernes, plus elle se révèle comme un organisme cohérent dans son étendue, du plateau central aux Pyrénées, cohérent dans sa profondeur par des

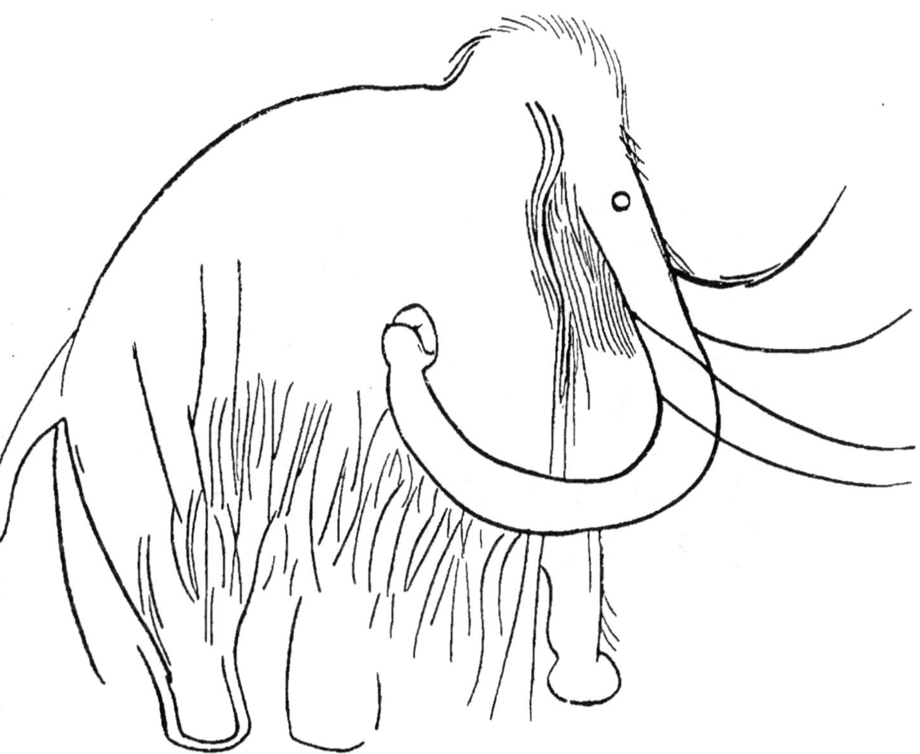

CAVERNE DE COMBARELLES (Dordogne). Mammouth gravé sur paroi
(*Revue de l'École d'Anthropólogie*, 1902).

traditions séculaires, des mœurs déjà ritualisées, et sa puissance d'évolution soumise à la loi commune des fortes sociétés humaines. De couche en couche, son outillage progresse, et son art, parti de l'industrie la plus humble pour aboutir aux fresques émouvantes des grottes de la Vézère et de la caverne d'Altamira, suit la pente logique qui va de l'imitation ingénue

9

de l'objet à son interprétation conventionnelle. D'abord c'est la sculpture, l'objet représenté sous tous ses profils, ayant comme une seconde existence réelle, puis le bas-relief qui s'abaisse et s'efface jusqu'à devenir la gravure, enfin la grande convention picturale, l'objet projeté sur un mur[1].

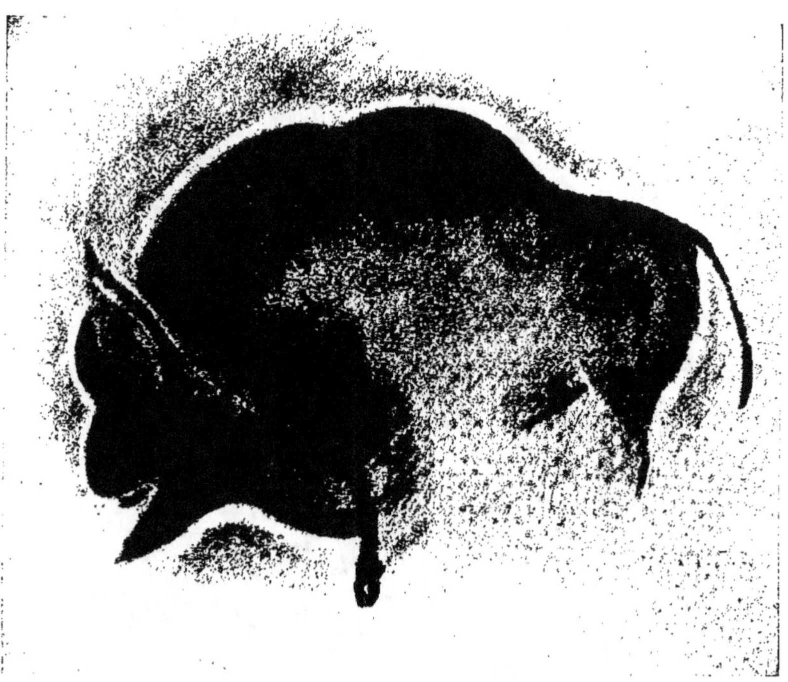

Fond de Gaume (Dordogne). Bison polychrome, fresque d'après le pastel de l'abbé Breuil in *La Caverne du Fond de Gaume* (Capitan, Breuil et Peyrony).

Cela suffit pour rejeter les comparaisons habituelles. Le chasseur de rennes n'est pas un primitif contemporain, hyperboréen ou équatorial, encore moins un enfant. Les œuvres

1. C'est ainsi que la Vénus de Willendorf, la plus ancienne forme humaine sculptée connue, est probablement antérieure de plusieurs dizaines de siècles, malgré son admirable caractère, aux œuvres de la Vézère et d'Altamira.

qu'il nous a laissées sont supérieures à la plupart des productions des Inoïts, à toutes celles des Australiens, surtout à celles des enfants. Le primitif actuel n'a pas atteint un stade aussi avancé de son évolution mentale. Quant à l'enfant, il ne fait rien qui dure, c'est sur le sable ou sur le papier volant qu'il trace ses premières lignes, au hasard, entre deux autres jeux. Il n'a ni la volonté, ni la patience, ni surtout le besoin profond qu'il faut pour imprimer dans une matière dure, avec une

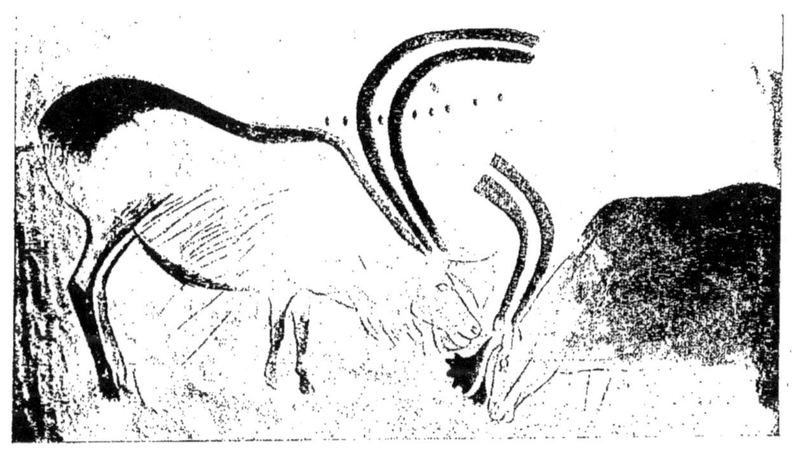

Fond de Gaume (Dordogne). Rennes broutant, fresque
(*Revue de l'Ecole d'Anthropologie*, 1902), d'après un pastel de l'abbé Breuil.

autre matière dure, l'image qu'il a dans l'esprit. James Sully[1] l'a très bien montré, l'enfant s'en tient à une représentation exclusivement symbolique de la nature, à une série balbutiante de signes idéographiques changés à chaque essai nouveau, il n'a souci ni des rapports des formes, ni de leurs proportions, ni du caractère de l'objet qu'il schématise hâtivement, sans l'étudier, sans même jeter un regard sur lui s'il l'a à portée de son œil. Il est probable qu'il ne dessine que par esprit d'imitation, parce qu'il a vu dessiner ou parce qu'il a vu des images

1. James Sully. *Etudes sur l'enfance.*

et qu'il sait la chose possible. S'il n'était pas déformé par l'abus du langage conventionnel qui se fait autour de lui, il modèlerait avant de peindre.

Chez le chasseur de rennes, il est assez rare de trouver une image d'un caractère tout à fait enfantin. Elle doit être alors d'un mauvais imitateur qui a vu sculpter ou graver l'artiste de sa tribu. Ou bien, comme dans le sud de l'Espagne, elle appartient à une école décadente postérieure à la grande époque dont Altamira est sans doute la manifestation la plus haute, et présente alors, comme toutes les décadences, un double caractère de puérilité tout à fait comparable aux essais balbutiants des nègres de l'Afrique du Sud et de raffinement artiste où le schéma idéographique est visiblement poursuivi[1]. L'enfance réelle de l'humanité ne nous a rien laissé, parce qu'elle était incapable, comme l'enfance de l'homme, de continuité dans l'effort. L'art des troglodytes du Périgord n'est pas l'art impossible de l'enfance humaine, mais l'art nécessaire de la jeunesse humaine, la première synthèse imposée par le monde extérieur naïvement interrogé à la sensibilité d'un homme, et restituée par lui à la communauté des hommes. L'intuition synthétique des commencements de l'esprit rejoint, par-dessus cent siècles d'analyse, les généralisations des génies les plus héroïques, aux âges les plus civilisés. La philosophie naturelle ne confirme-t-elle pas la plupart des pressentiments des cosmogonies mythologiques ?

Les éléments de cette première synthèse, où pourrait-il les prendre, ailleurs que dans sa propre vie ? Or, la vie du chasseur de rennes, c'est la chasse et la pêche. Il la caractérise par tout son art, sculpture, bas-relief, gravure, fresque. Partout des bêtes sauvages, des poissons. Il puise en eux, qui sont mêlés à tous les actes de son existence, ce profond amour des formes animales qui fait ressembler ses œuvres à des sculptures naturelles, ossements tordus par le jeu des muscles, beaux squelettes sculptés par les puissances ataviques des adaptations fonction-

<hr>

1. BREUIL. L'*Anthropologie*.

12

nelles. Tout le jour, il voit ces bêtes vivantes, paisibles ou
traquées, broutant ou fuyant, il voit des flancs haleter, des
mâchoires qui s'ouvrent et se ferment, des poils agglutinés
par le sang et la sueur, des peaux ridées comme des arbres,
moussues comme des rochers. Le soir, dans la caverne, il
écorche les bêtes mortes, il voit les os apparaître sous les
chairs déchirées, les aponévroses luisantes s'épanouir sur

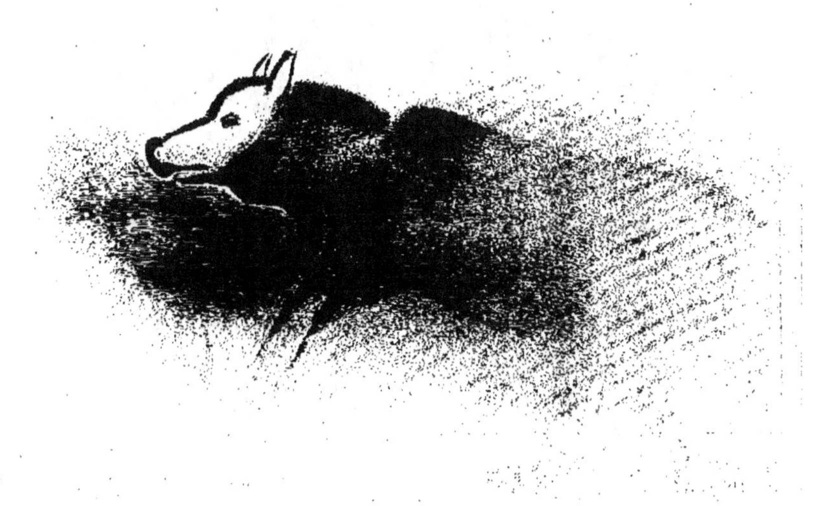

Fond de Gaume (Dordogne). Loup polychrôme, fresque, d'après le pastel de
l'abbé Breuil in *La Caverne du Fond de Gaume* (Capitan, Breuil et Peyrony).

les surfaces dures, il étudie les belles voûtes lisses des cavités
et des têtes articulaires, les arcs des côtes, des vertèbres, les
leviers ronds des membres, les épaisses armures des bassins
et des omoplates, les mâchoires fleuries de dents. Sa main qui
travaille l'ivoire ou la corne est familiarisée au toucher des
squelettes, âpres arêtes, courbes rugueuses, plans silencieux et
soutenus, et c'est pour elle une joie profondément sensuelle
que de sentir les mêmes saillies et les mêmes surfaces naître

13

de son propre travail. L'artiste, par grands éclats sûrs, taille le manche des poignards, cisèle l'ivoire poli en forme de bêtes, mammouth aux quatre pieds unis, rennes, bouquetins, têtes écorchées ou vivantes. Quelquefois même il s'essaie à retrouver dans la matière les formes de la femme aimée, de la femelle troglodyte dont les hanches sont larges, le ventre couvert de poils et rompu par la maternité, dont la chair chaude

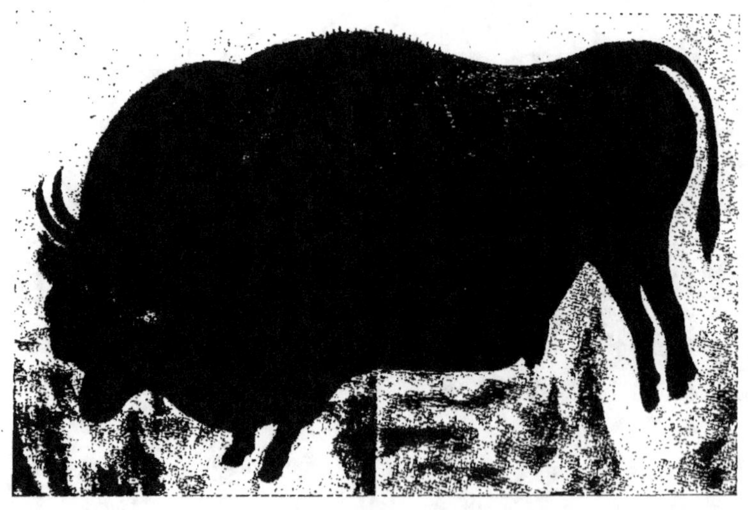

. est accueillante pour noyer son désir et pour endormir sa fatigue.

Plus tard, avec le procédé plus rapide de la gravure, le champ des explorations s'élargit. Toute la faune glaciaire envahit l'art. Mammouth, ours des cavernes, bison, cheval, auroch, renne surtout, renne au repos ou marchant lentement, la tête au sol pour y brouter l'herbe, renne au galop, les naseaux au vent, les bois couchés sur les épaules, fuyant devant le chasseur, parfois ce chasseur lui-même tout nu, velu, armé d'un harpon et rampant vers l'animal. Rien ne dépasse la force directe d'expression de certaines de ces gravures. Le trait est tiré d'un seul coup et mord profondément la corne. L'artiste est souvent si sûr de lui qu'il ne relie pas ses lignes, indiquant seulement les directions dominantes qui dessinent l'attitude et marquent le caractère. Tête de cheval toute en naseaux et en mâchoires, jambes de rennes fines, sabots aigus, bois déployés comme des algues ou de grands papillons, poitrails coupants, croupes sèches, mammouths velus sur leurs pattes massives, vastes échines rondes, longue trompe et crâne exigu, petit œil fin, bisons au dos montueux, à l'encolure formidable, aux jarrets durs, bêtes de combat, bêtes de course, masses irrésistibles, fuites éperdues sous les branches, toute la vie violente du chasseur, ces fortes images l'évoquent, dans son cadre rude de rivières, de grands bois frais, de grottes, de jours secs, de froides scintillations nocturnes.

Jamais société humaine ne fit plus corps avec son milieu que les tribus de chasseurs de rennes. La chasse et la pêche sont à la fois le moyen et le but de la vie, et la rude existence se poursuit même le soir, même la nuit, dans la caverne qui fait partie de l'écorce terrestre et d'où il a fallu déloger le lion et l'ours. Les récits des chasseurs, les questions des petits, le travail des artistes, des ouvriers de la pierre et du bois, des femmes, tout prolonge la forêt et l'eau, des peaux et des fourrures étendues sur le sol, des outils d'os et d'ivoire, des fibres végétales, des lits de feuilles sèches et des fagots de branches mortes aux stalactites de la voûte où perle l'humidité. Les soirs d'hiver, les soirs de feux et de légendes, les lueurs mourantes ou ranimées ébauchent au fond de l'ombre de fuyantes apparitions. Ce sont les bêtes mortes qui reviennent, les bêtes à tuer qui narguent le chasseur, celles dont la tribu a tant mangé la chair, tant travaillé les os, qu'elles sont devenues pour elle des divinités protectrices. Dès lors, il convient de fixer leur image dans les coins les plus reculés, les plus noirs de la caverne, au fond de retraites profondes d'où leur puis-

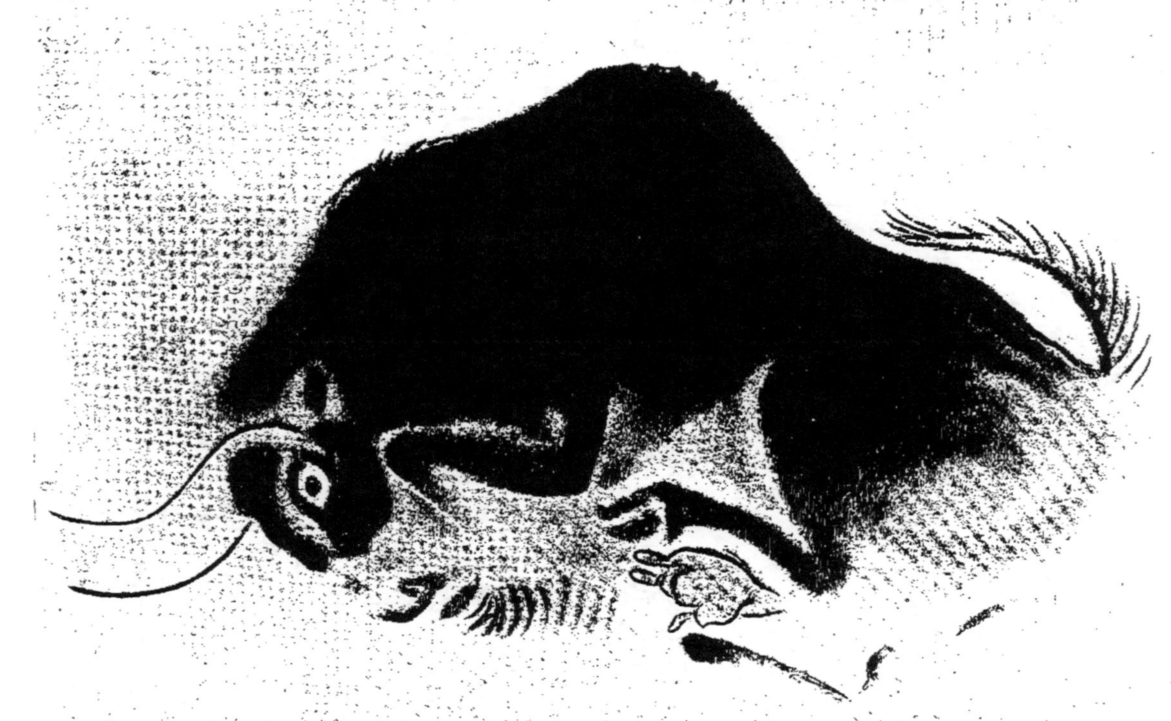

ALTAMIRA (Espagne). Bison femelle chargeant, fresque (d'après le pastel de l'abbé Breuil, in *La Caverne d'Altamira*, Cartailhac et Breuil).

sance s'accroîtra d'obscurité et de mystère [1]. La fresque apparaît, larges peintures synthétiques, ocres, noires, sulfureuses,
presque effrayantes à voir dans leurs ténèbres et par leur inson-
dable antiquité, rennes et bisons, chevaux et mammouths,
quelquefois monstres composites, hommes à tête d'animal.
Parfois, comme à Altamira, toutes les bêtes en troupeau désor-
donné, et, au milieu d'elles, des figures admirables qu'un grand
artiste a pu seul réaliser, de par le dessin sûr, abrégé, volontaire, le modelé subtil et ondoyant comme une moire, les passages discrets, la vie violente, le prodigieux caractère.

III

La fresque des cavernes est donc probablement la première
trace visible de la religion qui va désormais poursuivre sa
commune route avec l'art. Comme lui, elle est née du contact
de la sensation et du monde. Au début, tout, pour le primitif,
est naturel, et le surnaturel n'apparaît qu'avec le savoir. La
religion, dès lors, c'est le miracle, c'est ce que l'homme ne
sait pas, n'a pas encore atteint, et, plus tard, dans les formes
épurées, ce qu'il veut savoir et atteindre, son idéal. Mais, avant
le surnaturel, tout s'explique dans la nature, parce que
l'homme prête à toutes les formes, à toutes les forces, sa
propre volonté et ses propres désirs. C'est pour l'attirer que
l'eau murmure, pour l'effrayer que le tonnerre gronde, pour
éveiller son inquiétude que le vent fait frémir les arbres, et la
bête est, comme lui-même, remplie d'intentions, de malices,
d'envie. Il s'agit de se la rendre favorable et d'adorer son image
afin qu'elle se laisse prendre et manger. La religion ne crée
pas l'art, c'est au contraire l'art qui la développe et l'assied
victorieusement dans la sensualité de l'homme en donnant
une réalité concrète aux images heureuses ou terribles sous

1. Salomon REINACH. *L'Art et la Magie.*

2

lesquelles lui apparaît l'univers. Au fond, ce qu'il adore dans l'image, c'est sa propre puissance à rendre l'abstraction concrète, et, par elle, à accroître ses moyens de compréhension.

Mais la religion n'est pas toujours aussi docile. Elle a parfois des révoltes, et, pour établir sa suprématie, intime à l'art l'ordre de disparaître. C'est sans doute ce qui arriva aux époques néolithiques, soixante siècles peut-être après l'englou-

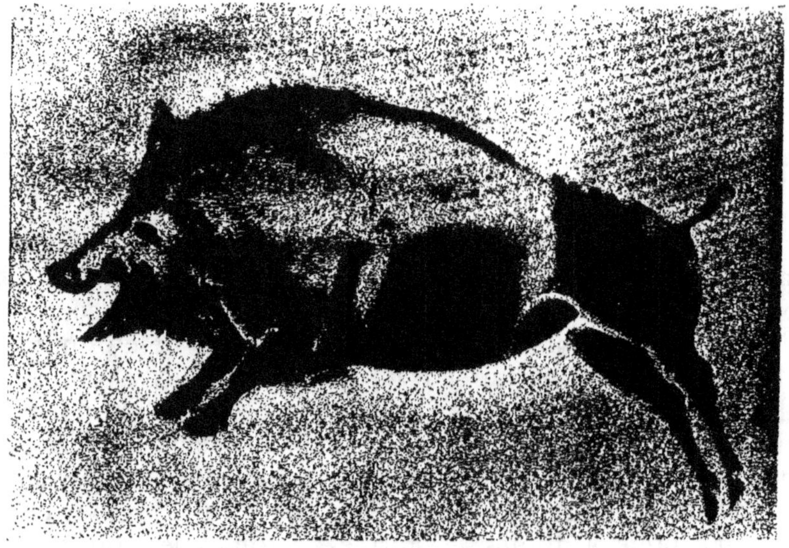

ALTAMIRA (Espagne). Sanglier au galop, fresque, d'après le pastel de l'abbé Breuil in *La Caverne d'Altamira* (Cartailhac et Breuil).

tissement, sous les eaux du déluge, de la civilisation du renne. Pour une cause qui n'est pas encore bien connue, l'air devient plus chaud, les glaces fondent. Les courants marins, sans doute, modifient leur chemin primitif, l'Europe occidentale se réchauffe et l'eau tiède des Océans, puisée par le soleil et entraînée par les vents vers les montagnes, croule en torrents sur les glaciers. L'eau ruisselle dans les vallées, les fleuves grossis noient les cavernes, les tribus décimées fuient le

désastre, suivent le renne vers les régions polaires ou errent
pauvrement à l'aventure, chassées de gîte en gîte par le déluge
et la faim. Avec la lutte quotidienne contre les éléments trop
forts, la dispersion des familles, la perte des traditions et des
outils, le découragement vient, puis l'indifférence et la chute
vers les degrés inférieurs de l'animalité, si péniblement gravis.
Quand le milieu se fait plus clément, quand la terre sèche au
soleil, quand le ciel s'éclaircit et que les glaciers remontés
laissent l'herbe verdoyer et fleurir entre leurs moraines, tout
est à reconstituer, l'outillage, l'abri, le lien social, la lente,
l'obscure montée vers la lumière de
l'esprit. Où sont les chasseurs de
rennes, la première société consciente ? Le moyen âge préhistorique
ne répond rien.

Il faut attendre une autre aurore,
pour révéler l'humanité nouvelle qui
s'est élaborée dans sa nuit. Aurore
plus pâle d'ailleurs, glacée par une
industrie plus positive, une vie moins
puissante, une religion déjà détournée
de la source naturelle. Les armes et

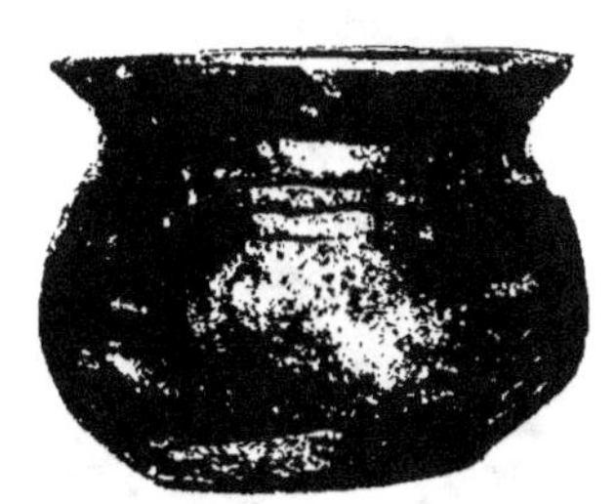

Poterie lacustre.
(*Musée de Saint-Germain*).

les outils de pierre qu'on trouve par millions dans la vase
des lacs de la Suisse et de la France orientale, au-dessus
desquels les tribus humaines reconstituées élevaient leurs
maisons pour les mettre à l'abri des incursions ennemies,
sont maintenant polies comme le plus pur métal. Gris, noirs
ou verts, de toutes couleurs, de toutes tailles, haches, racloirs,
couteaux, lances et flèches, ils ont cette profonde élégance
que donne toujours l'adaptation étroite de l'organe à la fonction qui l'a créé. La société lacustre, qui fabriquait des étoffes
et cultivait le blé, et avait su trouver le système ingénieux de
l'habitation sur pilotis, offre le premier exemple d'une civilisation à tendances scientifiques prédominantes. L'organisation
de la vie est certainement mieux réglée, plus positive, que
dans les anciennes tribus de la Vézère. Mais rien n'apparaît de

cet enthousiasme ingénu qui poussait le chasseur périgourdin
à recréer, pour la joie des sens et la recherche des commu-
nions humaines, les belles formes mouvantes au milieu desquelles il vivait. Il y a bien, dans la vase, parmi les pierres
polies, des colliers, des bracelets, quelques poteries, de nombreux témoignages d'un art industriel très avancé et répondant

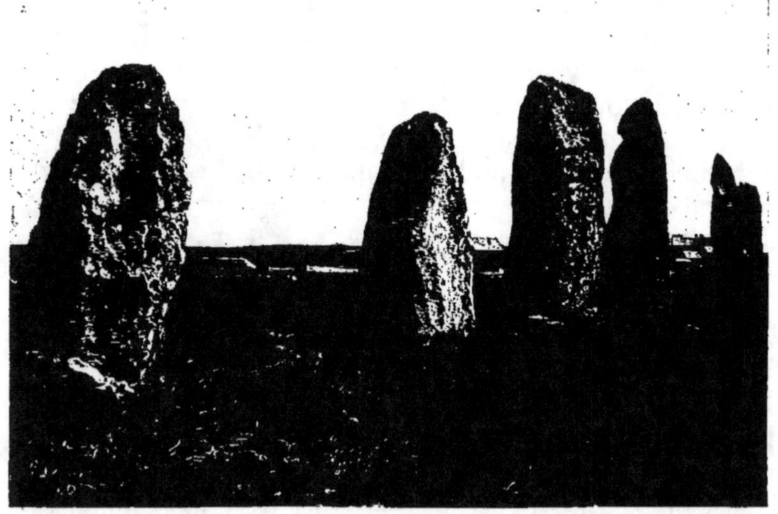

Menhirs à Plouhermel (Morbihan).

bien au caractère économique de cette société, mais pas une
figure sculptée, pas une figure gravée, pas un bibelot qui puisse
faire croire que l'homme des lacs avait pressenti la communauté d'origine et la vaste solidarité de toutes les formes sensibles qui peuplent l'univers.

Sans doute le contact des hommes retirés dans la cité
lacustre, le contact bienfaisant avec l'arbre, la bête des bois
se faisait-il bien moins fréquent qu'aux temps de la pierre
éclatée, sans doute étaient-ils moins sollicités par le spectacle

20

du jeu vivant des formes animales. Mais il y a, dans cette
abstention absolue à les reproduire, plus qu'un signe d'indifférence. Il y a une marque de réprobation et probablement
d'interdiction religieuse. A la même époque apparaissent déjà
en Bretagne, en Angleterre, ces sombres bataillons de pierre,
menhirs, dolmens, cromlechs, qui n'ont pas dit leur secret,
mais ne pouvaient guère signifier autre chose qu'une explo-

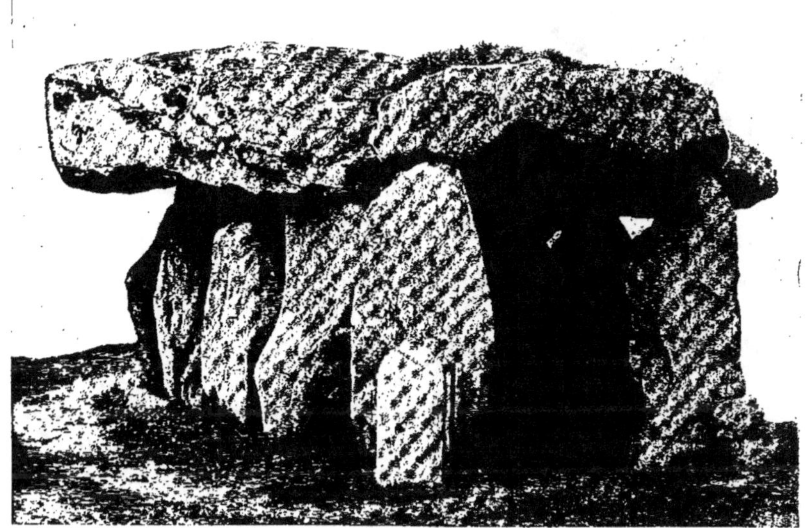

Dolmen à Erdeven (Morbihan).

sion de mysticisme, parfaitement compatible, d'ailleurs, surtout
à une époque de vie dure, avec l'enquête positive que nécessite
la lutte quotidienne pour le pain et l'abri. Le double, la forme
première de l'âme, a fait son apparition derrière le fantôme
matériel des êtres et des objets. Dès lors l'esprit est tout, la
forme sera dédaignée, puis maudite, d'abord parce qu'on y
voit la demeure du mauvais esprit, ensuite, et beaucoup plus
tard, à l'aurore des grandes religions éthiques, parce qu'on y
verra l'obstacle permanent de la libération morale, ce qui est,

à tout prendre, la même chose. Même avant les vrais commencements de l'histoire apparaît, dans les groupements humains, ce besoin de rompre l'équilibre entre notre science et nos désirs, besoin peut-être nécessaire pour briser tout à fait une société fatiguée et laisser le champ libre à des races et à des conceptions plus neuves.

Quoi qu'il en soit, rien de ce qu'on a ramassé sous les dolmens, qui abritent aussi des haches de silex, quelques bijoux, et, dix ou douze siècles avant notre ère, les premières armes métalliques, casques, boucliers, épées de bronze et de fer, rien ne rappelle la forme animale, rien ne rappelle la forme humaine. Il y a bien, dans l'Aveyron, un menhir sculpté qui représente, avec une puérilité terrible, une figure féminine, il y a bien à Gavrinis, dans le Morbihan, sur d'autres menhirs, des arabesques remuantes comme des rides à la surface d'une eau basse, ondulations, tremblements d'algues, qui doivent être des signes de conjuration ou de magie. Mais, à part ces quelques exceptions, l'architecture celtique reste muette. Nous ne saurons pas quelle est la force spirituelle qui a dressé ces énormes tables de pierre, érigé vers le ciel ces emblèmes virils, toute cette dure armée du silence qui semble être poussée seule du sol, comme

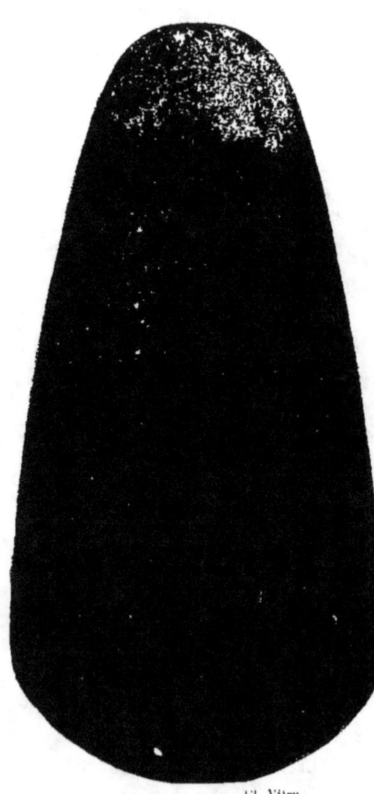

AGE NÉOLITHIQUE. Silex poli
(*British Museum*).

pour révéler la circulation des laves qui le font tressaillir.

Avec les dernières pierres levées finit la préhistoire dans le monde occidental. Rome va venir défricher les forêts, amenant sur ses pas l'Orient et la Grèce, la Grèce qui se meurt, l'Assyrie et l'Egypte mortes, toutes après avoir atteint d'incomparables sommets. Tel est le rythme de l'histoire. Sur ce sol, il y a quinze mille ans, vivait une société civilisée. Elle meurt sans laisser de traces visibles, il faut cinq, six mille ans pour qu'un autre rudiment d'organisme social naisse dans les mêmes contrées. Mais déjà, dans la vallée du Nil, dans les vallées de l'Euphrate et du Tigre, une moisson humaine puissante a poussé, qui fleurit à ce moment même pour se flétrir peu à peu. Athènes monte au faîte de l'histoire à l'heure où les landes bretonnes se couvrent de mornes fleurs de pierre, Rome vient les moissonner, Rome s'abîme sous le flot qui roule du Nord, puis le rythme s'accélère, de grands peuples grandissent sur des cadavres de grands peuples. Dans la durée, dans l'étendue, l'histoire est comme une mer sans limites dont les hommes sont la surface et dont la masse est faite des pays, des climats, des révolutions du globe, des grandes sources primitives, des réactions obscures des peuples les uns sur les autres. C'est un bercement sans arrêt, sans commencements et sans fins. Là où était l'abîme est maintenant la vague, et là où était la vague s'est creusé l'abîme. Quand l'humanité commencera d'écrire ses Annales, les abîmes sembleront comblés, la mer paraîtra plus étale, mais peut-être n'est-ce là qu'une illusion. Un peuple est comme un homme. Quand il a disparu, rien ne reste de lui, s'il n'a pris soin de laisser son empreinte sur les pierres du chemin.

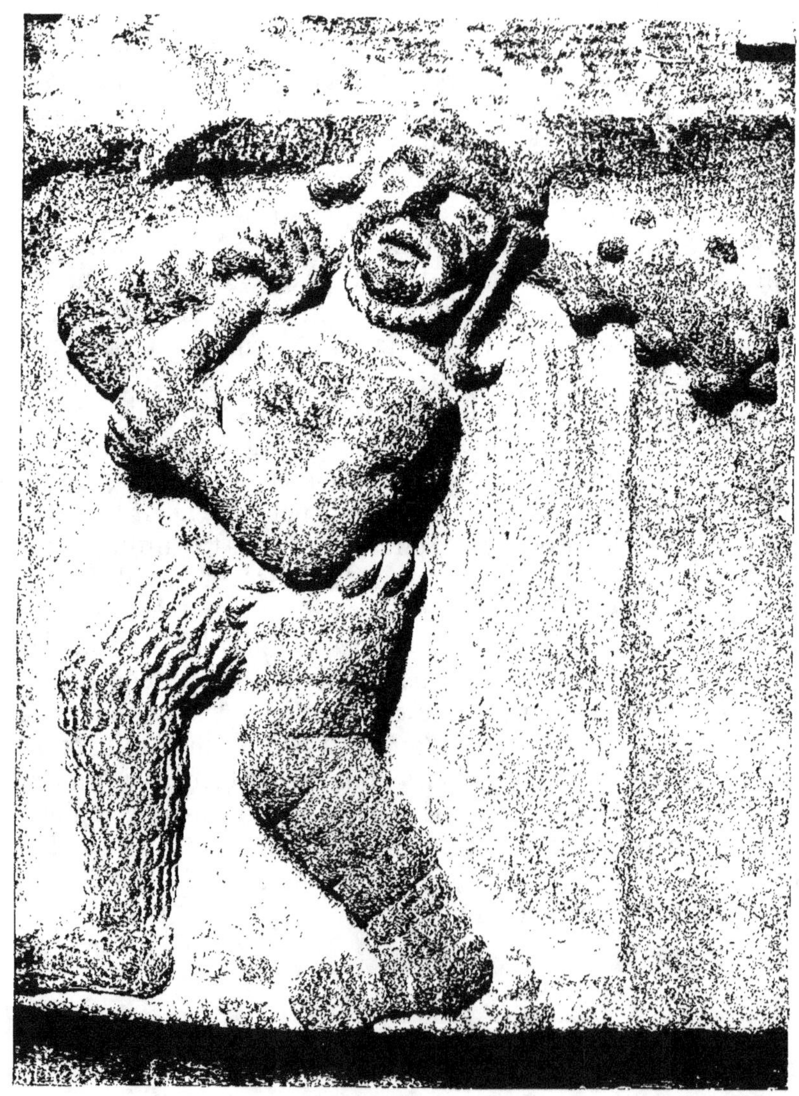

ART GAULOIS. L'Hercule gaulois (*Musée d'Aix*).

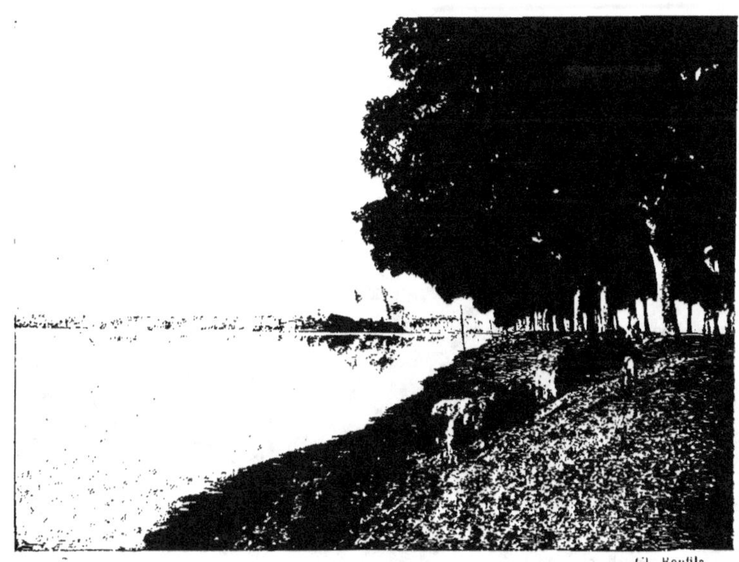

Le Nil.

L'ÉGYPTE

I

L'Egypte est la première de ces ondulations que sont les sociétés civilisées à la surface de l'histoire et qui paraissent naître du néant et retourner au néant après avoir passé par une cîme. Elle est la plus lointaine des formes définies qui restent sur l'horizon du passé. Elle est la vraie mère des hommes. Mais bien que son action ait retenti dans toute l'étendue et la durée du monde antique, on dirait qu'elle a fermé le cercle de granit d'une destinée solitaire. C'est comme une multitude immobile, et gonflée d'une clameur silencieuse.

Elle s'est enfoncée sans un cri dans le sable, qui a repris tour à tour ses pieds, ses genoux, ses reins, ses flancs, mais que sa poitrine et son front dépassent. Dans son visage écrasé,

le sphinx a toujours ses yeux inexorables, ses yeux sertis de
paupières rigides, et qui voient à la fois au dedans et au loin,
de l'abstraction insaisissable à la ligne circulaire où sombre la
courbe du globe. A quelle profondeur est-il assis, et autour
de lui, au-dessous de lui, jusqu'où l'histoire descend-elle ? Il
semble être apparu avec nos premières pensées, avoir suivi

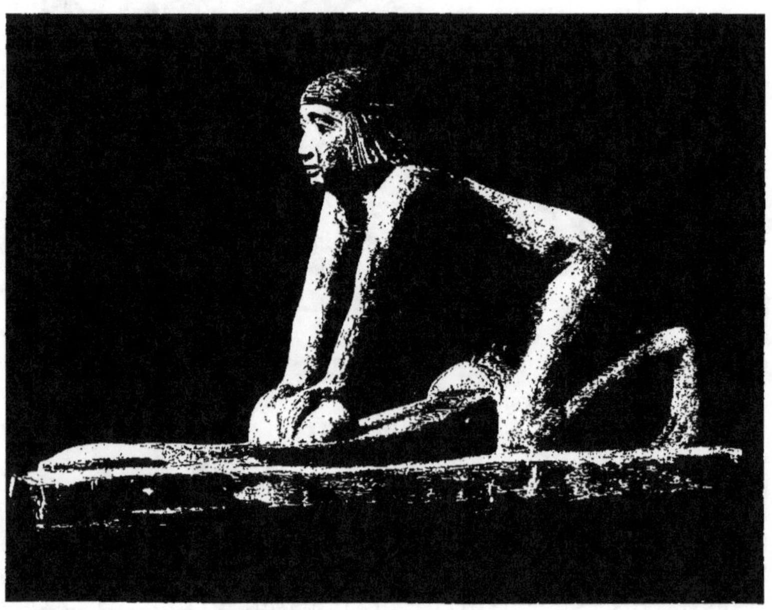

Cl. Alinari.

ANCIEN EMPIRE (xxxᵉ à xxvᵉ siècle av. J.-C.). Femme pétrissant
(Florence. Musée archéologique).

notre long effort de sa méditation muette, être destiné à survivre à notre dernier espoir. Nous empêcherons le sable de le
recouvrir tout à fait parce qu'il fait partie de notre terre, parce
qu'il appartient aux apparences au milieu desquelles nous avons
vécu, aussi loin que notre souvenir remonte. Avec les montagnes artificielles dont nous avons scellé le désert près de lui,
il est la seule de nos œuvres qui paraisse aussi permanente

26

que le cercle des jours, les alternances des saisons, l'immense oscillation du ciel.

L'immobilité de ce sol, de ce peuple dont la vie monotone

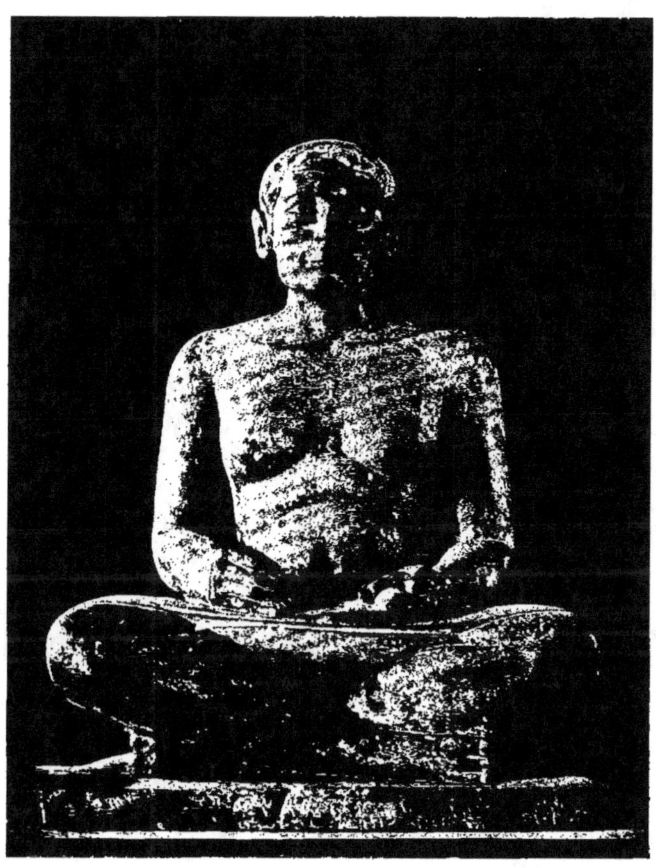

Cl. Giraudon.

Ancien Empire (xxxe à xxve siècle av. J.-C.). Le scribe accroupi (*Louvre*).

constitue les trois quarts de l'aventure humaine, semblent avoir voulu tenir dans les lignes de pierre inflexibles qui nous les définissaient avant même que nous connussions leur histoire. Tout dure autour des Pyramides. Des Cataractes au Delta, le

27

Nil est seul entre deux rives identiques, sans un courant, sans
un affluent, sans un remous, poussant du fond des siècles sa
régulière masse d'eau. Des champs d'orge, de blé, de maïs, des

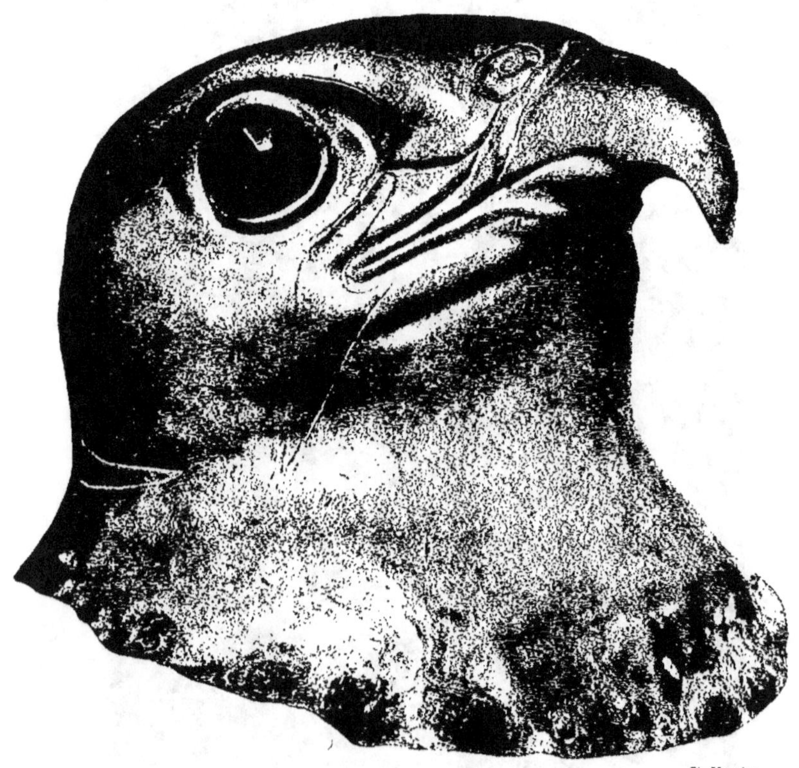

Cl. Vernier.

ANCIEN EMPIRE (2500 av. J.-C.?). Tête d'épervier, or (*Musée du Caire*).
D'après une gravure de « Die plastik der Ægypter ». (Cassirer, Ed.)

palmeraies, des sycomores. Un impitoyable ciel bleu, d'où le
feu coule incessamment en nappes, presque sombre aux heures
du jour où l'œil peut le regarder sans souffrance, plus clair la
nuit, quand la marée montante des étoiles y répand sa lueur.
Des vents torrides montent des sables, la lumière où vibre

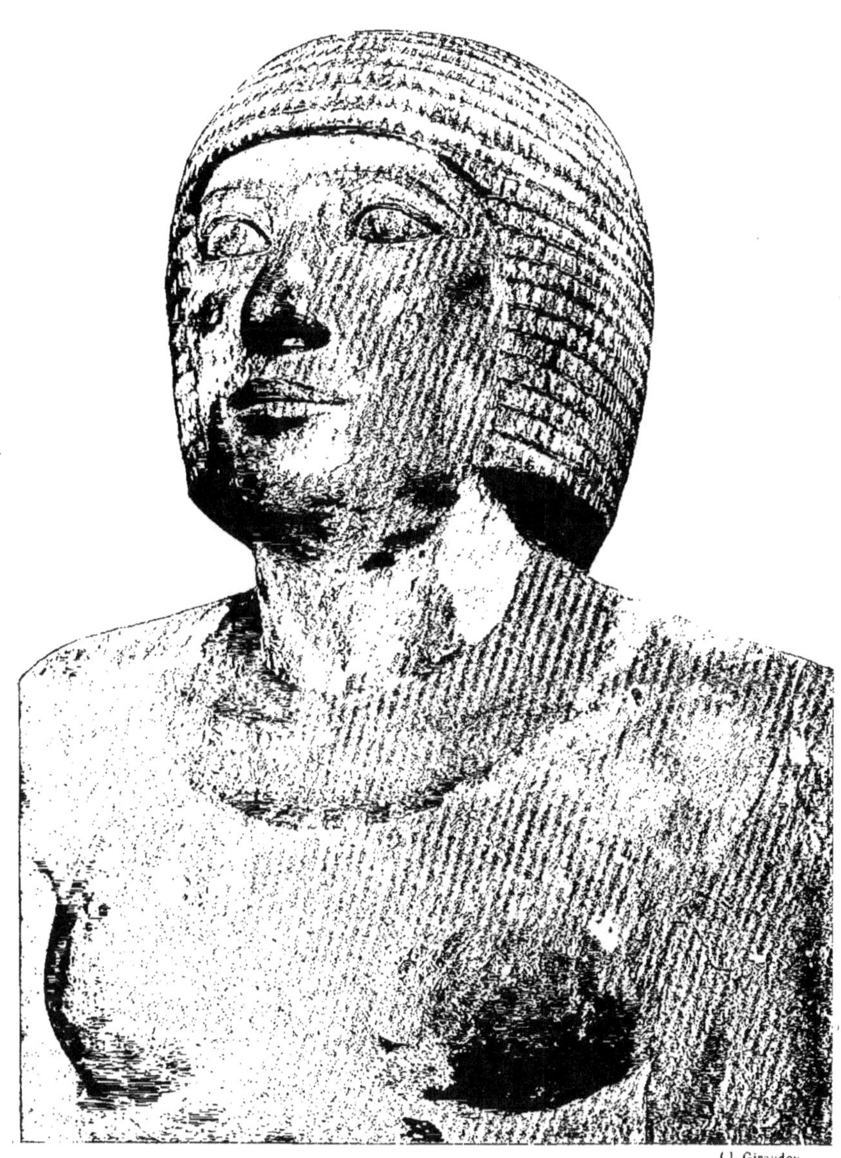

Cl. Giraudon.

ANCIEN EMPIRE (XXVe siècle av. J.-C.?). Statue de bois, détail
(*Musée du Louvre*).

l'air chaud découpe les ombres sur le sol, et les couleurs inaltérables, indigos, rouges cuits, jaunes sulfureux, liquéfiées en métal par les crépuscules de flamme, n'ont que le voile transparent des verts et des ors des cultures qui change périodiquement. Un silence où les voix hésitent comme si elles craignaient de briser des murs de cristal. Au delà de ces six cents lieues de vie fixe et puissante, le désert, sans autre limite visible que ce cercle absolu qui est aussi l'horizon des mers.

Le désir d'y chercher et d'y façonner l'éternité s'y impose à l'esprit d'autant plus despotiquement que la nature retarde la mort elle-même dans ses actes nécessaires de transformation et de refonte. Le granit ne s'entame pas. Il y a sous le sol des forêts pétrifiées. Dans cet air sec, le bois abandonné garde des siècles ses fibres vivantes, les cadavres se dessèchent sans pourrir. L'inondation du Nil, maître de la contrée, y symbolise tous les ans les résurrections perpétuelles. Sa venue et sa décroissance sont aussi régulières que la marche apparente d'Osiris, l'éternel soleil, qui chaque matin sort des eaux et chaque soir disparaît dans les sables. Du 10 juin au 7 octobre il verse aux campagnes calcinées le même limon noir, le limon gras, le limon père de la vie.

Le peuple Égyptien n'a pas cessé de regarder la mort. Il a donné le spectacle sans précédent, et sans lendemain, d'une race acharnée pendant quatre-vingts siècles à arrêter le mouvement universel. Il a cru que les formes organisées seules mouraient, au milieu d'une nature immuable. Il n'a accepté le monde sensible qu'autant qu'il paraissait durer. Il a poursuivi la persistance de la vie dans ses changements d'aspect. Il a imaginé pour elle des existences alternées. Et le désir que nous avons de nous survivre lui a fait accorder à son âme l'éternité individuelle dont la durée des phénomènes cosmiques lui donnait la vaine apparence.

L'homme qui meurt entrait pour lui dans la vraie vie. Mais pas plus que toutes les conceptions immortalistes qui succédèrent à la sienne, le désir d'immortalité des Égyptiens n'échappait à l'irrésistible besoin d'assurer une enveloppe matérielle à l'esprit toujours vivant. Il fallait lui construire un logis secret où son corps embaumé fût à l'abri des éléments, des bêtes de proie, surtout des hommes. Il fallait qu'il eût avec lui ses objets familiers, de la nourriture, de l'eau, il fallait surtout que son image, enveloppe immuable du double qui ne le quittera plus, l'accompagnât dans l'ombre définitive. Et

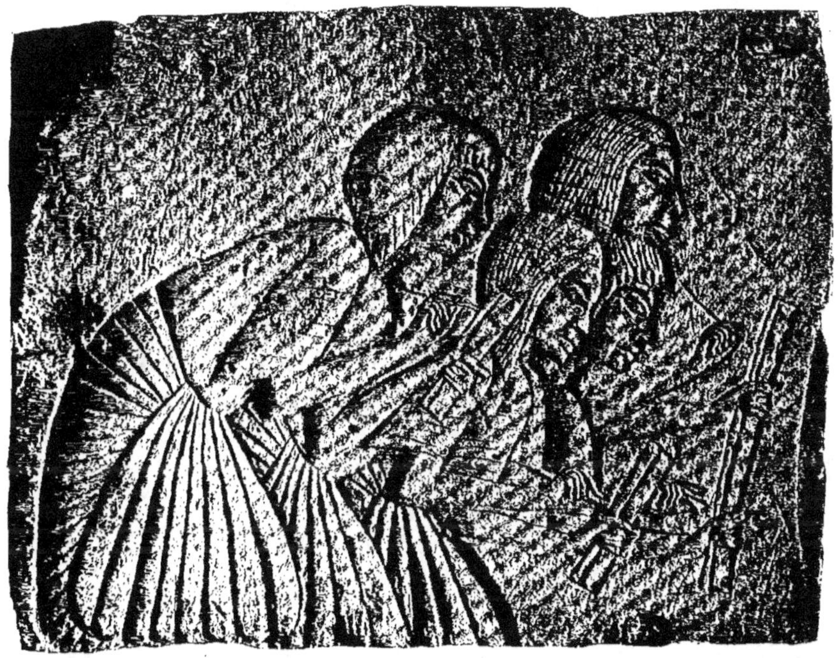

Moyen Empire (xviiᵉ siècle). Scribes (*Florence. Musée archéologique*).

puisque rien ne meurt, il fallait abriter pour toujours les divinités symboliques exprimant les lois immobiles et la résurrection des apparences, Osiris, le feu et les astres, le Nil, les animaux sacrés qui règlent le rythme de leurs migrations au rythme de ses crues et de ses silences.

L'art égyptien est religieux et funéraire. Il est parti de la folie collective la plus étrange de l'histoire. Mais, comme son

31

poëme à la mort vit, il touche à la sagesse la plus haute.
L'artiste a sauvé le philosophe. Des temples, des montagnes
élevées par la main des hommes, ses propres falaises taillées
en sphinx, en figures silencieuses, creusées en hypogées
labyrinthiques font au fleuve une allée vivante de tombeaux.
L'Egypte entière est là, même l'Egypte actuelle qui a voulu la
plus immobile des grandes religions modernes. L'Egypte
entière, énigmes écrasées, cadavres enfouis comme des trésors,
peut-être un milliard de momies couchées dans les ténèbres.
Et cette Egypte-là, qui voulait éterniser son âme avec sa forme
corporelle est morte. Celle qui ne meurt pas, c'est celle qui
a donné au grès, au granit, au basalte, la forme de son esprit.
Ainsi, l'âme humaine périt avec son enveloppe humaine. Mais
dès qu'elle est capable de tailler son empreinte dans une
matière extérieure, la pierre, le bronze, le bois, la mémoire
des générations, le papier qui se recopie, le livre qui se réim-
prime et transmet de siècle en siècle le verbe héroïque et les
chants, elle acquiert cette immortalité relative qui dure ce que
dureront les formes sous lesquelles notre monde a suffisam-
ment persisté pour nous permettre de le définir et de nous
définir par elles.

II

Le temple, qui résume l'Egypte, a la force catégorique des
synthèses primitives qui ne connaissaient pas le doute et par
cela même exprimaient la seule vérité que nous sachions durable, celle de la vie instinctive dans son irrésistible affirmation.
Formée par l'oasis, l'âme égyptienne en répétait les enseignements essentiels sur les murs et dans les colonnes du temple.
Elle pétrissait son granit, dont les massifs rectangulaires montaient d'un bloc jusqu'aux arêtes d'angles, avec le profil des
falaises, avec le cours rectiligne du fleuve, avec la sève brûlante qui dressait les palmiers au-dessus des champs d'émeraude, d'or et de vermillon. Le dogme, qui est une étape, une

32

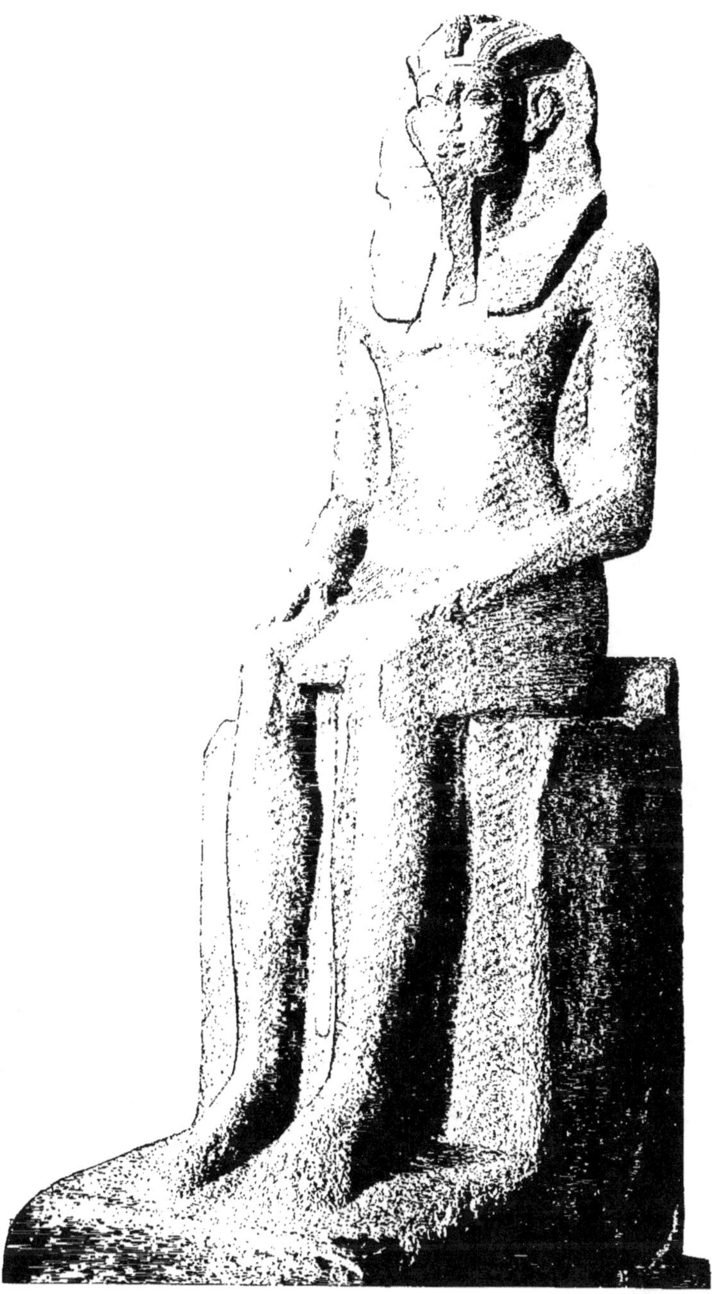

Moyen Empire (XVIIe siècle av. J.-C.). Colosse de Sowekhotep III
(*Musée du Louvre*).

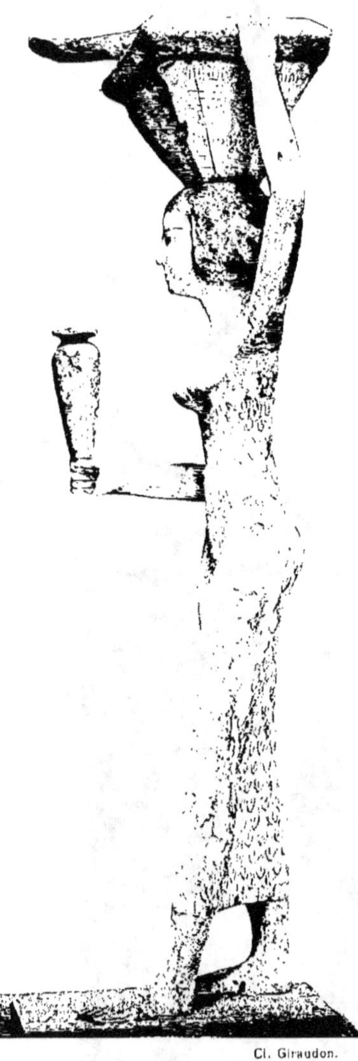

Moyen Empire (xvi⁰ siècle av. J.-C.).
La porteuse d'offrandes (*Musée du Louvre*).

certitude ancienne arrêtée en formules sensibles pour le repos de notre esprit, prend un invincible pouvoir quand il se propose à l'adoration des multitudes sous un pareil vêtement, où elles retrouvent leur vraie vie, leurs horizons familiers, la matière même des lieux où se déroule leur activité et d'où naît leur espérance. Le prêtre peut faire sa maison du dogme que le désir des hommes a matérialisé. Il peut assurer son pouvoir en installant le dieu dans le réduit le plus petit, le plus obscur, le plus secret de l'édifice. Le fidèle l'acceptera, s'il reconnaît le visage visible de son existence accoutumée aux milliers d'autres dieux muets qui bordent les avenues rigides conduisant aux pylônes géants, qui peuplent les cours et les portiques et qui sont des hommes mêlés aux monstres de l'oasis et du désert, lions, béliers, chacals, cynocéphales, éperviers. Au milieu des colonnes épaisses, aujourd'hui couchées par les conquérants et noyées sous les eaux et les sables, ou dressant encore dans le désert le formidable squelette disloqué des salles hypostyles, il se retrouvera dans ses palmeraies mono-

34

tones, ses bois étranges, ses taillis à intervalles vides, fûts droits
et drus à couronnes lourdes, matière opulente et pulpeuse
écrasée entre la boue durcie du sol et le poids vertical du soleil.
Elles ont l'élan ramassé, la rondeur rugueuse des palmiers, l'éta-
lement court de leur cîme. Des feuilles de lotus assemblées en
bouquets, des feuilles de papyrus, des palmes, des régimes de
dattes gonflent leurs chapiteaux de la vie compacte et puissante

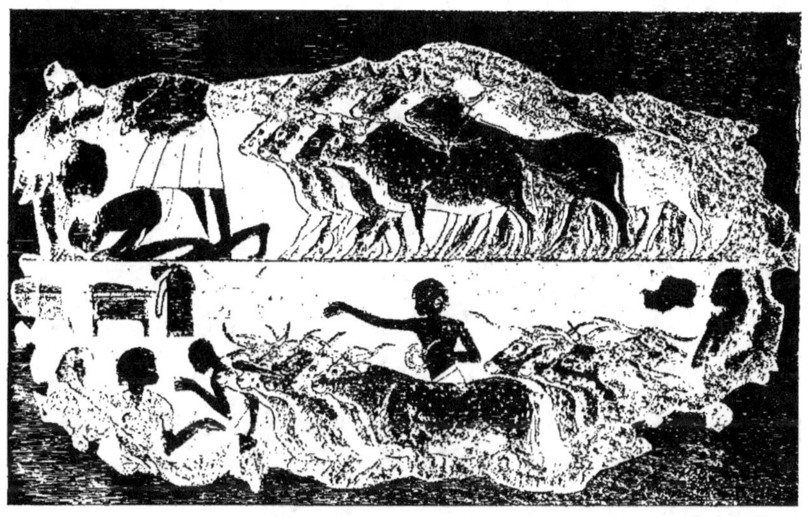

Nouvel Empire (xvᵉ siècle av. J.-C.). Le troupeau, peinture murale de Thèbes
(British Museum).

des végétations tropicales. En regardant à ses pieds il reverra les
nymphéas, les lotus, lourdes plantes, la flore du fleuve fécond où
grouillent des poules d'eau, des canards, des poissons, des cro-
codiles, il apercevra les lézards, les vipères, les uraeus qui se
chauffent sur le sable ardent où les élytres mordorées des scarabées sèment des morceaux de métal. Et quand il lèvera les yeux,
ce sera pour deviner au-dessous des constellations familières qui
sèment le plafond bleu, les oiseaux des solitudes, le grêle ibis, le
vautour, l'épervier symbolique suspendus sur leurs ailes rigides

35

entre le ciel et le désert. Partout, sur la hauteur des murs, des colonnes, des obélisques, partout fleurira pour sa joie sensuelle, en bas-reliefs peints, en inscriptions hiéroglyphiques, l'écriture vivante dont les émeraudes opaques et les sombres turquoises,

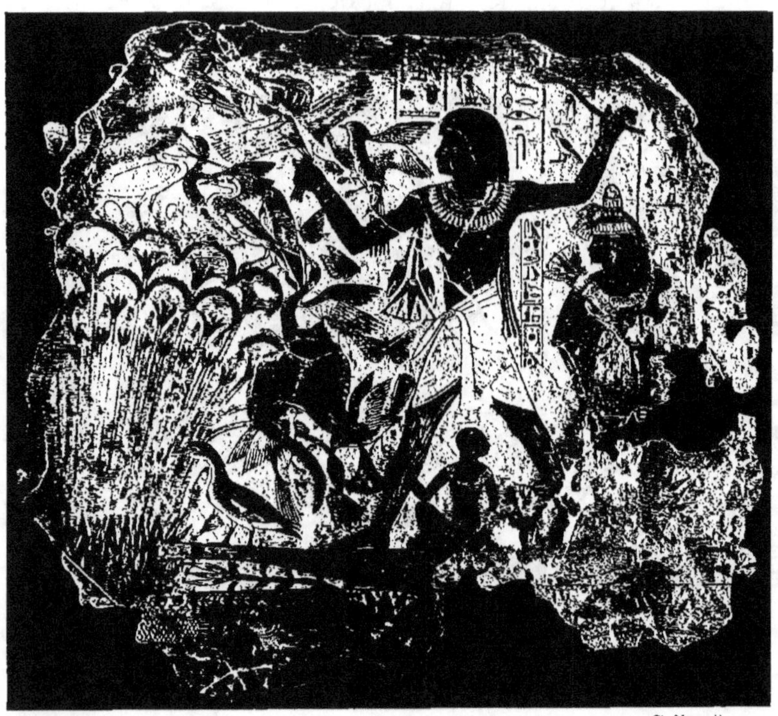

Nouvel Empire (XVe siècle av. J.-C.). Les oiseaux, peinture murale de Thèbes (*British Museum*).

les rouges brûlés, les soufres et les ors lui rediront la science, la littérature, l'histoire qu'ont si longuement édifiées ses ancêtres avec leur sang, leurs ossements, leur amour, leur mémoire, les formes redoutables ou charmantes qui les accompagnaient.

Retranché derrière ce langage formel, le prêtre peut envi-

36

ronner son action d'un mystère qui lui profite. Il sait beaucoup. Il connaît le mouvement du ciel. Il oriente en observatoire son temple protégé de paratonnerres. Il possède les grands principes de la géométrie et de la triangulation. Seulement sa science est secrète. Tout ce que le peuple en sait se manifeste

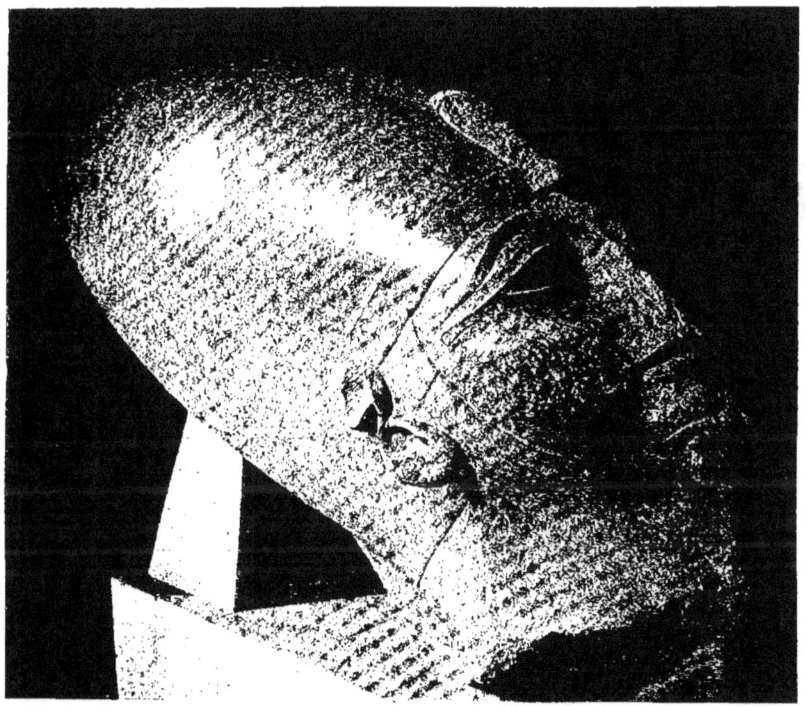

Nouvel Empire (xvᵉ siècle av. J.-C.). Tête colossale d'Amenothes III (*Louvre*).

à lui par quelques tours de spiritisme et de magie qui lui masquent le sens parfois puéril et souvent profond de la philosophie occulte que les hiéroglyphes et les figures symboliques veulent éterniser sur le visage du désert.

Le Pharaon, forme humaine d'Osiris, est l'instrument de la caste théocratique qui l'accable de puissance afin de le domes-.

tiquer. Au-dessous d'elle et de lui, avec quelques intermédiaires, officiers, chefs de villes ou de villages, gouverneurs armés du bâton, la multitude. Pour quelques heures de repos dans la nuit brûlante, sur le sol de boue durcie, pour le pain et l'eau, rien que la vie d'esclave laboureur ou moissonneur, maçon ou tailleur de pierre, le travail commandé, les coups. Cent générations usées à bâtir des montagnes, hommes rompus de corvées au-dessus des forces de l'homme, femmes déformées avant l'âge pour avoir été trop misérables et avoir porté trop d'enfants, enfants déviés et déjetés avant de naître sous le poids invisible des servitudes séculaires. Un affreux cauchemar. A peine, tout au fond, l'espoir des métamorphoses futures, lueur trouble et vacillante pour le pauvre qui n'aura pas de tombeau.

Comment, dans cet enfer, l'Egyptien n'a-t-il pas cherché et trouvé la consolation dangereuse du spiritualisme absolu ? Le vivant désir est plus fort que la mort. Naturiste et polythéiste dès l'origine, sa religion garda l'amour de la forme où nous retrouvons notre espoir. Ses statues donnaient au mystère un squelette indestructible et jamais il n'adora ses dieux que sous la forme humaine ou animale. Le milieu où il avait à vivre ne lui permit pas de s'absorber dans la contemplation sans frein.

Cl. Giraudon.

NOUVEL EMPIRE. Epervier
(*Musée du Louvre*).

38

La lutte quotidienne pour le pain est la plus sûre des éducations positives. Au fond, la nature de l'Egypte est ingrate. Ce n'est que par un effort incessant et grâce à des ressources toujours renouvelées d'ingéniosité et de vaillance, que l'Egyptien apprit à utiliser à son profit les excès périodiques du Nil. Il

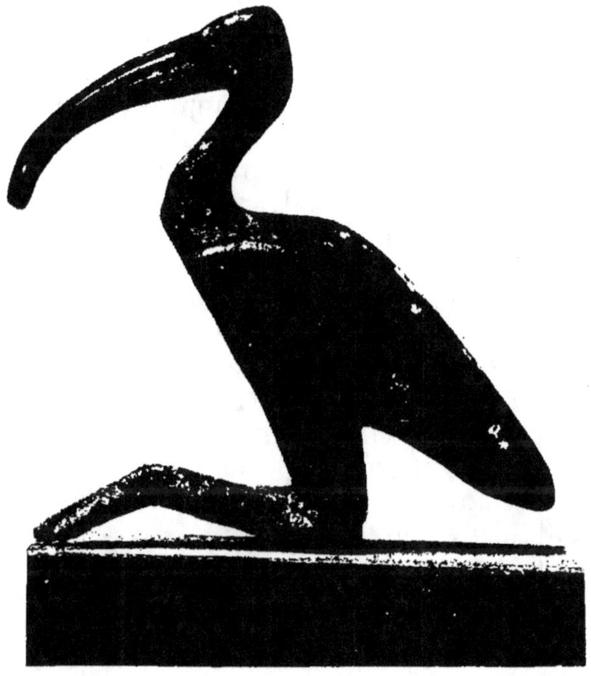

NOUVEL EMPIRE. Ibis, statuette bronze (*Louvre*).

lui fallut mettre en œuvre une étude séculaire des mœurs du fleuve, de la consistance et des qualités du limon, entreprendre des travaux formidables, digues, terrassements, lacs artificiels, canaux d'irrigation, taille du grès, du granit, les continuer sans cesse et les reprendre, pour les empêcher d'être noyés sous les alluvions, de s'enliser et de disparaître. Les Pyramides révèlent la puissance incomparable de ses ingénieurs. Et si la

dureté de sa vie le tourna vers la mort, il imprima du moins
à son passage sur la terre la marque d'un génie géométrique
profond.

Etrange peuple exprimant en théorèmes de basalte les plus
vastes, les plus secrètes, les plus vagues aspirations de son
monde intérieur ! L'esprit de l'Egypte est absolu et somnolent
comme les colosses allongés sur sa pierre tombale. Et pourtant, hors le mystère de la vie toujours recommençant, toujours semblable à lui-même, en tous temps, sous tous les ciels,
il n'y a rien que d'humain et d'accessible à notre émotion dans
le silence rayonnant qui paraît sourdre de ces figures immobiles entre des plans définitifs. L'artiste égyptien est un ouvrier, un esclave qui travaille sous le bâton, comme les autres.
Il n'est pas initié aux sciences mystiques. Nous savons mille
noms de rois, de prêtres, de chefs de guerre et de villes, nous
n'en savons pas un de ceux qui ont exprimé la vraie pensée
de l'Egypte, celle qui vit toujours dans la pierre des tombeaux.
L'art était la voix anonyme, la voix muette de la foule broyée
et regardant au dedans d'elle l'esprit et l'espoir tressaillir. Soulevé par un sentiment irrésistible de la vie auquel il était
interdit de se déployer en surface, il le laissait, de toute sa foi
comprimée, brûler en profondeur.

Il n'est pas vrai, quelque saisissantes et divinatoires que
puissent être les intuitions métaphysiques que les castes sacerdotales se transmettent à travers les temps, en Egypte comme
en Chaldée, avec le pouvoir — il n'est pas vrai que les mystérieuses images qui les symbolisent leur doivent leur beauté.
Chez l'artiste, l'instinct est au commencement de tout. C'est la
vie, dans son mouvement prodigieux où la matière et l'esprit
se mélangent sans qu'il songe à les désunir, qui allume en lui
l'étincelle et dirige sa main. A nous de dégager de l'œuvre
d'art sa signification générale comme nous la dégageons de la
vie sensuelle, sociale et morale qu'elle nous résume en un
éclair. L'artiste égyptien obéissait à certaines indications plus
souvent restrictives qu'actives que le prêtre lui dictait. Quand
il lui demandait de tailler dans le granit un lion à tête humaine,

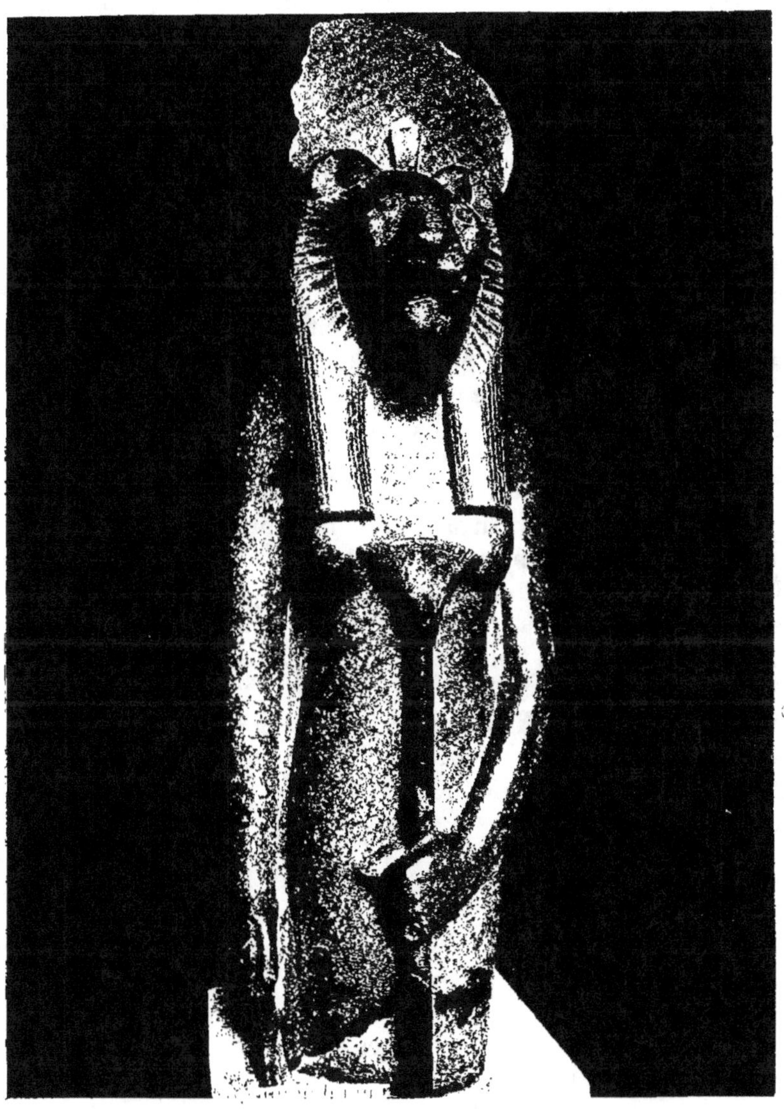

Nouvel Empire (xive siècle av. J.-C.). Horus (*Louvre*).

un homme à tête d'aigle aux mains ouvertes par où la flamme
de l'esprit semblait passer dans le monde, il gardait jalousement
pour lui le sens occulte de la forme et du geste, et le sculpteur
ne puisait l'enthousiasme qui faisait frémir la matière que dans
la matière elle-même et la foi qu'il avait en l'existence réelle
des mythes animés par lui. Si le monstre était beau, c'est que
le sculpteur était vivant. Le profond occultiste n'y était pour
rien, le naïf artiste pour tout.

Nous ne savons réellement que ce que nous avons appris
par nous-mêmes, et la découverte personnelle est notre unique
source d'enthousiasme. Les généralisations les plus hautes sont
parties du sentiment le plus obscur et le plus fort pour se
purifier de degré en degré en s'élevant vers l'intelligence. Elles
sont ouvertes à l'artiste qui doit logiquement et fatalement
s'acheminer vers elles. Mais la faculté de donner la vie au langage dans lequel ils nous les communiquent n'est ni logiquement ni fatalement impartie aux philosophes. La généralisation n'est jamais un point de départ, elle est une tendance, et
si l'artiste avait commencé par l'occultisme, il eût condamné
ses œuvres à la raideur de la mort. Or, même raide comme
un cadavre de par la volonté du prêtre, la statue égyptienne vit
de par l'amour du sculpteur. Seulement, l'évolution humaine
marche d'un bloc, et l'instinct de l'artiste s'accorde étroitement
avec l'esprit du philosophe, pour donner à leurs créations
abstraites ou concrètes le même rythme qui exprime un même
besoin général.

III

Quoi qu'il en soit, c'est la foule et rien qu'elle qui a répandu
sur le bois des sarcophages, sur le tissu compact des hypogées,
les fleurs pures, les fleurs vivantes, les fleurs colorées de son
âme. Elle a chuchoté sa vie dans les ténèbres pour que sa vie
resplendît à la lumière de nos torches quand nous ouvririons
les sépulcres cachés. La belle tombe était creusée pour le roi ou

le riche, sans doute, et c'était sa fastueuse existence qu'il fallait
retracer sur les murs, en convois funèbres, en aventures de
chasse ou de guerre, en travaux des champs. Il fallait le montrer entouré de ses esclaves, de ses travailleurs agricoles, de ses
animaux familiers, dire comment on faisait pousser son pain,
comment on dépeçait ses bêtes de boucherie, comment on

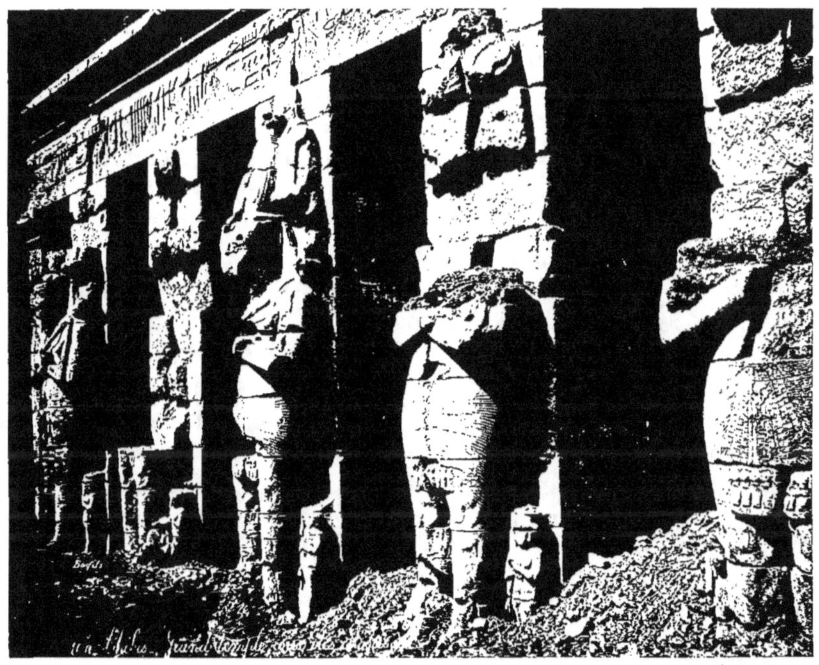

Cl. Bonfils.

NOUVEL EMPIRE. Grand temple de Thebes.

pêchait ses poissons, comment on prenait ses oiseaux, comment
on lui offrait ses fruits, comment on procédait à la toilette de
ses femmes. Et la foule des artisans travaillait dans l'obscurité,
elle croyait dire le charme, la puissance, le bonheur, l'opulence
de la vie du maître, elle disait surtout la misère mais aussi
l'activité féconde, l'utilité, l'intelligence, la richesse intérieure,
la grâce furtive de la sienne.

43

Quelle merveilleuse peinture ! Elle est plus libre que la statuaire, presque uniquement destinée à restituer l'image du dieu ou du défunt. Malgré son grand style abstrait elle est familière, elle est intime, quelquefois caricaturale, toujours malicieuse ou tendre, comme ce peuple naturellement humain et bon, peu à peu écrasé sous la force théocratique et descendant en lui de plus en plus pour regarder son humble vie. Au sens moderne du mot, aucune science de la composition. Aucun sens de la perspective. Le dessin égyptien est une écriture qu'il faut apprendre. Mais, quand on la connaît bien, comme toutes ces silhouettes dont les têtes et les jambes sont toujours de profil, les épaules et les poitrines toujours de face, comme toutes ces raides silhouettes remuent, comme elles vivent ingénûment, comme leur silence se peuple d'animations et de murmures ! Un extrême schéma, sûr, décisif, précis, mais tressaillant. Quand la forme apparaît, surtout la forme nue ou devinée sous la chemise transparente, l'artiste suspend en lui toute sa vie, pour ne laisser rayonner de son cœur qu'une lumière spirituelle qui n'éclaire que les plus hauts sommets du souvenir et de la sensation. Vraiment ce contour continu, cette unique ligne ondulante, si pure, si noblement sensuelle, qui dénonce un sens si discret et si fort du caractère, de la masse et du mouvement a l'air d'être tracé dans le granit avec la seule intelligence, sans le secours d'un outil. Là-dessus des coulées brillantes, légères, jamais appuyées de bleus profonds, d'émeraudes, d'ocres, de jaunes d'or, de vermillons. C'est comme une eau tout à fait claire où on laisserait tomber, sans l'agiter d'un frisson, des couleurs inaltérables qui ne la troubleraient pas et permettraient d'apercevoir toujours les plantes et les cailloux du fond.

L'intensité du sentiment, la logique de la structure brisent les chaînes du hiératisme et de la stylisation. Ces arbres, ces fleurs raides, tout ce monde conventionnel a le mouvement sourd des saisons fécondes qui s'ouvrent, la fraîcheur des germes renaissants. L'art égyptien est peut-être le plus impersonnel qui soit. L'artiste s'efface. Mais il a de la vie un sens

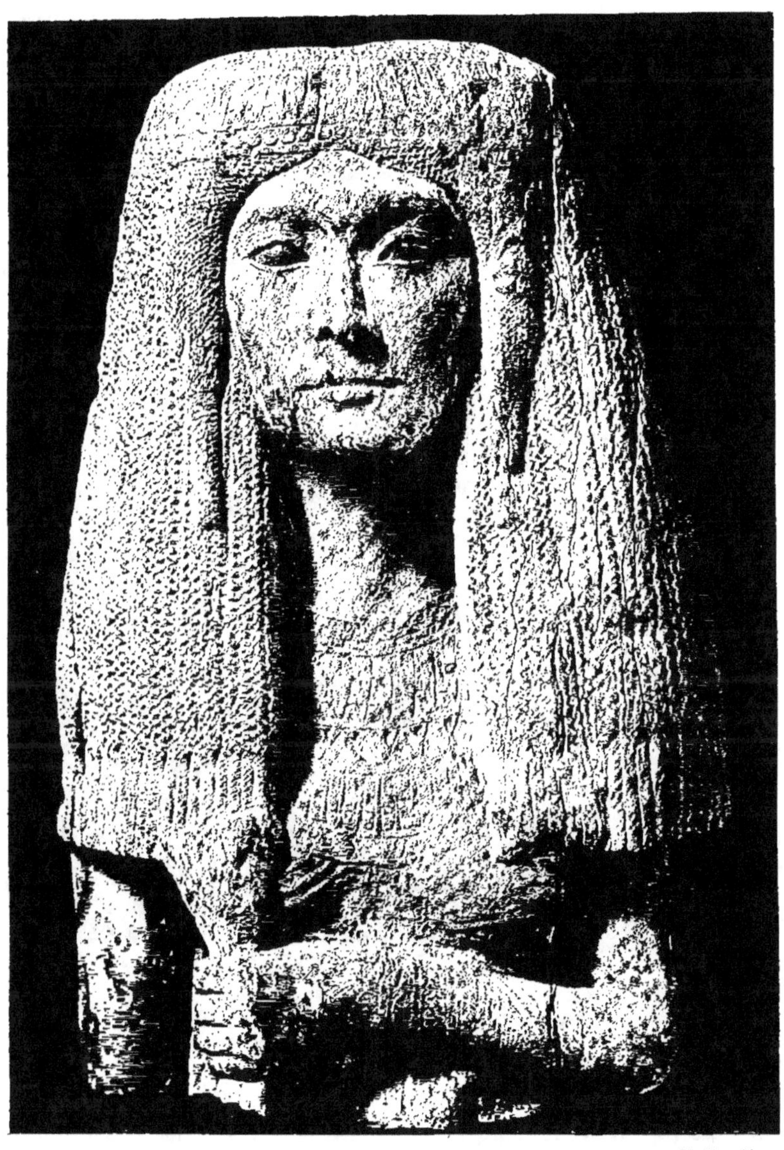

NOUVEL EMPIRE (XIVᵉ siècle av. J.-C.). Portrait de femme
(*Florence. Musée archéologique*).

si intérieur, si directement ému, si limpide, que tout ce qu'il décrit d'elle semble être défini par elle, sortir du geste naturel

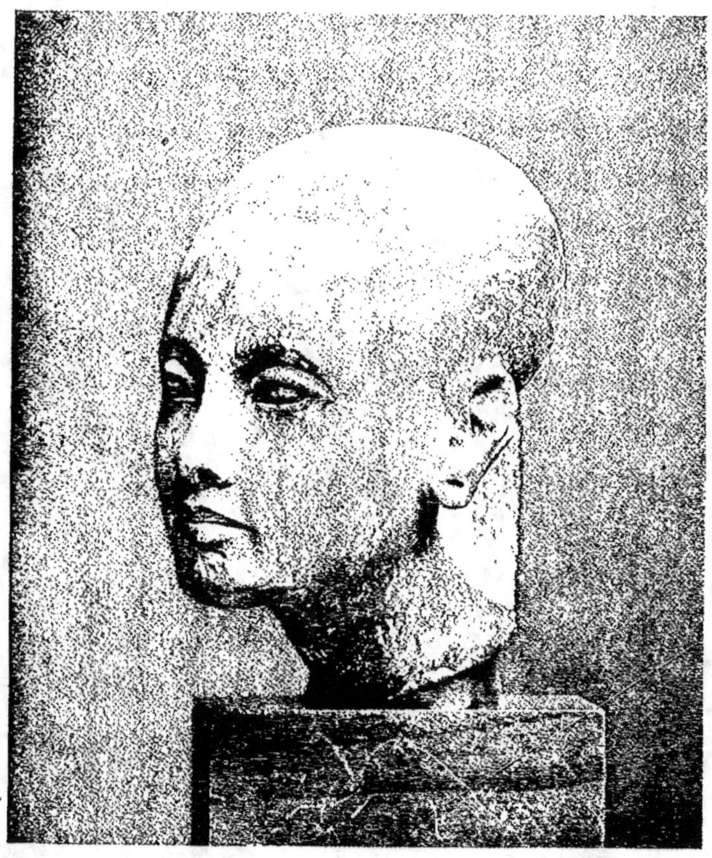

Cl. Cassirer, Ed.

Nouvel Empire (XIVᵉ siècle av. J.-C.). Une princesse, pierre (*Musée de Berlin*)..
D'après une gravure de « Die plastik der Ægypter ».

et de l'attitude exacte dont on ne voit plus la raideur. Son impersonnalité ressemble à celle des herbes qui frémissent au ras du sol ou des arbres s'inclinant à la brise, d'un seul mou--

46

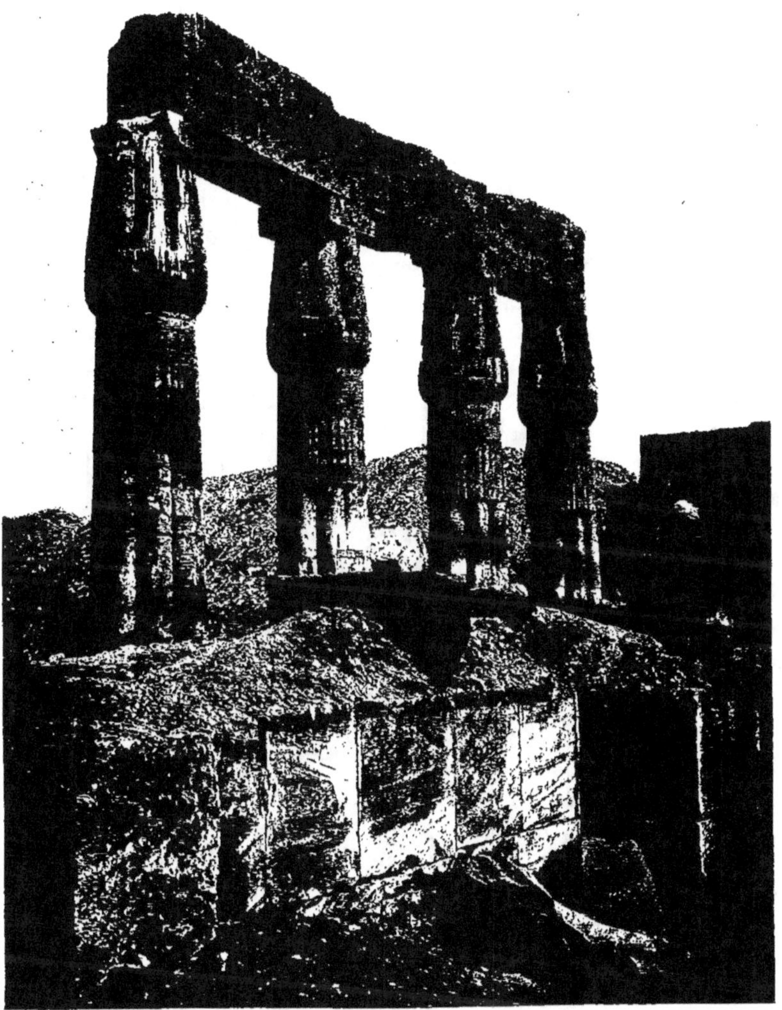

Nouvel Empire. Temple de Touthmès III à Karnak.

vement et sans lutter, ou de l'eau qu'elle ride en cercles égaux qui vont tous dans le même sens. L'artiste est une plante qui donne des fruits pareils à ceux des autres plantes mais aussi savoureux et aussi nourrissants. Et la convention que le dogme lui impose n'apparaît pas, parce que ce qui sort de son être est animé de la vie même de son être, sain et gonflé de sucs comme un produit du sol.

Ce qu'il conte, c'est sa vie même. Les ouvriers à la peau tannée, aux épaules musculeuses, aux bras nerveux, aux crânes durs, travaillent de bon cœur, et même quand le bâton parle, ils gardent leur douce figure, leur figure glabre à pommettes saillantes, et ce n'est pas sans une sorte de fraternelle ironie que l'artisan décorateur ou statuaire qui s'est représenté lui-même si souvent, les montre affairés à leur besogne, rameurs suant, bouchers coupant et sciant, maçons assemblant des briques de limon cuit, gardeurs de troupeaux conduisant leurs bêtes passives, accouchant les femelles, pêcheurs, chasseurs, valets de ferme goguenards soupesant les canards éperdus par la base des ailes, les lapins soubresautant par les oreilles, gavant les oies obèses, portant dans leurs bras des grues dont ils serrent le bec à pleine main pour les empêcher de crier. Tout est moutonnements, trots roulants et serrés, bêlements, meuglements, bruits d'ailes. Les bêtes domestiques, les bœufs, les ânes, les chiens, les chats ont leur allure massive ou paisible ou joyeuse ou souple, leurs ruminations infinies, leurs frissons de peau ou d'oreilles, leurs ondulations rampantes, leurs allongements de pattes silencieux et sûrs. Les panthères marchent sur du velours, tendant leur tête plate. Les canards et les oies boitillent, les becs spatulés fouillent en clapotant. Les poissons stupides bâillent dans les filets tendus. l'eau qui tremble est transparente et les femmes qui viennent la recueillir dans leurs jarres ou les animaux qui s'y plongent sont pénétrés de sa fraîcheur. Les oranges, les dattes pèsent dans les corbeilles soutenues par un bras aussi pur qu'une jeune tige, et balancées comme des fleurs. Les femmes, quand elles se parent ou mouillent leurs pinceaux fins pour farder leurs maîtresses, ont l'air de roseaux inclinés pour chercher la rosée dans l'herbe. Le monde a le frisson silencieux des matins.

Cette poésie naturelle, ardente au fond, et familière, les Egyptiens la portent dans tout ce qui sort de leurs doigts, dans leurs bijoux, leur petite sculpture intime, ces bibelots

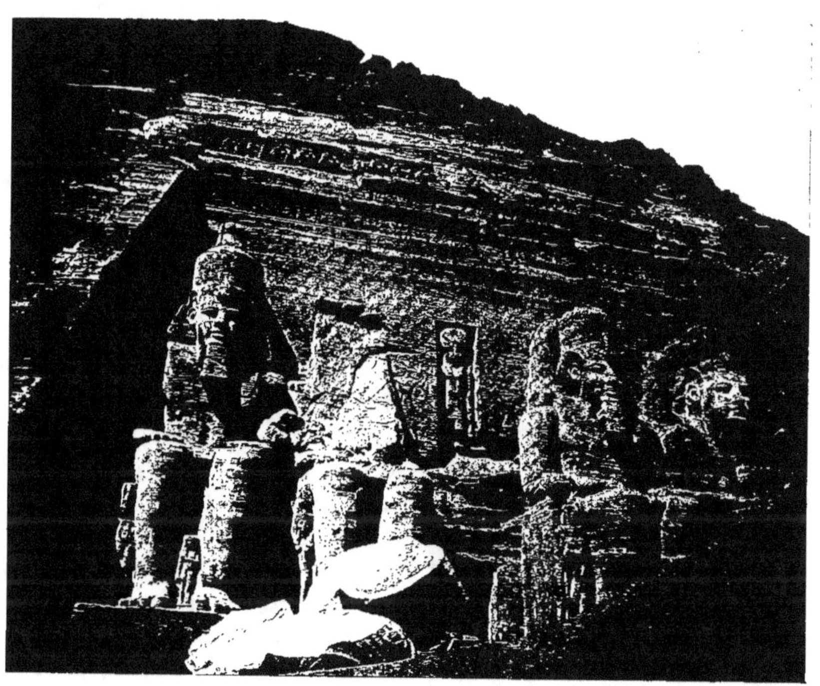

Cl. Bonfils

NOUVEL EMPIRE (XIII⁰ siècle av. J.-C.). Temple d'Isamboul.

innombrables qui encombraient leur sépulture où ils suivaient le mort auquel ils avaient appartenu, dans les objets domestiques de la cuisine et de l'atelier. Toute leur faune, toute leur flore y revit avec ce même sentiment très sensuel et très chaste, immobile et vivant, cette même profondeur pure. Bronze ou bois, ivoire, or, argent, granit, ils conservaient à la matière travaillée sa pesanteur et sa délicatesse, sa fraîcheur végétale,

49

4

son grain minéral. Leurs cuillers ressemblent à des feuilles abandonnées au fil de l'eau, leurs bijoux taillés en éperviers, en reptiles, en scarabées ont l'air de ces pierres colorées qu'on ramasse dans le lit des fleuves, ou au bord de la mer et dans le voisinage des volcans. L'Egypte souterraine est une mine étrange. Elle nourrit des fossiles vivants qui sont comme la cristallisation des multitudes organiques.

IV

Mais toute l'intimité, tout le charme furtif de son esprit s'y cache, comme le fellah dans ses terriers de boue, loin des palais et des temples. A la surface du sol, c'est l'Egypte philosophique. Sous l'ancien Empire seulement, il y a cinq ou six mille ans, l'école memphite de sculpture s'était essayée à l'expression de l'existence quotidienne. L'Egypte se souvenait peut-être des vieilles époques de liberté, antérieures au Sphinx lui-même, dont on trouvera quelque jour les traces sous dix mille années d'alluvions, plus bas que les pieds des pyramides. D'ailleurs un art à ses débuts est toujours réaliste. Il ne sait pas encore former ces images synthétiques, faites des mille formes rencontrées sur la longue route de l'effort civilisateur, qu'il tente de réaliser dès qu'il parvient au seuil de l'idée générale. Le primitif s'incline sur sa propre vie. Certes, il s'essaie déjà à des résumés de sensations, mais à des résumés actuels, qui ne dépassent pas la vision de l'instant. C'est pour bien caractériser la forme qu'il a sous les yeux qu'il ne laisse subsister d'elle que les sommets de ses ondulations et de ses saillies expressives. Le *Scribe accroupi*, qui est de cette époque ancienne, est effrayant de vérité, d'application directe à la fonction qu'il accomplit. Ce n'est pas encore un type supérieur d'humanité moyenne, c'est déjà le type moyen d'une profession et d'une caste. Son attention à sa besogne, son énergie suspendue, cette vie arrêtée qui fait flamboyer son visage, anime

50

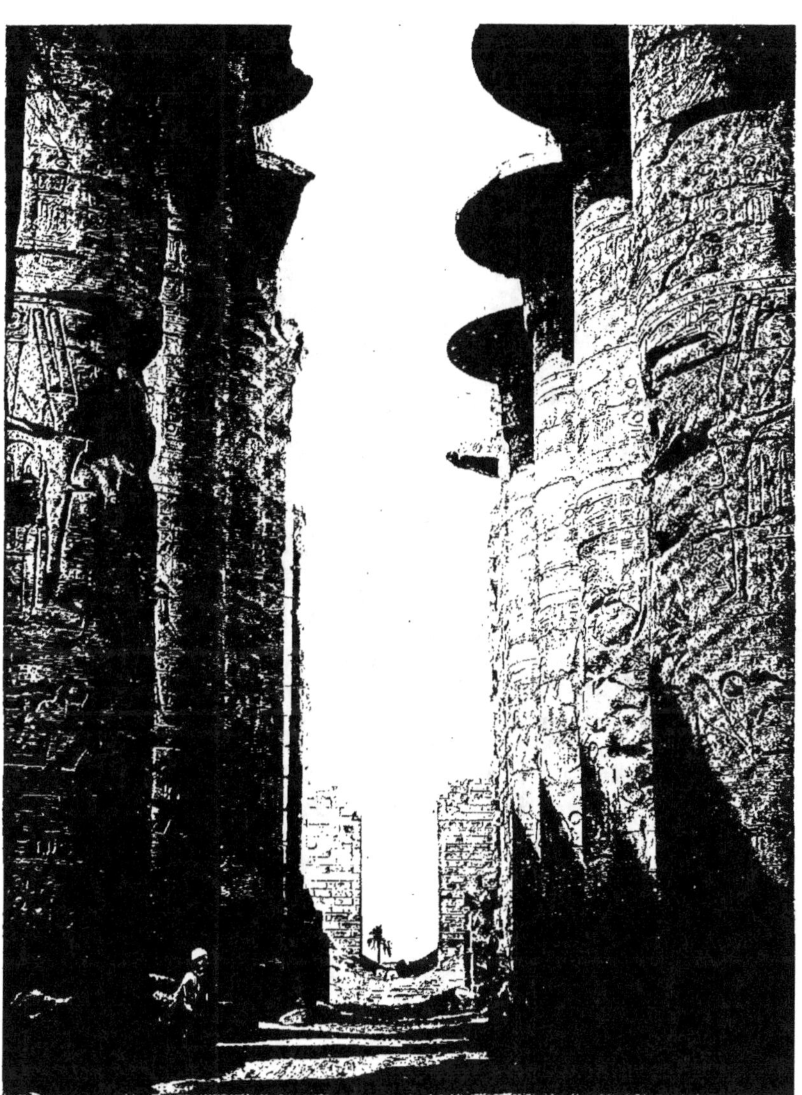

Nouvel Empire (xive siècle av. J.-C.). Salle hypostyle de Karnak.

son corps figé, il les doit aux plans qui le définissent, à l'esprit tranchant et sans inquiétude de celui qui les a taillés. Du même temps les paysans qui marchent, un bâton à la main, les hommes et les femmes qui partent côte à côte pour le voyage de la mort, comme ils allaient dans le voyage de la vie. L'Egyp-

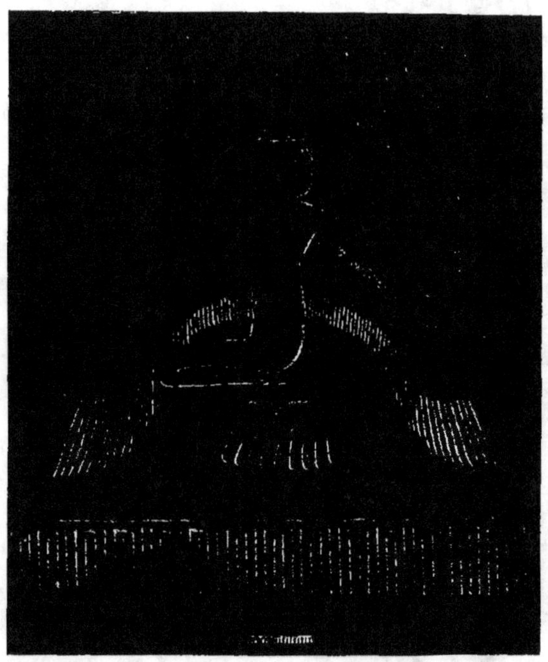

NOUVEL EMPIRE (XIII° siècle).
Sarcophage de Ramsès III, détail (*Louvre*).

tien d'alors possède son équilibre fonctionnel. Chaque rouage de la machine sociale joue à ce moment-là avec une rigueur et un automatisme qui dénoncent une vie spontanément disciplinée, mais libre de se définir.

La sculpture classique se constitue seulement sous le Moyen Empire, quand Thèbes a détrôné Memphis. Dès ce moment, et jusqu'à la fin du monde nilotique, elle n'est plus

52

que funéraire et religieuse. Statues de dieux, statues de doubles. Le récit des moissons, du travail affairé des hommes et des animaux de labour, des soins de la toilette et du ménage, des aventures quotidiennes, est laissé aux peintres et aux ouvriers d'art. Le sculpteur de dieux est bien un ouvrier aussi, mais il est soulevé par l'importance de sa tâche et la force de sa foi, bien au-dessus de sa misère. On dirait qu'il a tourné le dos à l'oasis, qu'il contemple seulement la régularité des jours et des années, le sommeil et l'éveil des saisons, du fleuve, le désert morne, la face impassible du ciel.

Il ne faut pas trop s'étonner de le voir si différent de celui qui décrivait le scribe avec tant d'attention passionnée. De loin, l'art égyptien paraît immuable et toujours pareil à lui-même. De près, il offre, comme chez tous les autres peuples, le spectacle d'évolutions immenses, de progrès vers la liberté de l'expression, de recherches vers l'hiératisme imposé. L'Egypte est si loin

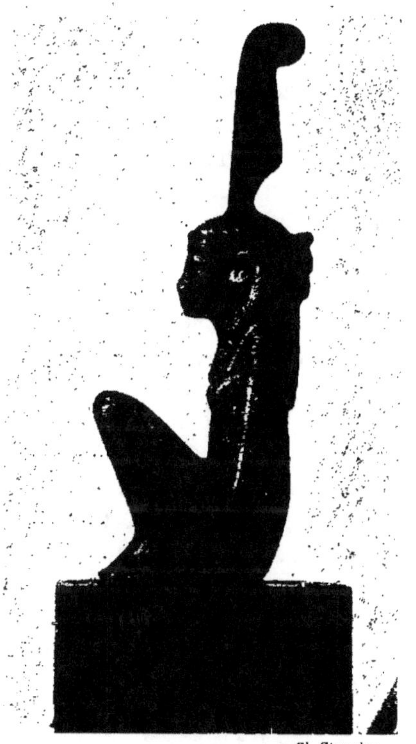

Nouvel Empire. Femme assise, statuette, bronze (*Louvre*).

de nous qu'elle paraît toute au même plan. On oublie qu'il y a quinze ou vingt siècles — l'âge du christianisme — entre le *Scribe accroupi* et la grande époque classique, vingt-cinq ou trente siècles, cinquante peut-être, — deux fois le temps qui nous sépare de Périclès et de Phidias — entre les Pyramides

53

et l'école saïte, la dernière manifestation vivante de l'idéal égyptien.

L'arrêt de la sculpture égyptienne dans le mouvement de libre découverte que l'Ecole Memphite avait ébauché avec tant de vigueur, fut sans doute provoqué par une longue préparation historique dont les éléments nous sont trop peu connus pour que nous puissions les définir avec une précision suffisante. L'ancien Empire était pacifique. L'Empire thébain est belliqueux. Il s'appuie plus fortement sur le prêtre, pour maintenir dans l'obéissance les hommes laborieux et doux qu'il veut entraîner aux conquêtes. Le mystère théologique s'épaissit. Le dogme qui se fixe limite l'essor de la sculpture, et, en lui imposant des bornes, la condamne aux recherches restreintes, mais subtiles, qui l'affineront de plus en plus. Elle devient l'expression religieuse d'un peuple d'ingénieurs. Les statues vont définir l'aspect permanent de l'Egypte, arrêter la vie entre des digues régulières, faire commencer et finir avec elles le monde comme finissent les cultures et commence le désert à la limite du limon. C'est un cadre architectonique immuable, fixé par une étude séculaire de la forme, ayant pénétré les lois de sa structure, qui enfermera désormais le portrait du dieu ou le portrait du mort, demeure de son double. Tout change. Les formes naissent et s'effacent à la surface de la terre aussi facilement que les chiffres sur un tableau noir. Il n'est d'immuable que les rapports presque mathématiques qui les animent en les liant les uns aux autres par la chaîne invisible de l'abstraction. La grande sculpture égyptienne matérialise cette abstraction et formule dans le granit un idéal géométrique qui paraît aussi durable que les lois qui gouvernent le cours des astres et le rythme des saisons.

La sculpture est à la fois la plus abstraite et la plus positive des expressions plastiques. Positive, parce qu'il lui est impossible d'esquiver les difficultés de sa tâche sous des artifices verbaux et que la forme ne vivra qu'à la condition d'être logiquement construite de quelque côté qu'on la regarde. Abstraite, parce que la loi de cette construction ne nous est révélée que par une série d'opérations mentales de plus en plus généralisatrices. La sculpture, avant d'être un art, fut une science, et nul sculpteur ne pourra faire œuvre durable s'il n'en a retrouvé dans la nature même les éléments générateurs. Or, ce sont les

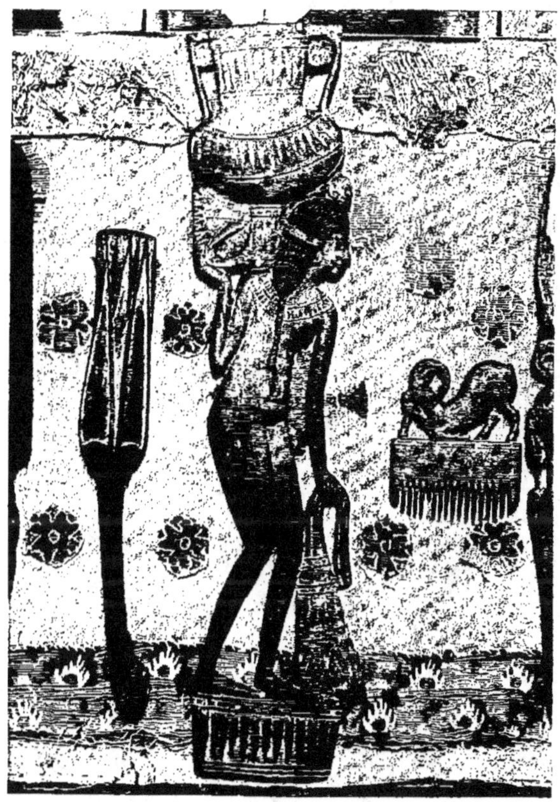

Nouvel Empire. Cuiller à fard (*Louvre*).

Egyptiens qui nous ont appris cela, et peut-être n'est-il pas possible de comprendre et d'aimer la sculpture si l'on n'a pas d'abord subi leur austère éducation.

La tête de leurs statues reste un portrait, très stylisé par la subordination de ses caractéristiques à quelques plans décisifs,

55

mais le corps est coulé dans un canon d'une science architecturale qu'on n'atteindra plus. Un pied est devant l'autre pied, ou à côté de lui, la statue, presque toujours coiffée du pschent est demi nue, debout les bras collés au corps, ou assise, les coudes au thorax, les mains sur les genoux, le visage droit devant elle, les yeux fixes. Il lui est interdit d'ouvrir les lèvres, interdit de faire un geste, interdit de retourner la tête, interdit de se lever, interdit de quitter son socle pour se mêler aux vivants. On la dirait liée de bandelettes. Pourtant elle porte en elle, dans son visage où la pensée erre avec la lumière, dans son corps immobilisé, toute la vie qui s'étale sur les parois des tombes, l'éclatante vie des ténèbres. Une onde la parcourt, onde souterraine, dont la rumeur est étouffée. Ses profils ont la sûreté d'une équation de pierre, un sentiment aussi vaste que tout ce que nous ignorons habite en elle sourdement. Jamais elle ne le dira. Le prêtre a enchaîné ses bras et ses jambes, cousu sa bouche de formules mystiques. L'Egypte n'atteindra pas l'équilibre philosophique, ce sens du relatif qui nous donne la mesure de notre action et, en nous révélant nos vrais rapports avec l'ensemble des choses nous assigne, dans l'harmonie univer-

Cl. Giraudon.

EPOQUE SAÏTE. Horus, bronze (*Musée du Louvre*).

selle, le rôle de centre conscient de
l'ordre qu'elle nous impose. Elle ne
connaîtra pas la liberté vers laquelle
elle était en marche à l'époque de
Memphis et que ses peintres soupçonnent en tâtonnant dans l'ombre
des tombeaux. Le prêtre lui défend
de demander au mouvement confus
de la nature l'accord de sa science et
des aspirations sentimentales qu'elle
ne peut pas contenir et qui rayonnent
du basalte comme d'un soleil arrêté.

Maître de l'âme, ou du moins
tenant au poignet la main qui l'exprime, le prêtre permet tout au roi,
qui permet tout au prêtre. Du commencement du moyen Empire à la
fin du nouveau, l'Egypte revient à
l'esprit qui dressa les Pyramides.
Elle va se couvrir de temples géants
et de colosses, Ibsamboul, Louqsor,
Karnak, Ramesseum, Memnon, entassements, murs, pylônes, statues
démesurées, sphinx, meules de pierre
par qui l'orgueil des rois broie les
multitudes consolées par l'orgueil
de faire des dieux. A ce moment tout
est possible au sculpteur géomètre.
On ne sait pas s'il taille les rochers
en colosses ou s'il donne aux colosses
l'apparence des rochers. Il pénètre
dans les massifs granitiques, y creuse
des salles immenses, les couvre du
haut en bas de bas-reliefs et d'hiéro-
glyphes peints, donne à leur front qui regarde le Nil l'aspect de
figures géantes aussi catégoriques que ses profils primitifs et

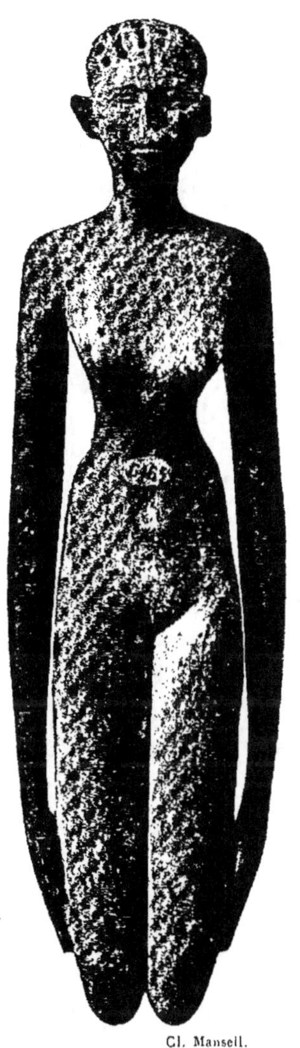

Cl. Mansell.

ÉPOQUE SAÏTE (670 av. J.-C.).
Poupée, bois
(*British Museum*).

dont les grands visages purs fixent depuis trois ou quatre mille
ans sans cligner les paupières, le soleil terrible qui les sculpte
d'ombres et de lumières absolues. Les monstres qu'il dresse
en bordure des avenues, les monstres qui ne disent rien et
qui révèlent tout, sont rigoureusement logiques, malgré leur
tête d'homme ou de bélier sur leur corps de lion. Cette tête
s'attache naturellement aux épaules, les muscles à peine indiqués ont leurs insertions et leurs trajets normaux, les os leur
architecture nécessaire, et de l'extrémité des griffes, des plans
silencieux des côtes, de la croupe et du dos à la boîte crânienne
ronde, à la face méditative, les forces vitales circulent d'un
même flot continu. Quand l'artiste taille en plein bloc ces
formes absolues dont les surfaces semblent déterminées par
les volumes géométriques se pénétrant selon des lois immuables d'attraction, on dirait qu'il garde, au fond de son instinct immense, le souvenir de la forme commune d'où viennent les formes animales, et, par delà les formes animales, de
la sphère originelle d'où les planètes sont sorties et dont la
gravitation du ciel avait sculpté la courbe. L'artiste a le droit
de créer des monstres, s'il sait en faire des êtres viables. Toute
forme adaptée aux conditions universelles de la vie est plus
vivante, même si elle n'existe que dans notre imagination,
que telle forme organisée réelle qui remplit mal sa fonction.
Les cadavres desséchés que la terre égyptienne finira par
absorber, miette après miette, n'ont pas la réalité de ses sphinx
et de ses dieux épouvantables à corps d'hommes, à tête d'épervier et de panthère, où l'esprit a déposé son étincelle. Dans
tous les sens, et d'où qu'on les regarde, ils ondulent comme
un flot. On dirait qu'une ligne insaisissable de lumière tourne
autour d'eux, caresse lentement une forme invisible que révé-
lera son étreinte, cherchant d'elle-même, sans l'intervention
du sculpteur, où il faut qu'elle s'infléchisse, où il faut qu'elle
s'insinue, pour moduler à peine, par imperceptibles passages,
à la façon de la musique, leur ondoyante progression.

Mais cette science définitive brisera la statuaire. Une heure
arrive où l'esprit, dirigé sur une seule voie, n'y peut plus rien

découvrir. Sans doute l'immobilité de
l'Egypte n'avait jamais été qu'une apparence.
Mais son idéal, s'il essayait de se définir sous
des formes nouvelles, changeait peu, car les
enseignements de son sol ne variaient guère
et c'était toujours avec le même milieu que
l'homme avait à compter. Seulement, elle
avait déployé de longs efforts à approcher
cet idéal. C'est pour cela qu'elle n'était pas
morte. Elle luttait. Mais l'empire
thébain fut immobile. Le dogme
ne bougeait plus, l'ordre social
était coulé dans son moule grani-
tique que scellait la monarchie. L'enthousiasme s'use à recommencer tous les jours
la même conquête. Sous les Ramessides,
l'effort trop tendu pendant les dynasties pré-
cédentes se désunit. La guerre extérieure
continuelle, les invasions, les influences
étrangères découragent et désorientent l'énergie des Egyptiens. Après quinze siècles de
production ininterrompue, le statuaire thébain manie la matière avec trop de facilité.
L'occultisme est pourtant aussi cultivé dans
les classes sacerdotales et aussi maître de
diriger l'effort de l'artisan. Mais l'action
n'est plus en lui. Il perd ce sens prodigieux
de la masse qui concentre la vie dans une
forme décisive dont toutes les surfaces
semblent rejoindre l'infini
par leurs courbes illimitées.
Chaque année, il livre par
centaines des statues fabri-
quées à la grosse, d'après le
même modèle industriel.
L'école est faite. L'idéalisme

CI. Giraudon.

ÉPOQUE SAÏTE. La reine Karomana,
statuette bronze (*Musée du Louvre*).

59

géométrique s'est fixé dans une formule et le sentiment s'est
épuisé à rencontrer toujours ces parois de pierre infranchissa-
bles qui lui défendent d'aller plus loin. L'Egypte meurt de
son besoin d'éternité.

V

Mais son agonie sera longue. Elle aura même, avant de
passer le flambeau à des mains plus jeunes que les siennes, un
beau réveil d'action. Avec la dynastie saïte, vers le moment
où la Grèce entre du mythe dans l'histoire, elle profitera de la
décadence assyrienne et de l'organisation intérieure de la puissance médo-persique pour reprendre courage à la faveur de sa
sécurité rétablie. Une fois encore elle va regarder autour d'elle
et au dedans d'elle, et découvrir en sa vieille âme toute pénétrée
de fraîcheur par le pressentiment confus d'un idéal nouveau,
une suprême fleur chaleureuse comme un automne. Elle va
bercer la Grèce naissante d'un dernier chant très mâle encore,
et très doux.

L'art saïte revient aux sources. Il est aussi direct que l'ancien
art memphite. Mais il a presque retrouvé la science de Thèbes,
et s'il paraît plus mou que l'art thébain, c'est que sa tendresse
est plus active. Maintenant, ce ne sont plus toujours des statues funéraires. Il s'évade de la formule, il produit des portraits
fouillés, précis, nerveux, encore des scribes, des statuettes de
femmes, des personnages assis à terre, les mains croisées sur
les genoux à la hauteur du menton.

L'Egypte n'a pas failli à cette loi consolatrice qui veut que
toute société prête à mourir d'épuisement ou qui se sent
entraînée dans le courant révolutionnaire, se retourne un
moment pour adresser un adieu mélancolique à la femme, à
la puissance indestructible qu'elle a généralement méconnue
au cours de sa forte jeunesse. Les sociétés en plein essor sont
trop idéalistes, trop portées vers la conquête et l'assimilation
de l'univers pour regarder du côté du foyer qu'elles aban-
donnent. C'est seulement sur l'autre versant de la vie qu'elles

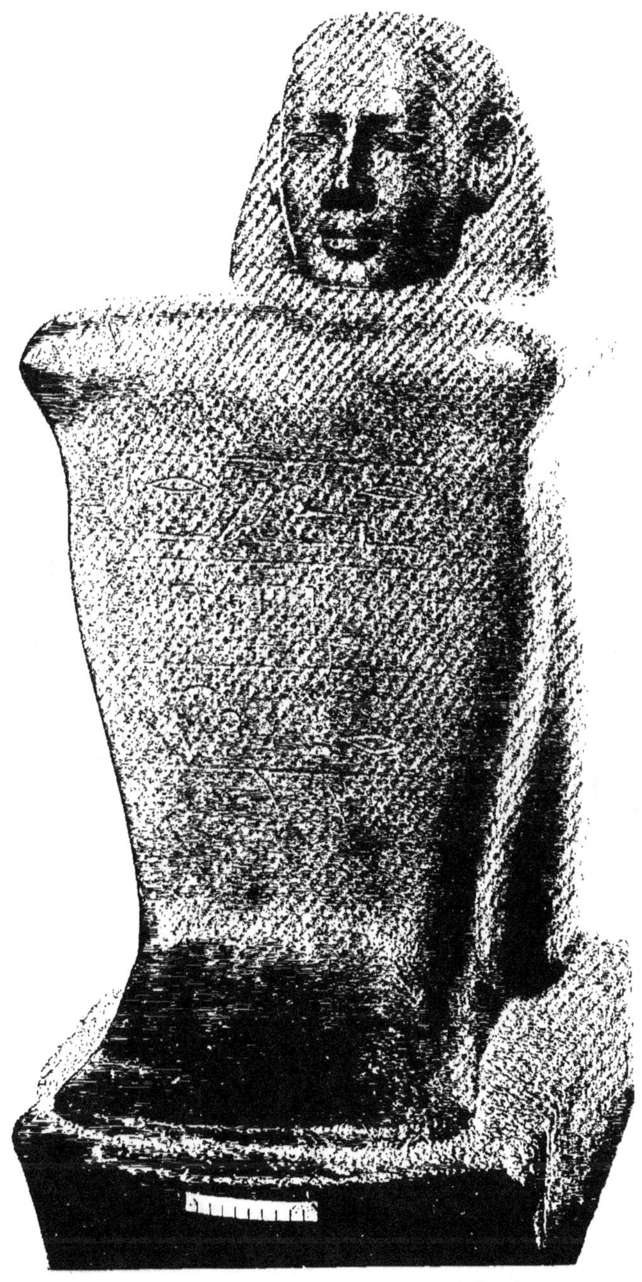

Époque saïte (vi^e siècle av. J.-C.). Personnage assis, bronze (*Musée du Louvre*).

font un retour en arrière pour incliner leur enthousiasme
assagi ou découragé devant la force qui conserve, alors que
tout se lasse, se flétrit, meurt autour d'elle, croyances, illusions
qui sont des pressentiments, énergies civilisatrices. L'Egypte
à son déclin a caressé le corps de la femme avec cette sorte de
passion chaste que la Grèce seule a connue après elle, mais

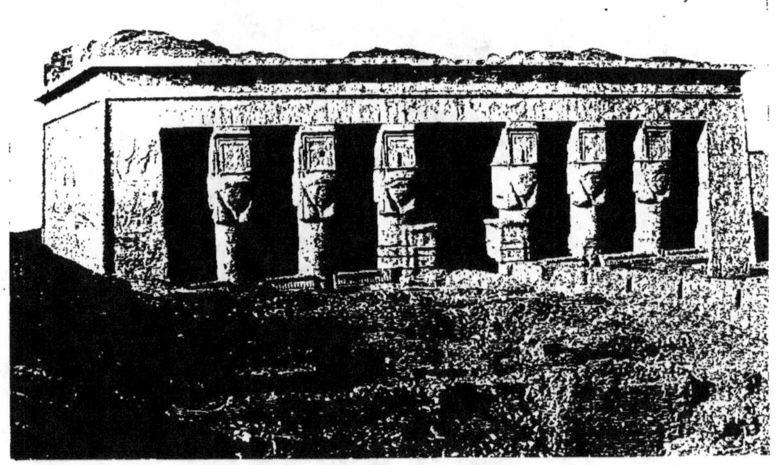

EMPIRE PTOLÉMAÏQUE (1ᵉʳ siècle av. J.-C.). Temple de Denderah.

qu'elle n'a peut-être pas si religieusement exprimée. Les formes
féminines, engainées d'une étoffe étroite, ont ce lyrisme pur des
jeunes plantes qui montent pour boire le jour. Le passage silencieux des frêles bras ronds aux épaules, à la poitrine mûrissante,
aux reins, au ventre, aux longues jambes fusclées, aux étroits
pieds nus, a la fraîcheur et la fermeté frissonnante des fleurs
qui ne sont pas encore ouvertes. La caresse du ciseau passe et
fuit sur les formes comme des lèvres effleurant une corolle

close où elles n'oseraient pas s'appuyer. L'homme attendri se donne à celle qu'il n'avait su que prendre jusqu'alors.

Dans ces dernières confidences de l'Egypte, jeunes femmes, hommes assis comme les bornes des chemins, tout est caresse contenue, désir voilé de pénétrer la vie universelle avant de

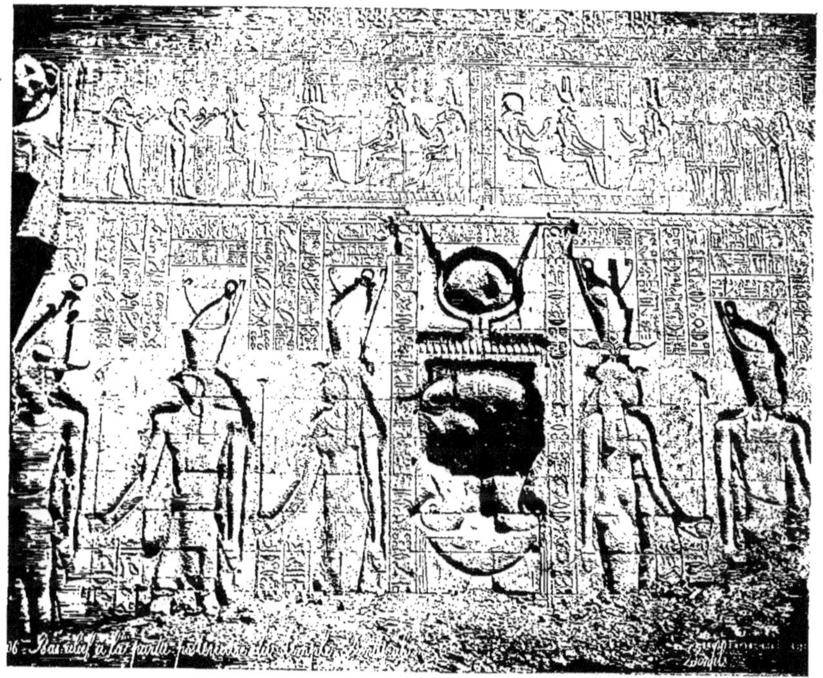

EMPIRE PTOLÉMAÏQUE (1er siècle av. J.-C.). Temple de Denderah, bas-relief.

s'abandonner sans résistance à son cours. Comme un musicien entend des harmonies, le sculpteur voit le fluide de lumière et d'ombre qui fait le monde continu en passant d'une forme à une autre. Discrètement, il relie les saillies à peine indiquées par les longs plans rythmés d'un mince vêtement qui n'a pas un seul pli. Le modelé effleure ainsi qu'une eau les matières les plus compactes. Son flot roule entre les lignes absolues d'une géométrie

63

mouvante, il a des ondulations balancées qu'on dirait éternelles comme le mouvement des mers. L'espace continue le bloc de basalte ou de bronze en recueillant à sa surface l'illumination confuse qui sourd de ses profondeurs. L'esprit de l'Egypte agonisante essaie de recueillir pour la transmettre aux hommes qui viendront, l'énergie générale éparse dans l'univers.

Et c'est tout. Les parois de pierre qui contenaient l'âme égyptienne sont brisées par l'invasion qui recommence et la trouve à bout de force. Toute sa vie intérieure fuit par la blessure ouverte. Cambyse peut renverser ses colosses, l'Egypte ne sait pas trouver une protestation virile, elle n'a que des révoltes de surface qui accentuent sa déchéance. Quand le Macédonien viendra, elle le mettra volontiers au rang de ses dieux, et l'oracle d'Ammon ne fera pas de difficultés pour lui promettre la victoire. Dans la brillante époque alexandrine, son effort personnel sera presque nul. Ce sont les sages grecs, les apôtres de Judée, qui viendront boire à sa source à peu près tarie mais encore toute pleine de mirages profonds, pour tenter de forger au monde désorienté, avec les débris des vieilles religions et des vieilles sciences, une arme idéale nouvelle. Elle verra d'un œil indifférent la dilettante d'Hellas visiter et décrire ses monuments, le parvenu romain les relever. Elle laisse le sable monter autour des temples, le limon envahir les canaux, noyer les digues, l'ennui de vivre recouvrir lentement son cœur. Elle ne dira pas le vrai fond de son âme. Elle a vécu fermée, elle reste fermée, fermée comme ses cercueils, comme ses temples, comme ses rois de cent coudées qu'elle assied dans l'oasis, au-dessus des blés immobiles, le front dans la solitude du ciel. Leurs mains n'ont jamais quitté leurs genoux. Ils se refusent à parler. Il faut les regarder profondément, et chercher au fond de soi-même l'écho de leurs confidences muettes. Alors, leur somnolence s'anime confusément... La science de l'Egypte, sa religion, son désespoir et son besoin d'éternité, cette immense rumeur de dix mille années monotones tient toute dans le soupir que le colosse de Memnon exhale au lever du soleil.

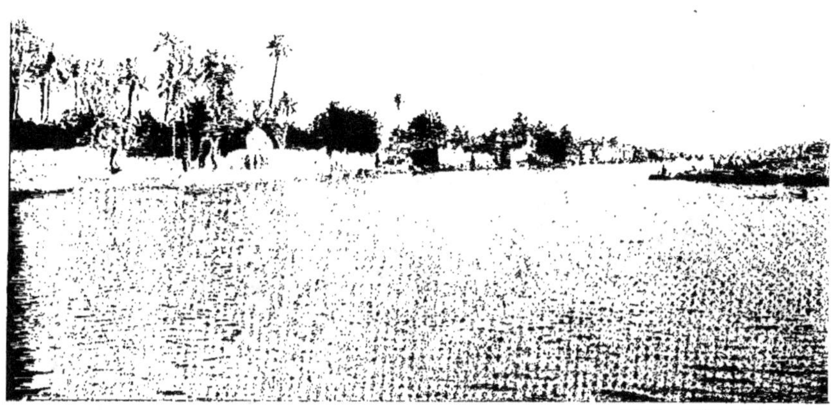

Cl. Gervais-Courtellemont.

L'Euphrate à Babylone.

L'ANCIEN ORIENT

I

Ici, entre les deux vieux fleuves qui vont se perdre dans la mer brûlante après la traversée des solitudes, il n'y a plus que des monticules informes, des canaux comblés, quelques pauvres villages. Le sable a tout recouvert. Il n'a sans doute pas beaucoup plus d'épaisseur au-dessus des palais chaldéens disparus qu'autour des temples nilotiques encore visibles à sa surface, et les Grecs devaient exagérer quand ils donnaient deux cent mille ans d'ancienneté à la civilisation babylonienne. Mais la matière des murailles était moins dure et l'abandon des hommes fut plus complet. Et puis qu'importe ? Le vrai berceau de l'âme humaine est partout où nous pouvons reconnaître le visage de notre premier espoir.

65

5

Et pourtant, qu'il est mobile ce visage ! Là rayonne un inépuisable foyer d'aspirations contemplatives, ici se concentre
la rigoureuse volonté d'atteindre le but visible et pratique et
de ne pas le dépasser. Les statues que recouvraient les dunes,
avec les ruines de Tello, portent le témoignage d'un esprit
infiniment plus positif, sinon plus sûr de lui, que ne le fut
jamais l'esprit de l'Egypte, même au temps du *Scribe accroupi*,

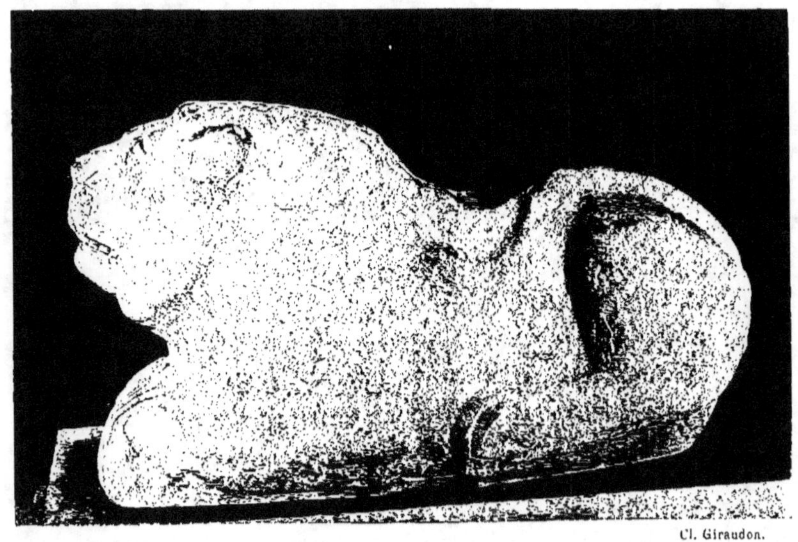

CHALDÉE (XXXe siècle av. J.-C. ?). Lion (*Louvre*).

leur contemporain à quelques siècles près, ce qui, dans le vieil
Orient, compte à peine pour des années. L'Egypte, à ce
moment là, avait construit probablement les Pyramides,
donné à un rocher le visage d'un sphinx, et l'âge suivant allait
l'enfoncer encore dans le mystère, la tourner de plus en plus
vers le dedans. Les statues de Tello ne sont pas des dieux, ni
des symboles, elles n'ont de mystérieux que leur antiquité et
ce silence qui pèse sur les vieilles pierres quand on les retrouve
au milieu des petites vies souterraines. C'est l'image d'un

66

prince constructeur, une règle sur les genoux. Comme en
Égypte, sans doute, les corps décapités sont raides, des plans
rigides les arrêtent en figures rectangulaires, les membres ne
s'en détachent pas, mais les épaules ont une carrure terrible et
les mains, au lieu de reposer sur les cuisses dans l'abandon de
la pensée, sont jointes et serrées fortement, comme pour
mettre en évidence les articulations des os, le relief mouvant

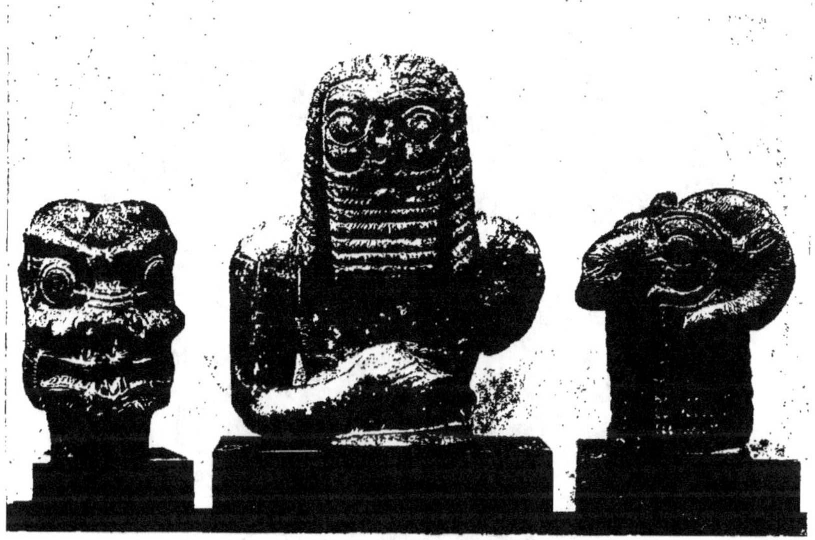

CHALDÉE. Figures archaïques (*British Museum*).

des muscles, les plis, le grain rude de la peau. Deux têtes,
trouvées près d'elles, ont la même énergie. On dirait des
rochers naturels roulés par les eaux, tant elles sont compactes,
cohérentes et d'une rondeur soutenue.

Par les traits du visage, la Mésopotamie primitive était
cependant la sœur de la plaine du Nil. Le Tigre et l'Euphrate
dont les alluvions nourrissent sa terre centuplaient les contacts
de leurs eaux avec ses assises profondes par des centaines de
canaux entrecroisés autour des cultures. Couverte de palmiers,

67

de dattiers, de champs de froment et d'orge, toujours en moissons, toujours en semailles, elle était l'Eden des légendes bibliques, le grenier de l'Asie occidentale à qui ses caravanes et ses fleuves apportaient les fruits et le pain. Par le golfe

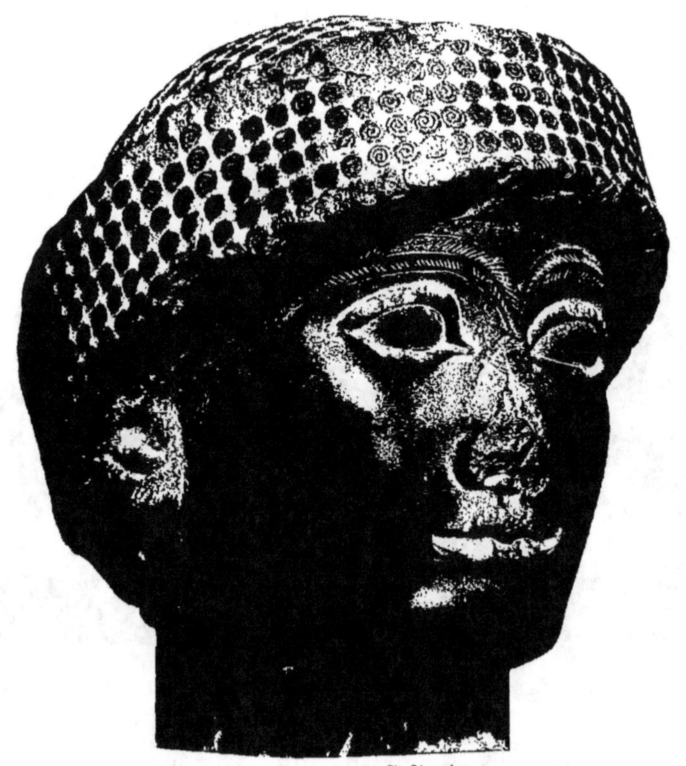

CHALDÉE (XXXe siècle av. J.-C.?). Palais de Tello, tête, pierre (*Louvre*).

Persique, elle lançait ses flottes sur la mer. Mais renouvelée par les tribus qui descendaient des hauts plateaux, communiquant par ses fleuves avec les océans du Sud, avec l'Arménie, avec la Syrie qui borne la mer européenne, environnée de peuples plus mûrs, plus accessibles, elle resta moins fermée que l'Egypte et ne se consuma pas comme elle à sa propre

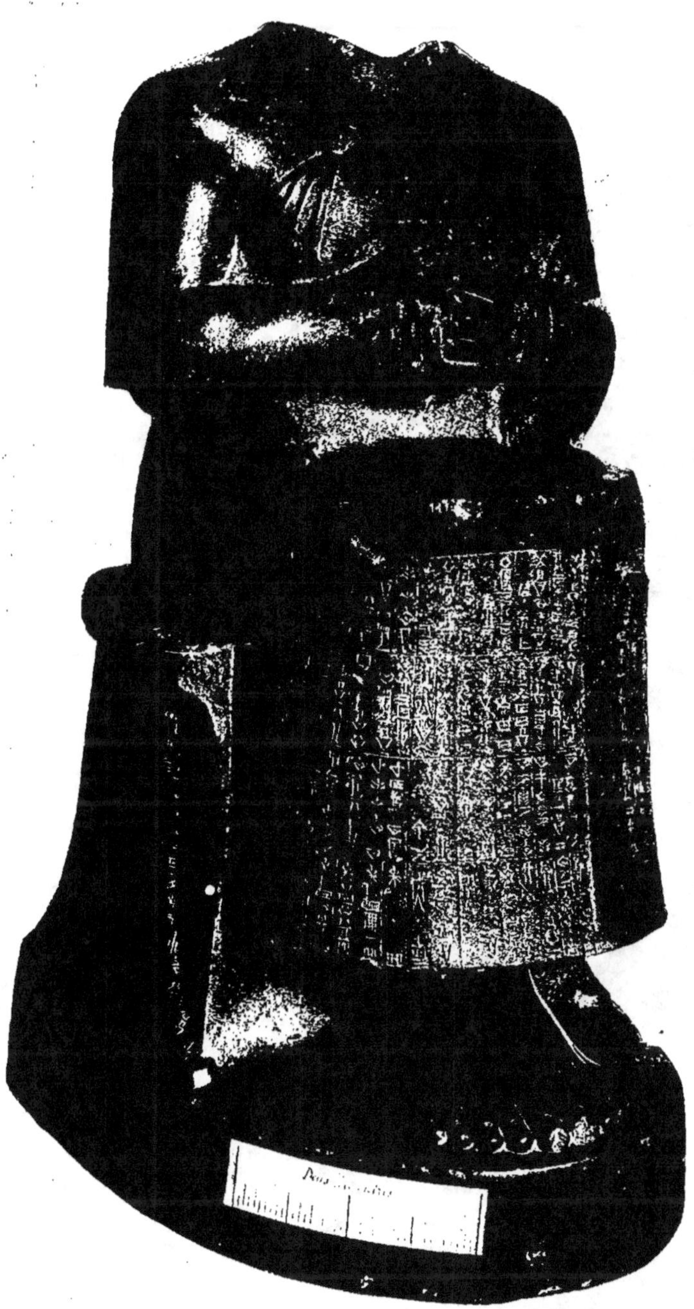

CHALDÉE (xxxᵉ siècle av. J.-C. ?). Statue de Goudéa (*Louvre*).

flamme. A l'Est, elle féconda les empires médo-persiques, et par eux pénétra dans l'Inde et jusqu'en Chine. Au Nord, elle se prolongea par l'Assyrie jusqu'à l'aube des civilisations modernes. A l'Ouest, elle anima la Phénicie qui lui ouvrit la route de la vallée du Nil et du monde de l'archipel.

Enfin, la théocratie chaldéenne restait probablement plus près des sources primitives que la caste sacerdotale qui gouvernait les peuples du Nil. C'est en Chaldée qu'était née l'astronomie à qui les hydrauliciens et les architectes apportaient les armes infaillibles de la géométrie et de la mécanique. C'est au cours de ses nuits éclatantes où la terre ne cesse pas de rayonner parce que le ciel est sans nuages et la terre sans accident que les pasteurs des premiers temps et plus tard ceux qui venaient

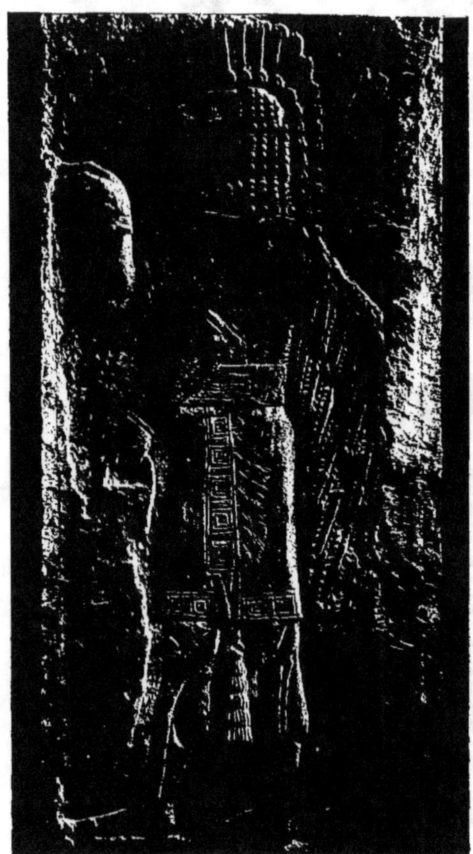

Cl. A. Giraudon.

Assyrie (ixᵉ siècle av. J.-C.).
Génie à tête d'aigle, bas-relief (*Louvre*).

chercher sur les terrasses la fraîcheur qui monte avaient vu, dans la pureté de l'espace, tourner les constellations. L'éducation positive des Egyptiens visait à des besoins plus matériels et laissait de ce fait intacte la source des grandes intuitions morales où ils allaient chercher une consolation que le peuple chaldéen, moins impitoyablement traité, trouvait dans l'activité des navigations et des négoces et les prêtres rois de Babylone dans la sérénité supérieure que fait descendre sur l'esprit la contemplation du ciel.

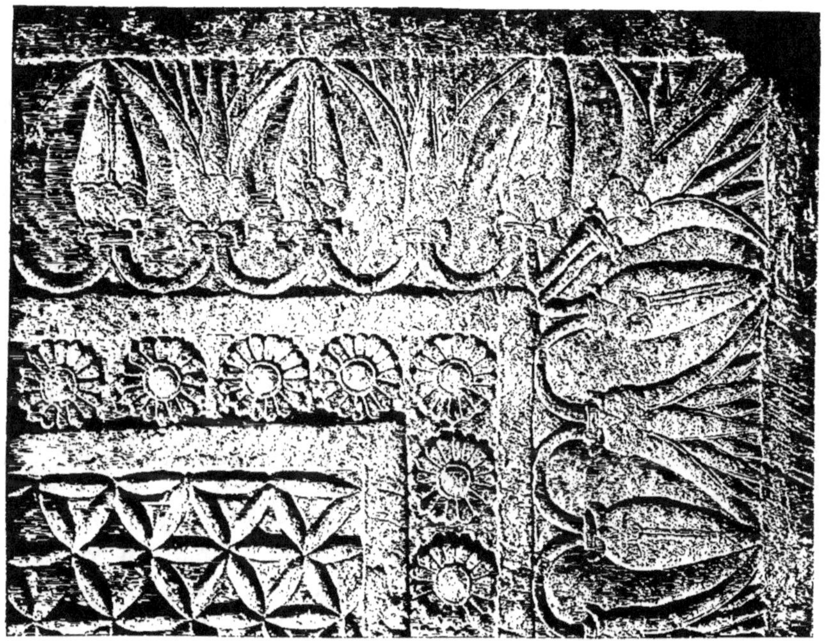

Cl. Alinari.

Assyrie (viiie siècle av. J.-C.). Décoration d'une porte de Nimroud, bas-relief (*Louvre*).

Avant ces puissantes statues, qui semblent apporter sa conclusion et sont certainement l'extrême fleur d'une culture séculaire, l'art chaldéen est presque tout entier mystère. L'argile cuite, moins dure que le granit de la vallée du Nil ou le marbre du Pentélique, est en poussière, il n'y a plus que quelques fondations enfouies. La pierre seule, rare en Mésopotamie, résiste encore, sous la marée de terre qui ronge et

71

corrode comme l'eau et finit par tout reprendre. Du positivisme Assyro-Chaldéen à l'idéalisme égyptien, on trouve l'écart qui sépare la consistance du granit de celle de la terre cuite. Entre le sol du pays et l'intelligence des hommes, il y eut toujours de ces accords profonds, qu'on trouve légitimes et nécessaires dès qu'on croit que l'esprit n'invente rien, découvre tout, qu'une matière qui dure doit lui donner l'idée de la durée, une matière qui s'effrite, l'idée de la fragilité et de l'utilisation pratique des armes qu'elle peut fournir, un ciel dont on a scruté les révolutions mathématiques, l'idée de consacrer les moyens précis qu'elle offre pour son aménagement.

C'est ainsi qu'a disparu jusqu'au squelette de ces villes monstrueuses qui abritèrent les peuples les plus actifs et les plus pratiques de l'ancien monde, au sens moderne du mot. Là où s'élevait Babylone, il n'y a rien que des palmeraies sur quelques vestiges d'enceintes autour desquels monte le sable. Pourtant, sur les deux rives de l'Euphrate, Babylone enfermait ses multitudes dans une ceinture de murs longue de vingt-cinq lieues, large de quatre-vingt-dix pieds, hérissée de deux cent cinquante tours, plaquée de portes de bronze. Bâtie de briques et de bitume, enceintes, palais, temples, maisons, dalles des rues, berges des canaux, citernes, ponts et quais du fleuve, uniforme et sourde et rousse, à peine tachée d'émail, la ville de Semiramis élevait vers le ciel des édifices monotones, blocs à peu près fermés portant sur leurs terrasses des jardins, et pareils aux contreforts iraniens qui sont nus jusqu'aux plateaux frais où poussent les forêts et les fleurs. Plus haut que ces bois artificiels, des tours, faites d'étages entassés. Les plaines appellent des constructions géantes d'où l'on peut les découvrir au loin, les commander, et qui soient un infini comme elles. La tour de Babel ne devait jamais s'achever, et, comme pour explorer de plus près l'océan des étoiles, le temple de Baal montait à deux cents mètres.

La tour de Babel est maintenant une colline informe que le désert absorbe peu à peu. A part les cachets en pierre dure

qui se prolongeront durant toute la civilisation ninivite, il n'y
a peut-être plus grand'chose de solide sous le sable et il est
possible que la Chaldée nous ait dit tout ce qu'elle pouvait
nous dire. Il livre encore parfois quelqu'une de ces inscriptions
cunéiformes qui sont la plus ancienne écriture connue et où
les Chaldéens écrivaient leurs procès-verbaux, leurs actes

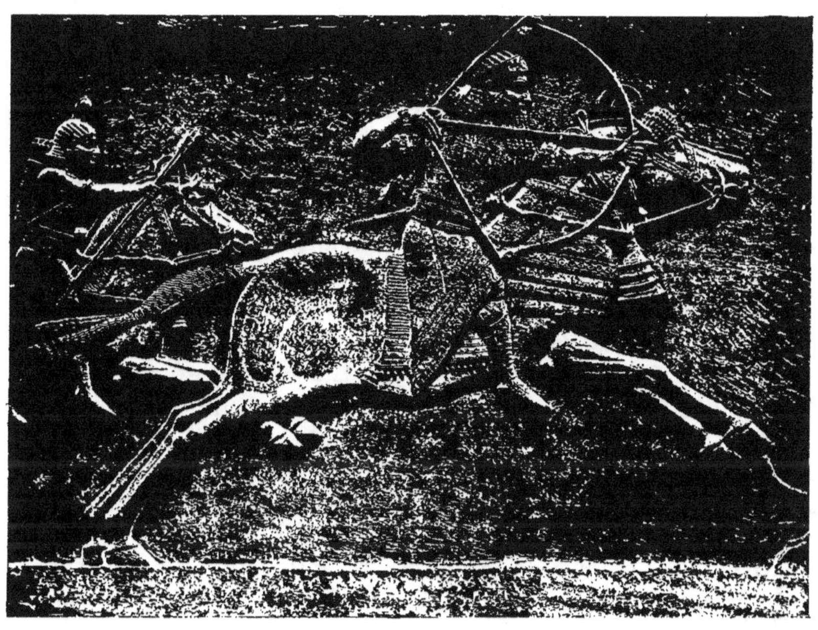

Assyrie (viiiᵉ siècle av. J.-C.). Roi combattant, bas-relief (*British Museum*).

d'achat et de vente, les grands événements de leur histoire,
leurs légendes, le récit du déluge, histoire et légende à la fois.
Les quelques bas-reliefs de Tello devaient être, dans l'industrie
du temps, une exception. Le désert est trop nu pour inspirer à
l'homme le désir des formes multiples et des surcharges décora-
tives. Il faudra la vie plus extérieure, guerrière et chasseresse
des Assyriens, pour prendre avec la forme vivante un contact
plus prolongé. Mais elle n'apportera rien qui ne soit déjà

73

fortement indiqué dans le bas-relief de Tello où des vautours emportent entre leurs serres et déchirent de leurs becs des lambeaux de corps humain, et dans les denses statues noires aux muscles proéminents.

II

L'art de la Mésopotamie du Nord hérite de l'art babylonien comme la civilisation ninivite de la société Chaldéenne. La langue que parleront ses artistes est à peu près la même, car le sol, le ciel et les hommes ne sont pas très différents. Seulement, avec la transformation de l'ordre social et des conditions de la vie, le positivisme chaldéen est devenu brutalité. Le prêtre savant a fait place au chef militaire qui a usurpé à son profit et au profit de sa race les commandements temporaires que lui confiaient ses compagnons de chasse et de combat. Le roi n'est plus en Assyrie, comme en Egypte, le comparse et l'instrument du prêtre, il est le Sar, le chef temporel et spirituel obéi sous peine de mort. L'astronome assyrien, sans doute, connaît la science chaldéenne, mais son rôle se borne à faire parler les astres dans le sens des désirs et des intérêts du maître. L'astrolâtrie chaldéenne, religion essentiellement naturaliste et positive, s'est transformée avec l'état social. Les symboles se sont personnifiés comme la force politique : le soleil, les planètes, le feu sont maintenant des êtres réels, de terribles mangeurs d'hommes dont le Sar est le bras armé.

Ce Sar est pétri de tares ataviques, déformé avant de régner par l'autocratie séculaire. Il est muré par un monde de femmes, d'eunuques, d'esclaves, d'officiers, de ministres, dans une épouvantable solitude. Le luxe, la pesanteur de la vie matérielle ont écrasé son cœur. C'est une bête sadique. Il est énervé d'ennui, de luxure et de musique, d'odeurs de charniers et de fleurs. On fait brûler, on fait bouillir des hommes pour l'assouvir, on lui montre des chairs vivantes que le poison

74

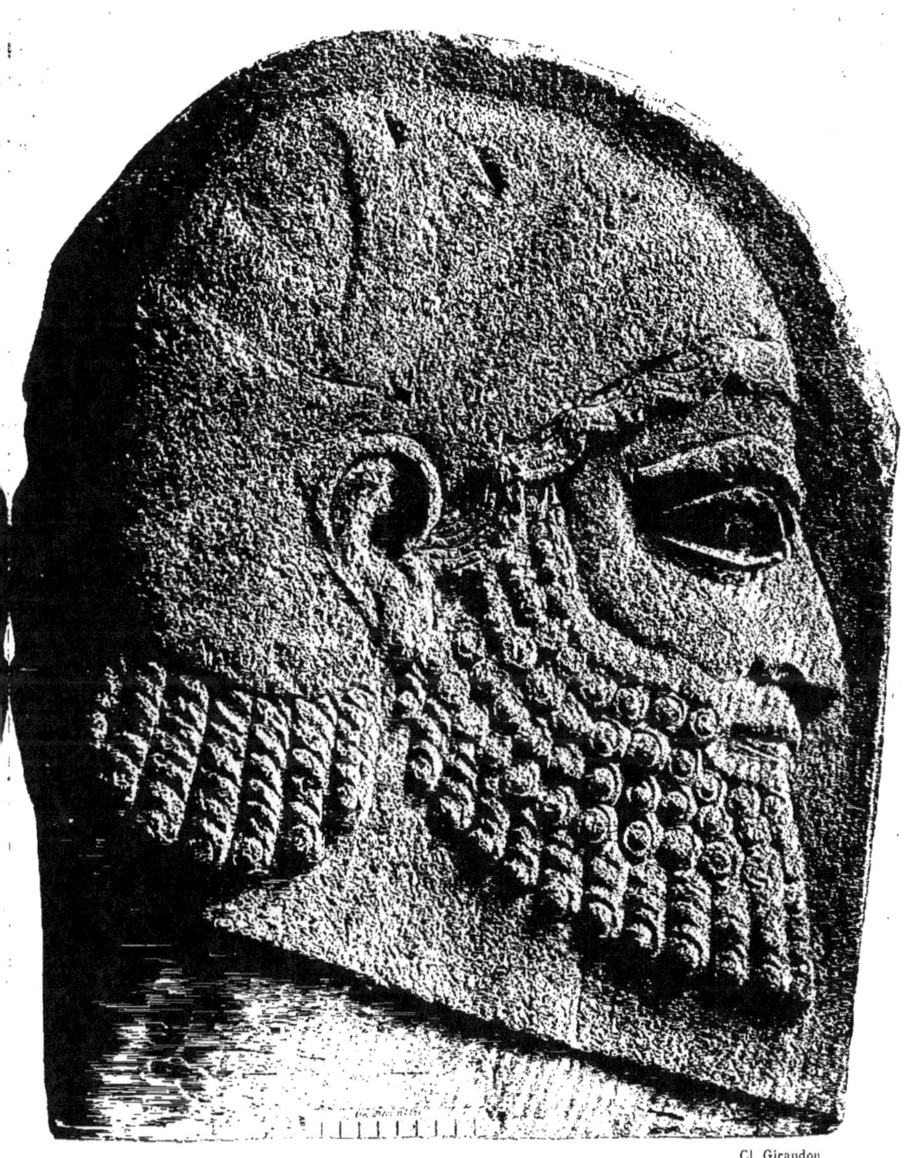

ASSYRIE (VIIIe siècle av. J.-C.). Officier, bas-relief (*Louvre*).

tétanise, que déchire le fouet, que découpe le fer. Sa moindre
impulsion est un ordre qui tue. Sur les bas-reliefs de Khorsabad
ou de Koujoundjik, on peut le voir crevant les yeux avec
méthode à des prisonniers enchaînés, on peut voir ses soldats
jouer aux boules avec des têtes coupées. Sennacherib, Sargon
ou Assurbanipal ordonne à ses scribes d'écrire sur la brique :

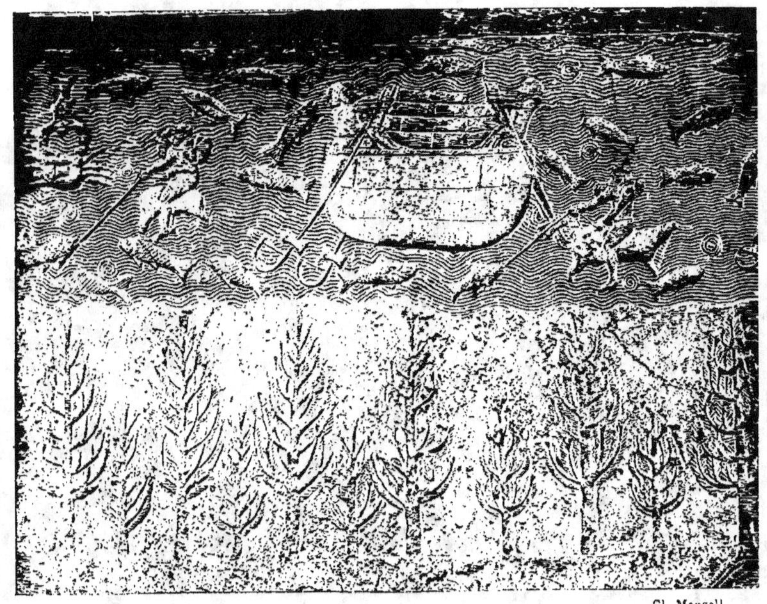

ASSYRIE (VIIIe siècle av. J-.C.). La pêche, bas-relief (*British Museum*).

« Mes chars de guerre écrasent les hommes et les bêtes et les
corps de mes ennemis. Les trophées que j'élève sont faits de
cadavres humains dont j'ai tranché les membres et les têtes.
Je fais couper les mains à tous ceux que je prends vivants. »

Le malheur se proportionne à la sensibilité. Il est possible
que le peuple assyrien n'ait pas senti l'horreur de vivre,
puisqu'il n'en sentit jamais la vraie joie comme les foules
égyptiennes qui confiaient au granit des tombes la douceur et

la poésie de leur âme. Le meurtre est un enivrement. A force
de voir couler le sang, à force d'attendre la mort, on aime le
sang et tout ce qu'on fait dans la vie sent la mort. Toujours le
massacre, les batailles, la marée militaire montant et descendant
pour porter autour de Ninive ou retourner aux peuples voisins
la dévastation. Toujours le grouillement anonyme dans la
pourriture et la misère, les miasmes des eaux, le feu dévorateur
du ciel.

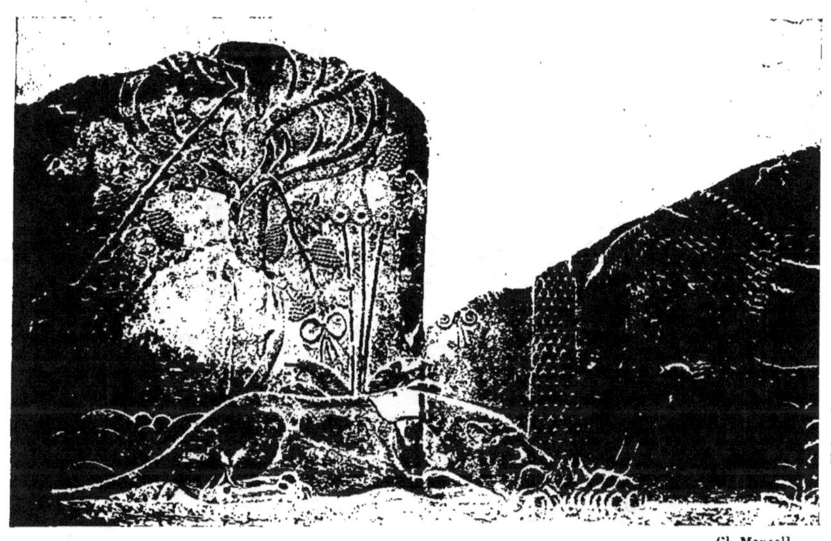

Assyrie (viiiᵉ siècle av. J.-C.). Lionne au repos, bas-relief (*British Museum*).

Quand ce peuple n'égorge pas, n'incendie pas, quand il
n'est pas décimé par la famine ou la tuerie, il n'a qu'une
fonction. C'est de bâtir et de décorer des palais dont les murs
verticaux aient une épaisseur suffisante pour protéger le Sar,
ses femmes, ses gardes, ses esclaves, vingt, trente mille per-
sonnes, contre le soleil, l'invasion, peut-être la révolte.
Autour des grandes cours du centre sont les appartements
couverts de terrasses ou de dômes, de coupoles, images de
la voûte absolue des déserts que l'âme orientale retrouvera

77

quand l'Islam l'aura réveillée. Plus haut qu'eux des observatoires qui sont en même temps des temples, les *zigurats*, les tours pyramidales dont les étages peints de rouge, de blanc, de bleu, de brun, de noir, d'argent et d'or luisent de loin, à travers les voiles de poussière que les vents font tour-

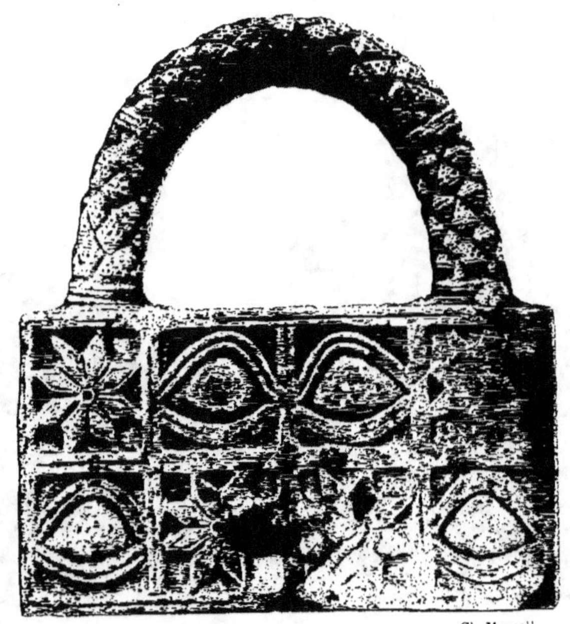

ART ASSYRIEN (VIIIe siècle av. J.-C.). Panier, modèle en pierre
(*British Museum*).

billonner. Aux approches du soir surtout, les hordes guerrières et les pillards nomades qui voient les confins sombres du désert rayés de fulgurations immobiles doivent reculer de peur. C'est la demeure du dieu, pareille à ces marches de l'Iran bariolées de couleurs violentes par le feu souterrain et par les heures embrasées, qui conduisent au toit du monde.

Les portes sont gardées par de terribles brutes, taureaux, lions de pierre à tête humaine, marchant d'un pas dur. Ils annoncent le drame qui se déroule à l'intérieur tout au long des interminables murailles, l'enfer mythologique et vivant, les massacres militaires, les hommes tombant du haut des tours dans le vol des pierres et des piques, les rois étouffant des lions, l'épopée sanglante dont l'expression mécanique accroît la cruauté. Ces raides jambes de profil, ces torses de profil ou de face, ces bras articulés comme des pinces, tout

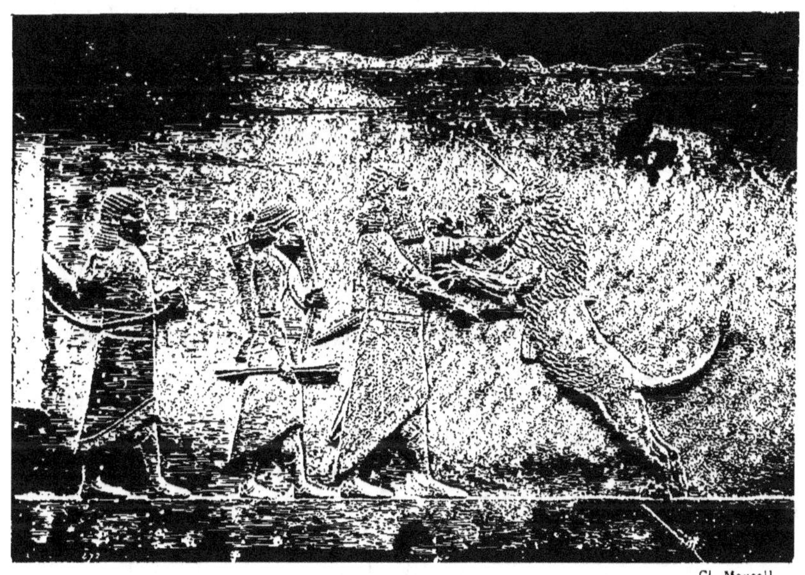

Cl. Mansell.

ASSYRIE (VIIIe siècle av. J.-C.). Chasse au lion, bas-relief (*British Museum*).

résiste, tue ou meurt. Et si cette vie stylisée n'atteint jamais à ce rythme silencieux qui lui communique, en Egypte, un caractère de spiritualité si haute, elle donne aux bas-reliefs farouches des palais ninivites une force si rigoureuse qu'elle en paraît poursuivre sa propre démonstration.

C'est par cette animation arrêtée dans quelques attitudes convenues, mais vivantes, et d'un sentiment si passionné, que tous les archaïsmes se répondent. On a voulu assimiler, par un procédé de raisonnement trop facile, les formes d'art anciennes à des essais enfantins. Les Egyptiens, les Assyriens n'auraient tracé que les ébauches d'une figure supérieure réalisée par les Grecs. Comme dans les images enfantines, sans doute, l'œil est de face, très large, éclairant un visage de profil. Sans doute l'artiste thébain ou ninivite satisfait le besoin de continuité que l'enfant partage avec tous les êtres et qui est la condition même de son développement logique, en suivant avec une complaisance infatigable la ligne ininterrompue des contours, l'œil défini par la découpure des paupières, l'arête antérieure du visage dont le plan fuit et flotte dès qu'il se présente de face. Mais ce n'est que dans le bas-relief décoratif ou la peinture, langage de convention, que se révèle en Egypte et en Assyrie cette insuffisance matérielle de technique qui n'enlève rien à la force du sentiment et laisse intacte l'incomparable conception de la masse et de la ligne évocatrice. L'art assyrien, l'art égyptien représentent un effort synthétique d'une puissance d'intuition et d'une profondeur dont il est tout à fait puéril de croire l'enfance capable. Et quand l'Egyptien s'empare de son vrai mode d'expression, la sculpture, il y révèle une science que d'autres préoccupations morales et sociales pourront seules animer d'une vie différente et sans doute plus libre et plus compréhensive, mais non pas plus ardente et certainement moins mystérieuse. L'art des vieux peuples se développe en lui-même, il accepte les cadres fixes des grandes constructions métaphysiques qui l'empêchent d'exprimer les rapports infiniment complexes et multiples de l'être en mouvement avec le monde en mouvement. La liberté politique et religieuse seules briseront le moule archaïque pour révéler à l'homme déjà défini dans sa structure, sa place dans l'univers.

La société assyrienne est particulièrement éloignée de ces préoccupations-là. Elle ne s'intéresse qu'aux aventures de guerre ou de chasse dont le Sar est le héros. Les murs de son palais redisent sa gloire, sa force. Aucun désir d'améliorer la vie, aucune tendresse agissante. Quand ils ne célébreront pas un meurtre, ils feront défiler des soldats allant vers le meurtre.

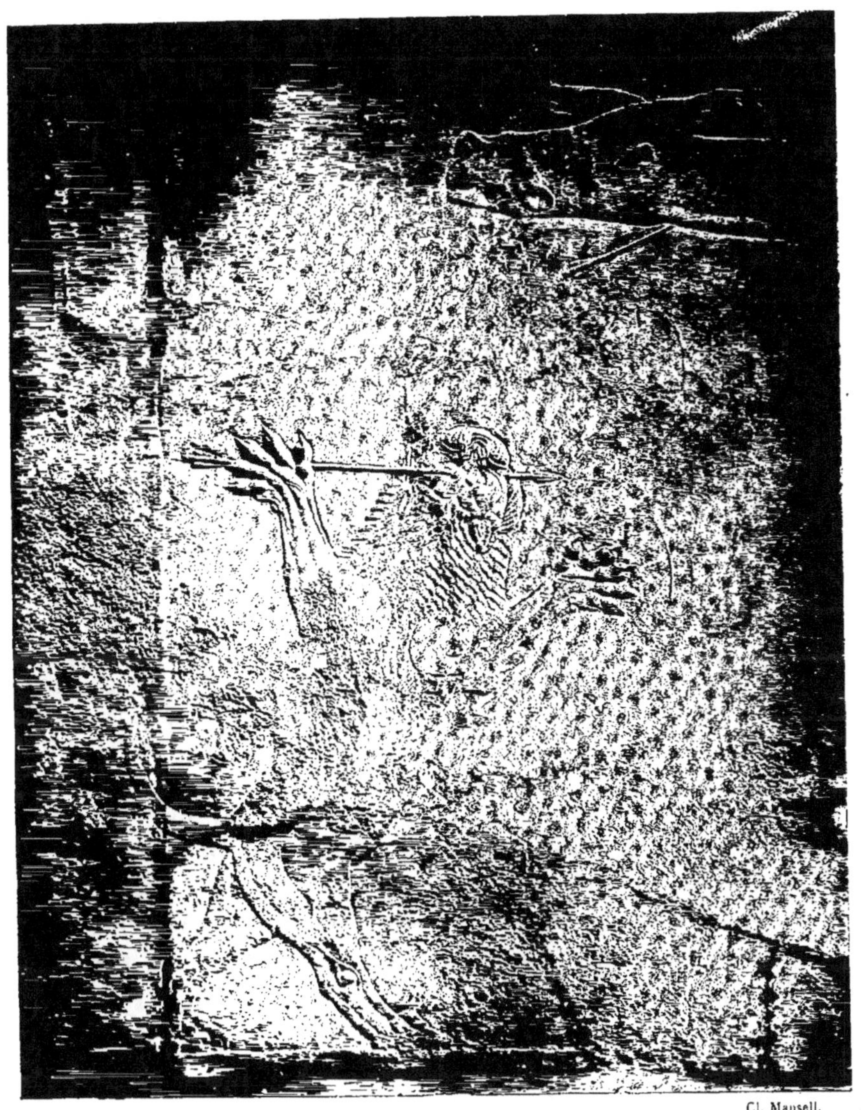

Assyrie (viiie siècle av. J.-C.). Fauves mort et blessé, bas-relief
(*British Museum*).

6

Quand ils quitteront leur terre ardente pour descendre à la mer, ils ne verront que l'effort des rameurs, ils ne se pencheront sur les vagues que pour y découvrir des poissons saisis par des crabes. Rien de pareil à l'Egypte, si souvent réfugiée dans cette concentration d'esprit qui donne à son art tant d'intériorité et de mystère. Rien de pareil même à la Chaldée où se rencontrent parfois quelques profils de corps féminins furtivement caressés. Au milieu des guerres incessantes, des invasions, des ruines, des deuils, l'artiste n'a pas le temps de regarder en lui. Il sert le maître, et sans arrière-pensée. Il le suit dans ses expéditions militaires contre la Chaldée, contre l'Egypte, contre les Hittites, contre les tribus des hauts plateaux. A sa suite, il court l'onagre dans la plaine ou va chercher avec lui le lion dans les cavernes des Monts Zagros. Il mène une vie mouvementée, violente, pas du tout contemplative. Il la raconte avec brutalité.

L'art assyrien est d'une simplicité terrible. Bien qu'une silhouette presque plate, à peine ombrée d'ondulations, accuse seule la forme, cette forme éclate de vie, de mouvement, de force, de sauvage caractère. On dirait que le sculpteur parcourt avec la pointe d'un couteau le trajet des nerfs qui portent l'effort meurtrier dans les reins, les membres, les mâchoires. Les os, les muscles tendent la peau à la crever. Des mains étreignent des pattes, se crispent sur des cous, bandent des cordes d'arc, des dents déchirent, des griffes labourent, le sang gicle, poisseux et noir. Seul, le visage humain ne bouge pas. Jamais on ne voit sa surface s'éclairer de la sourde illumination des figures égyptiennes. Il est tout à fait extérieur, toujours pareil, dur, fermé, très monotone, mais très caractérisé par ses yeux immenses, son nez busqué, sa bouche épaisse, son ensemble mort et cruel. Il convient que le roi dont la tête reste tiarée, les cheveux et la barbe huilés, parfumés, frisés, égorge ou étrangle avec calme le monstre ivre de fureur. Il convient que les détails de son costume, comme ceux de sa coiffure, soient décrits minutieusement. Le pauvre artiste a de pitoyables soucis. Il flatte son maître, orne ses habits, soigne

ses armes et son harnais de guerre, il lustre sa chevelure, il le
montre impassible et fort au combat, plus grand que ceux qui
l'accompagnent, dominant sans effort la bête furieuse qu'il
tue. Le caractère terrible des poitrines, des jambes, des bras
en action, des fauves rués à l'attaque, muscles tendus, os
craquants, mâchoires broyantes, en est trop souvent masqué.

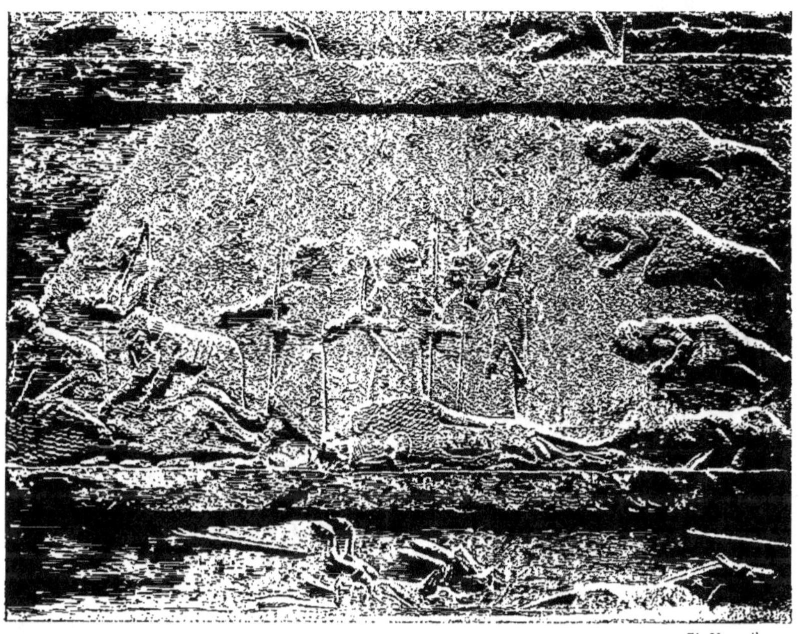

ASSYRIE (VIIIe siècle av. J.-C.). La Curée, bas-relief (*British Museum*).

Qu'importe. Il faut faire la part des servitudes dont un homme
de ce temps ne pouvait se libérer. L'artiste ninivite comprenait,
c'est la seule liberté réellement accessible. Il était infiniment
plus fort que ceux dont il avait la faiblesse d'adorer l'horrible
pouvoir. Les Sars trop élégants, trop courageux, les ornements
royaux, les caparaçons ennuient, c'est la revanche du sculpteur.
Ce qu'il aimait étreint et bouleverse. Il faut lui demander
comment il voyait les bêtes, chevaux secs à jambes maigres,

à têtes nerveuses, hagardes, à naseaux battants, chiens grommelant qui tirent sur leur chaîne, lions hérissés, grands oiseaux traversés de flèches qui tombent entre les arbres. Là, il est incomparable, supérieur à tous avant et après lui, Egyptiens, Egéens, Grecs, Indous, Chinois, Japonais, imagiers gothiques, renaissants de France ou d'Italie. Il a surpris, sous les palmiers aux fruits rugueux, la bête au repos, le mufle appuyé sur ses pattes, digérant le sang qu'elle a bu. Il a vu la bête au combat, déchirant des chairs, ouvrant des ventres, enragée de faim et de colère. Les forces de l'instinct circulent avec une violence aveugle dans ces gros muscles contractés, ces chutes pesantes sur des proies, ces corps dressés debout, membres écartés, griffes ouvertes, ces mufles froncés, ces détentes irrésistibles, ces agonies aussi farouches que des élans ou des victoires. Jamais l'intransigeance descriptive n'ira plus loin. Ce lion vomit du sang parce qu'il a le poumon traversé d'une pique. Cette lionne en fureur, dents et griffes dehors, traîne vers le chasseur son corps paralysé parce que des flèches ont rompu sa moelle épinière. Morts, ils sont encore terribles, couchés sur le dos, avec leurs grosses pattes qui retombent. C'est le poème de la force, du meurtre et de la faim.

Même quand il renonce pour un jour à ses sujets de bataille ou de chasse, à ses orgies d'assassinat dans le concert horrible des clameurs de mort et des rugissements, le sculpteur assyrien continue ce poème. Presque aussi bien que les sphinx des allées sacrées de l'Egypte, les monstres violents qui gardent les portes donnent cette impression d'unité animale qui fait rentrer dans l'ordre naturel les créations les plus étranges de notre imagination. Mais le statuaire de Ninive ne se contente pas de fixer une tête d'aigle à des épaules d'homme, une tête d'homme à une encolure de taureau. Le taureau, le lion, l'aigle, l'homme se mêlent, corps ou griffes de lion, pattes ou poitrail de taureau, ailes ou serres d'aigle, dure tête d'homme chevelue, barbue, avec la haute tiare. Homme, lion, aigle, taureau, toujours un être viable, d'harmonie brutale et tendue, qui remplit sa fonction symbolique et synthétise violemment les formes naturelles qui représentent à nos yeux la puissance animale armée. En général, comme en Egypte, la tête du monstre est humaine : hommage obscur et magnifique rendu par l'homme de violence à la loi de l'homme essentiel qu'il porte en lui, et qui est de vaincre la force aveugle par la force de l'esprit.

III

Cette force disciplinée, elle montait avec lenteur à l'horizon du monde antique. Les peuples qui reçurent de l'Assyrie le dépôt de nos conquêtes et qui tenaient déjà des cultivateurs iraniens le culte du pain et des labours, l'adoration du feu, force centrale de la vie civilisée, les premières notions philosophiques du bien et du mal qu'Ormuzd et Ahriman personnifient, les peuples des montagnes de l'Est entraient dans l'histoire avec un idéal moins dur. Maîtres des hauts plateaux, les Mèdes, après de longues luttes, avaient renversé l'Empire des fleuves pour se répandre sur l'Asie Mineure. Puis Cyrus avait donné l'hégémonie aux Perses et bientôt, toute l'Asie Occidentale, du golfe Persique au Pont-Euxin, la Syrie, l'Egypte, la Cyrénaïque, Chypre, les bords de l'Indus obéissaient à ses successeurs. Les poitrines grecques seules avaient arrêté la vague à Marathon. Mais ce brassage incessant des hommes et des idées faisait son œuvre. Si les armées du Roi des Rois restaient soumises à la discipline effroyable qu'elles tenaient des Sars Assyriens, du moins la Perse politique laissait-elle aux pays qu'elle venait de conquérir la liberté de vivre à peu près à leur guise. L'énorme empire médo-persique devint une sorte de monarchie fédérale dont les éléments, sous la direction des satrapes, gardaient leurs mœurs et leurs lois. L'atmosphère du monde oriental se faisait plus respirable, comme elle le fut en Occident quand Rome l'eût soumis tout entier. Les hommes cultivaient leurs champs et échangeaient dans une paix relative

85

leurs marchandises et leurs idées. Un premier essai de synthèse allait même s'ébaucher entre les peuples du Levant.

Cet essai ne pouvait prétendre aboutir ni en Egypte, ni en

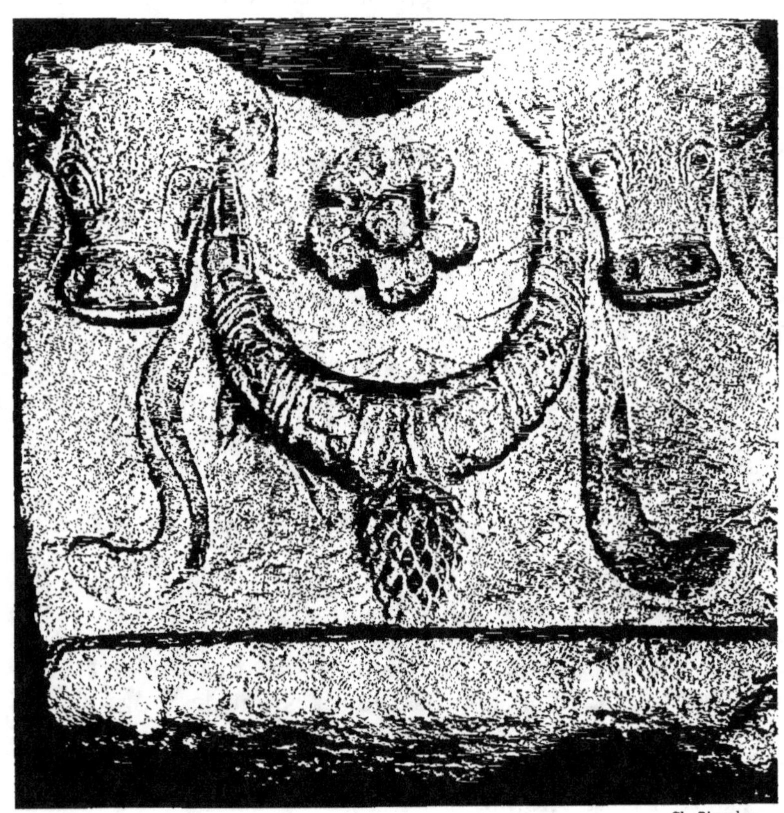

ART PHÉNICIEN. Frise (*Louvre*).

Grèce. L'Egypte, fatiguée d'un effort quarante ou soixante fois
séculaire, s'enlisait dans ses alluvions. La Grèce était trop
jeune et trop vivante pour ne pas dégager un idéal personnel
et victorieux de tous les éléments que lui confia le monde
antique. Quant aux peuples de Syrie, ils avaient échoué déjà

86

dans quelques tentatives ébauchées. Les Phéniciens ne vivaient que pour le négoce. Ils étaient toujours sur la mer ou à la recherche de côtes inconnues, possédés d'une fièvre errante

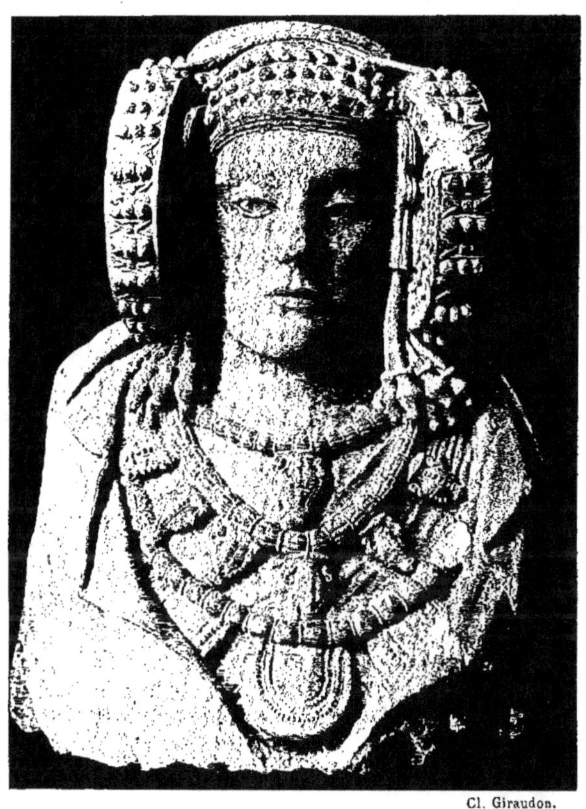

ART HISPANO-PHÉNICIEN (Vᵉ siècle av. J.-C.). Tête d'Elche (*Louvre*).

que leur mercantilisme alimentait. Mêlés aux peuples méditerranéens qu'ils inondaient de leurs produits, tissus, vases, verroteries, métaux travaillés, bibelots, statuettes hâtivement imitées de toutes les nations originales dont ils étaient les courtiers et les intermédiaires, ils n'eurent pas le temps d'in-

87

terroger leur cœur. Il leur suffit de servir de moyen d'échange aux idées des autres et de léguer au monde l'alphabet, invention positive que rendit nécessaire l'étendue et la complication de leurs écritures commerciales. Chypre, l'éternelle serve, soumise à leur influence, mêlait l'Assyrie déchue à la Grèce naissante en des formes empâtées et lourdes où l'intelligence de l'une et la force de l'autre se nuisent en voulant s'unir. Quant aux Hittites, pris entre les Egyptiens et les Assyriens et refoulés dans la Syrie du Nord, ils ne furent jamais assez maîtres d'eux-mêmes pour chercher dans le monde extérieur la justification du désir qui les poussa à tailler la pierre en frustes bas-reliefs où reste l'empreinte morale du vainqueur.

Les Sémites, de par la gravité et la vigueur de leur histoire, eussent pu prétendre ramasser l'instrument d'éducation humaine que laissait tomber l'Assyrie, d'autant plus qu'ils avaient absorbé par la conquête pacifique les populations mésopotamiennes, et que leur race dominait de l'Iran à la mer. Mais leur religion repoussait le culte des images. Tout leur effort s'employa à élever un édifice unique, maison d'un dieu terrible et solitaire. Et cet effort n'aboutit pas. Le Temple de Salomon n'était pas digne de ce génie juif si grandiosement synthétique, mais fermé et jaloux, qui écrivit le poème de la Genèse et dont la voix de fer a traversé les temps.

La Perse seule, maîtresse des foyers de la civilisation orientale pouvait, en ramassant dans un élan dernier les énergies faiblissantes des peuples qu'elle avait vaincus, tenter un résumé de l'âme antique au cours des deux cents ans qui séparèrent son apparition dans le monde de la conquête macédonienne. L'Egypte, l'Assyrie, la Grèce, elle assimila tout. Deux siècles, elle représenta l'esprit oriental déclinant en face de l'esprit occidental qui sortait de l'ombre. Elle eut même la destinée exceptionnelle de ne pas disparaître tout à fait de l'histoire et de manifester vis-à-vis d'une Europe changeante, tantôt très civilisée et tantôt très barbare, un génie assez souple pour accueillir tour à tour les idées du monde hellénique, du monde

latin, du monde arabe, du monde indou, du monde tartare, assez
indépendant pour s'émanciper de leur domination matérielle.

Si l'on remonte à ses plus anciens témoignages, alors qu'elle
tentait de dégager un esprit plus libre et moins tendu de la
force assyrienne, on s'aperçoit vite que les archers qui défilent
ne sont pas aussi cruels, que les bêtes égorgées ne sont pas

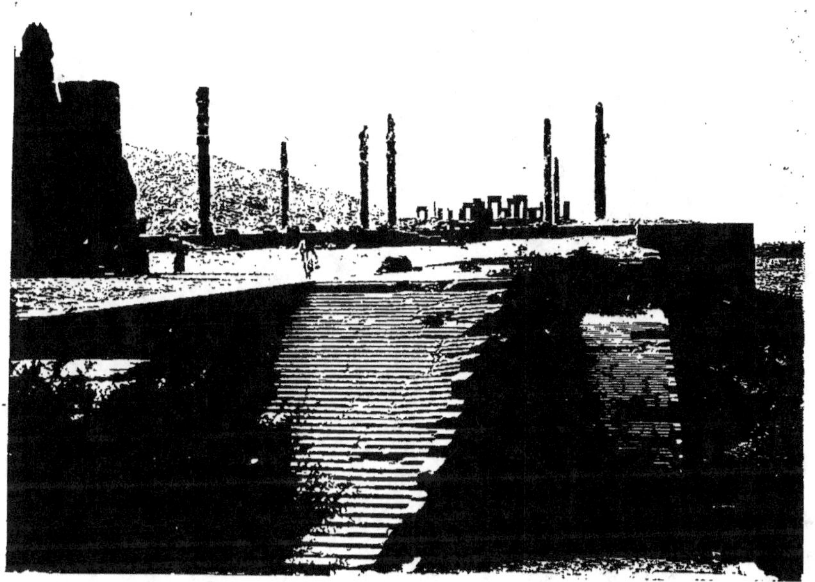

Cl. Gervais-Courtellemont.

Perse. Le palais de Persépolis.

aussi redoutables, que les monstres qui gardent les portes ou
soutiennent les architraves ont un abord moins brutal. L'esprit
hiératique de l'Egypte conquise et surtout l'harmonieuse intelligence des Ioniens des côtes et des îles appelés par Darius,
donne à ces fêtes de mort un caractère de décoration et de
parade qui masque leur férocité. Le génie alors mûrissant de
la Grèce ne pouvait pas permettre qu'une forme d'art originale
subsistât à côté de lui. Et comme il ne lui était pas possible d'empêcher la Perse de parler, il dénatura ses paroles en les tradui-

89

sant. Il n'est même pas nécessaire de voir les monstres assyriens avant les figures de Suse pour trouver celles-ci peu vivantes, de silhouette héraldique, de style assez boursouflé. Les rois Sassanides, leurs prisonniers, les grandes scènes mili-

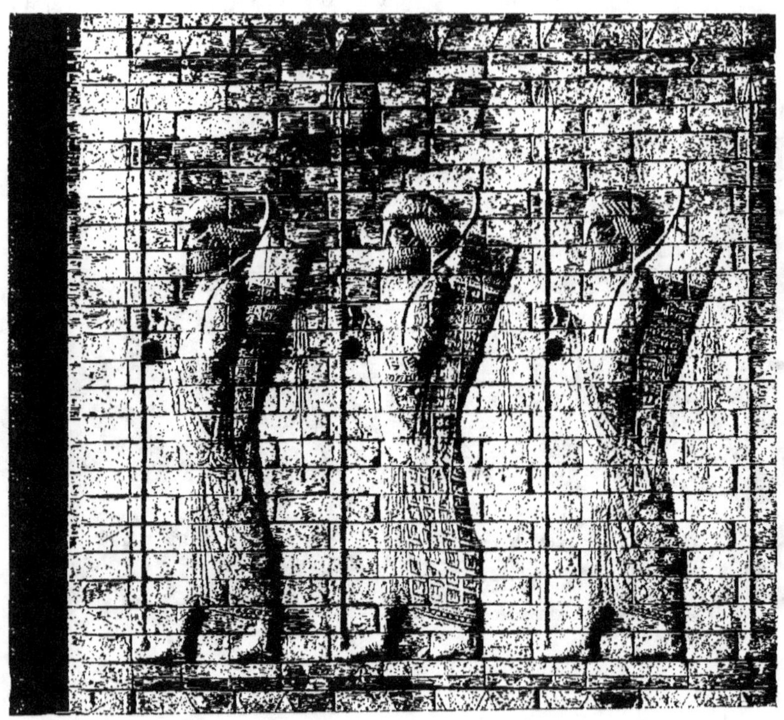

PERSE (VI° siècle av. J.-C.). Frise des Archers, à Suse (*Musée du Louvre*).

taires taillées dans le rocher en plusieurs points du massif montagneux qui borde les plaines iraniennes et domine la région des fleuves, ont une allure autrement forte, autrement grandiose et redoutable malgré les emprunts visibles que la Perse continue à faire aux peuples qu'elle combat, les Romains après les Grecs et l'Assyrie. L'Asie seule et l'Egypte ont eu l'inébranlable et monstrueuse foi qu'il faut pour imposer la forme

90

de nos sentiments et de nos actes à ces terribles murs naturels contre qui le soleil foudroie les hommes, ou mettre trois ou quatre siècles à pénétrer les entrailles du globe pour y déposer dans l'ombre la semence de notre esprit.

A voir, au milieu des montagnes sculptées, les ruines de ces grands palais à terrasses où conduisent des escaliers géants et que les architectes ninivites étaient certainement venus bâtir, on s'étonne que le génie grec qui construisait aux mêmes siècles ses petits temples purs, ait pu s'assouplir au point de marier sans effort sa grâce à ce brutal étalage de faste et de sensualité devant qui le génie égyptien inclinait en même temps sa sérénité spirituelle et le génie assyrien sa violence. C'est pourtant la Grèce ionienne qui a donné l'élégance et l'élan aux longues colonnes des portiques, comme elle a drapé les archers et stylisé les lions. C'est l'Égypte qui a chargé leurs bases et leurs cols de puissantes ceintures végétales, lotus, feuilles grasses poussées dans l'eau tiède des fleuves. C'est l'Assyrie qui les a couronnées de larges taureaux accolés par le milieu du corps pour supporter les poutres où va s'asseoir l'entablement. Et les palais de Ninive semblent y avoir entassé leurs meubles ciselés, incrustés d'or, d'argent, de cuivre, leurs étoffes lourdes de pierres et ces épais tapis profonds, changeants, nuancés comme les moissons de la terre, opulents et confus comme l'âme orientale, que la Perse n'a pas cessé de fabriquer. Mais la décoration des demeures royales de Persépolis et de Suse est moins touffue, moins barbare et témoigne d'une industrie plus raffinée et d'un esprit qui s'humanise. La brique émaillée, dont les Assyriens, après les Chaldéens, protégeaient leurs murs contre l'humidité, est prodiguée du haut en bas de l'édifice, à l'extérieur, sous les portiques et dans les appartements. Le palais des Achéménides n'est plus l'impénétrable forteresse des Sars du Nord. Encore imposant par sa masse, par sa lourdeur rectangulaire, il est allégé par ses colonnes qui ont la fraîcheur des tiges gonflées d'eau, il est fleuri de vert, de bleu, de jaune, de rouge, brillant comme un lac au soleil, miroitant à la lueur des lampes. L'émail est la gloire de

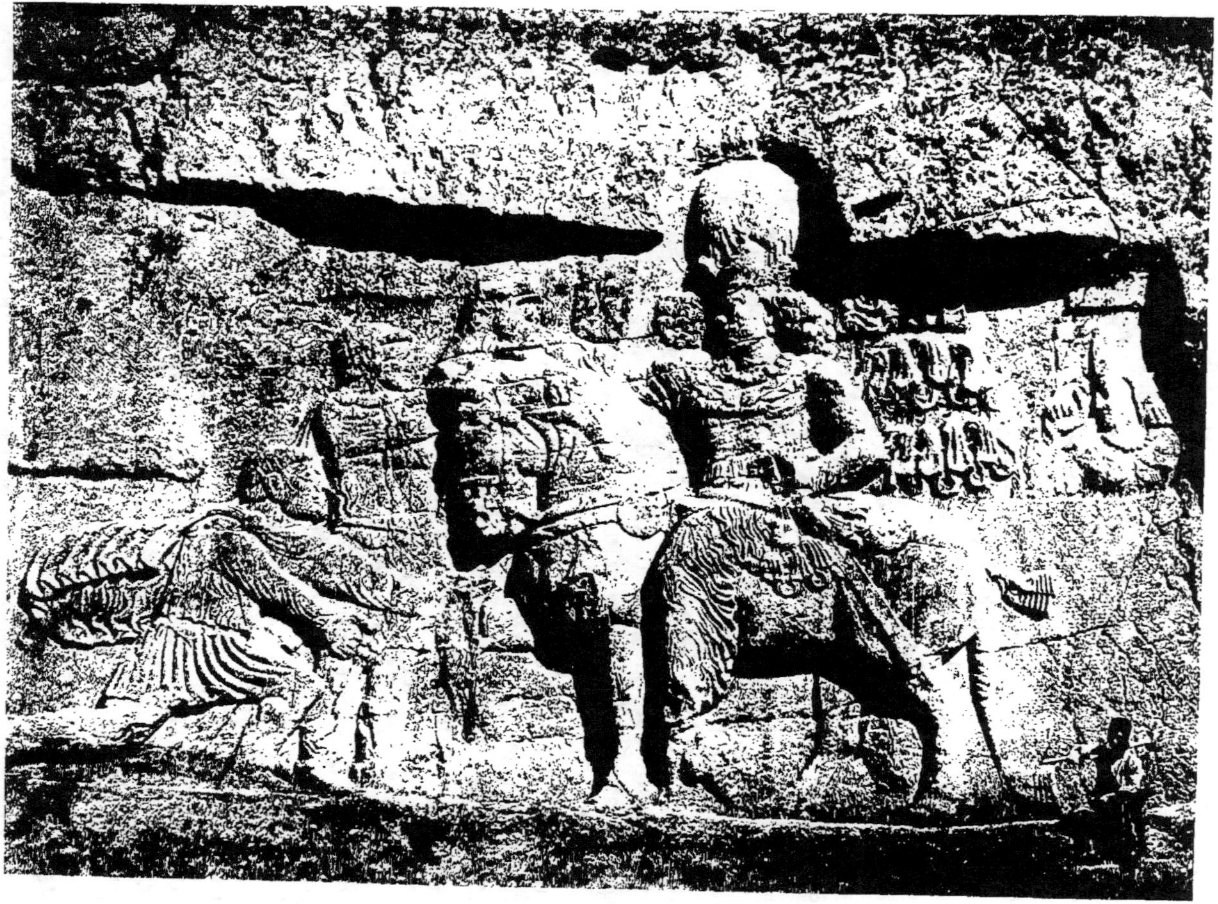

PERSE (IIIᵉ siècle après J.-C.). Valérien suppliant Sapor, rocher sculpté de Nakche-Roustem, d'après Dieulafoy in « L'Art antique de la Perse » (Librairie des Imprimeries réunies).

l'Orient. C'est encore lui qui réfléchit les jours ardents, les nuits de perle fauve sur les coupoles et les minarets des villes mystérieuses enfouies sous les cyprès noirs et les roses.

Quand Alexandre parvint au seuil de ces palais, traînant derrière ses chars militaires tous les vieux peuples vaincus, il était comme le symbole incarné des civilisations antiques errant à la recherche de leurs énergies dispersées. Son rêve d'Empire universel devait durer moins encore que celui de Cambyse et de ses successeurs. L'union n'est réalisable que voulue par une foi commune et tendant à un même but. L'Egypte, la Chaldée, l'Assyrie, épuisées par leur production gigantesque, touchaient à la fin de leur dernier hiver. Les Juifs marchaient dans leur solitude intérieure vers un horizon que personne n'apercevait. Rome était trop jeune pour imposer au monde oriental vieilli cette harmonie artificielle qui, trois siècles plus tard, lui donna l'illusion d'un arrêt dans son agonie léthargique. La Grèce, sceptique, souriait à sa propre image. Pourtant, le Macédonien se prétendait l'apôtre armé de sa pensée et tout le monde ancien subissait son ascendant moral. Malgré tout c'était elle encore, dans cet immense flottement des énergies civilisatrices hésitant à se déplacer vers un Occident plus lointain, qui représentait en face du réveil confus des puissances brutales et des puissances mystiques, le jeune idéal de raison et de liberté.

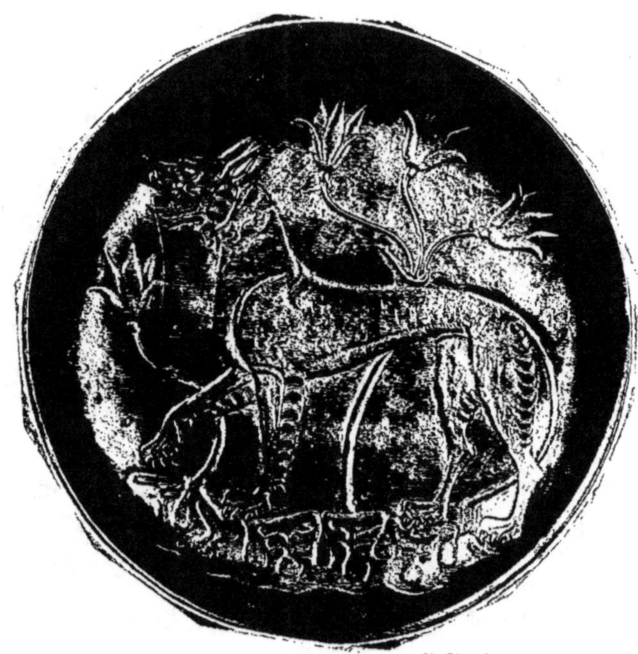

Perse (Sassanide). Coupe d'argent (*Bibl. nationale*).

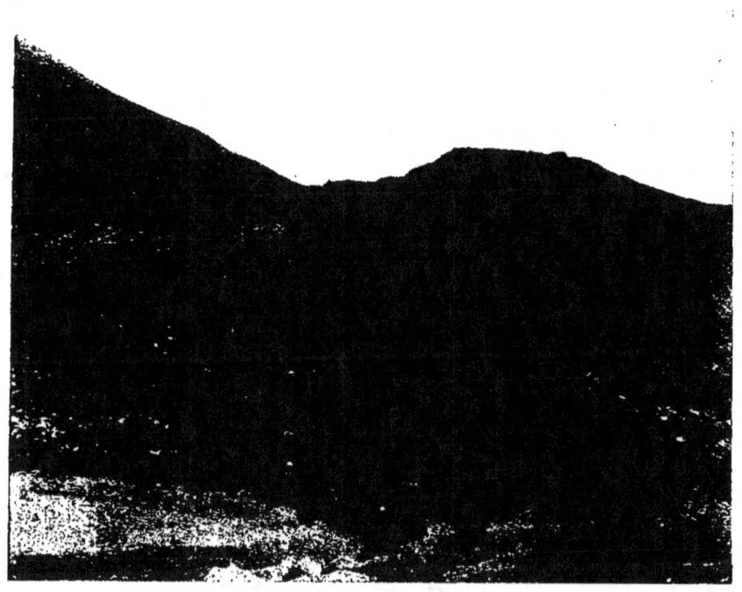

Mycènes.

LES SOURCES DE L'ART GREC

I

A condition qu'on les respecte, qu'on ne les relève pas, qu'on laisse, après leur avoir demandé leur secret, la cendre des siècles, les os des morts, les débris amoncelés des végétations et des races, la robe éternelle du feuillage les couvrir de nouveau, la destinée des ruines est émouvante. C'est par elles que nous touchons aux profondeurs de notre histoire comme nous nous rattachons aux racines de notre vie par les deuils et les souffrances qui nous ont formés. Une ruine n'est douloureuse à voir que pour l'homme incapable de participer par son action à la conquête du présent.

Il n'est pas de volupté plus virile que de demander à nos

95

douleurs anciennes comment elles ont pu déterminer nos actions
présentes. Il n'est pas de volupté plus virile que de demander
aux empreintes de ceux qui nous ont préparé nos demeures
actuelles de nous révéler par ce qu'ils ont été le pourquoi de
ce que nous sommes. Une statue qui sort de terre, toute
humide, un bijou oxydé, un morceau de poterie portant la
trace d'une peinture sont des témoignages qui nous renseignent

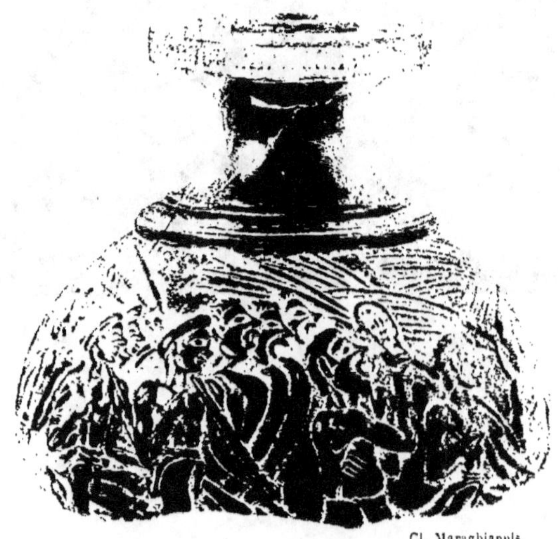

Epoque Egéenne (XIXᵉ siècle av. J.-C.). Phæsto, vase des moissonneurs, stéatite
(*Musée de Candie*).

beaucoup plus sur nous-mêmes que sur les hommes disparus
qui ont porté ces témoignages. L'art vit dans le futur. Il est
le fruit des douleurs, des désirs, des espérances populaires qui
ne réaliseront leurs promesses que plus tard, très lentement,
dans les besoins nouveaux des foules, et c'est notre émotion
qui nous dira si les vieux pressentiments des hommes ne les
avaient pas trompés.

Si les rudes idoles, les bijoux, les vases, les morceaux de
bas-reliefs, les peintures effacées que nous avons trouvés à

96

Cnossos en Crète, à Tirynthe et à Mycènes en Argolide nous
troublent à ce point, c'est précisément parce que ceux qui les
ont laissés sont restés plus mystérieux pour nous et qu'il est

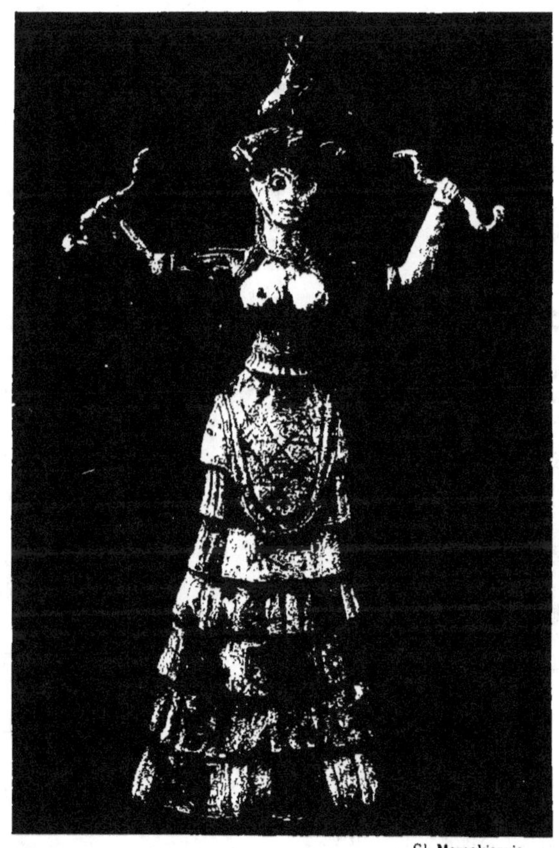

CRÈTE (XVᵉ siècle). La déesse aux serpents, statuette faïence
(*Musée de Candie*).

réconfortant de constater, à propos de ces êtres inconnus, que
sous la variation des apparences et le renouvellement des symboles, l'émotion et l'intelligence ne changent jamais de qualité.
A travers l'action continue, même obscure et sans histoire,

7

des générations qui nous ont formés, l'âme des vieux peuples vit dans le nôtre. Mais ils ne nous paraissent participer à notre propre aventure que si leur esprit silencieux anime

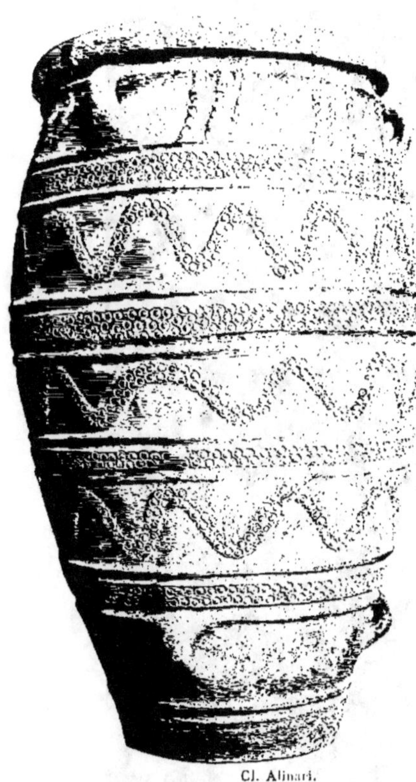

Crète (xiv° siècle av. J.-C.). Jarre
(*Musée national d'Athènes*).

encore les visages de pierre où nous reconnaissons nos désirs toujours jeunes ou si nous entendons retentir le bruit de leur passage sur la terre dans l'écroulement des temples qu'ils ont élevés. L'Egypte, la Chaldée elle-même, par l'Assyrie et la Perse qui la prolongent jusqu'à nous, projettent leur ombre sous nos pas. Elles ne nous sembleront jamais très lointaines. La Grèce primitive, au contraire, qui n'entre dans le monde que plusieurs siècles après elles, recule beaucoup plus dans l'imagination, jusqu'au matin de l'histoire. Il y a vingt ans, nous ne savions pas si les empreintes presque effacées qu'on relève çà et là sur les rivages et dans les îles de la mer Egée, appartenaient à des hommes ou à des ombres fabuleuses. Il a fallu creuser le sol, déterrer des pierres, renoncer pour un temps à ne retrouver en elles que nous-mêmes, pour entrevoir l'humanité fantôme qui peuplait, avant l'histoire, la Méditerranée d'Orient. Schliemann, qui croyait Homère sur parole, a retourné la plaine d'Argos

98

de Tirynthe à Mycènes. M. Evans est entré, en Crète, dans
le labyrinthe de Minos où Thésée tua le Minotaure. Le mythe
et l'histoire s'enchevêtrent. Tantôt le symbole résume cent
événements de même ordre, tantôt l'événement réel, représen-
tatif de toute une série de coutumes, d'idées, d'aventures, revêt
pour nous les apparences d'une fiction symbolique[1].

Est-ce le corps d'Agamemnon que Schliemann a trouvé,
enterré dans l'or, sous l'Agora de Mycènes, et l'Hissalrik des
Dardanelles était-elle la Troie d'Homère? Qu'importe. Entre
Abraham et Moïse, au temps où Thèbes dominait l'Egypte,
la mer Egéenne vivait. Les Phéniciens s'étaient avancés d'île
en île, éveillant à la vie d'échange les tribus de pêcheurs qui
peuplaient les Cyclades, Samos, Lesbos, Chios, Rhodes, les
rochers parsemant la mer étincelante des montagnes de Crète
et du Péloponèse aux golfes d'Asie Mineure. Par eux, l'esprit
sensuel et cruel de l'Orient, l'esprit secret des peuples nilotiques avaient fertilisé les flots. Danaos venait de l'Egypte,
Pelops de l'Asie, Cadmos de la Phénicie.

Pêche, cabotage, menus négoces d'île à île, rapines et pira-
teries, tout un petit monde remuant de marins, de marchands
et de corsaires vivait là, d'une vie médiocre et salubre, très mes-
quine en regard des vastes entreprises commerciales et des
grandes explorations que les Phéniciens entreprenaient. Leur
industrie sentait la mer. Les pieds dans l'eau et le visage au
vent, ils portaient leur pêche et leurs olives aux trafiquants de
Sidon et de Tyr qui venaient d'entrer au port sous des voiles
bleues, vertes, rouges, dans des vases peints de plantes marines,
de pieuvres, d'algues, toute la vie ondulante, grouillante et vis-
queuse des fonds. Il fallut des siècles, sans doute, pour que les
tribus d'une même île ou d'un même rivage reconnussent un
chef, consentissent à le suivre au loin, en des expéditions
sournoises et sanglantes vers les villes du continent d'où l'on
rapportait des bijoux, de la vaisselle d'or, de riches étoffes, des
femmes. Et c'est seulement alors que les Achéens, les Danéens

1. VICTOR BÉRARD. *Les Phéniciens et l'Odyssée.*

99

des vieux poèmes entassèrent sur les promontoires fortifiés ces lourdes pierres, murs cyclopéens, murs pélasgiques à l'ombre desquels les Atrides couronnés d'or, pareils aux rois barbares qui deux mille ans plus tard sortirent des forêts du Nord, s'atta-blaient devant les viandes et les vins avec leurs familiers et leurs soldats.

De pareilles origines n'avaient pu que les subtiliser et les durcir. Eschyle l'a senti quand il est venu là, après huit siècles, écouter dans la solitude l'écho des cris de mort de la famille épouvantable. Ces pirates prenaient pour aire, près de la mer, des sites en accord tragique avec leur vie de meurtres et les orgies pesantes qui succédaient à l'action. Un cirque de collines nues, dévorées par le feu et qu'aucun torrent, aucun arbre, aucun cri d'oiseau n'anime. On retrouve leur vie aux flancs du vase rudement ciselé de Vaphio, aux pans de murs restés sous les décombre de Tyrinthe et de Cnossos, morceaux de fresques aussi libres que le vol des oiseaux de mer et d'un art terriblement candide mais déjà composé. Des femmes, la poitrine nue, du rouge aux lèvres, du noir autour des yeux, vêtues avec un mauvais goût barbare

Mycènes (xiiie siècle av. j.-C.). Tête de taureau, argent (*Musée national d'Athènes*).

100

de robes à volants, poupées fardées et frelatées qu'on leur achetait en Orient ou qu'ils prenaient de force dans leurs expéditions violentes. Des taureaux poursuivis dans les bois d'oliviers, des taureaux galopants, cabrés, chargeant les hommes, empêtrés dans de grands filets. Parfois des moissonneurs qui rient, qui chantent, une énorme gaîté sous les épis portés en gerbes, mais presque toujours la femelle équivoque, le fauve, le monstre marin : vie voluptueuse et brutale comme celle de tout primitif élevé au commandement par la force ou le hasard. Ils faisaient garder la porte de leurs acropoles par des lionnes de pierre à tête de bronze qui se soulevaient pesamment. Quand ils mouraient, on les couchait sous un linceul de feuilles d'or...

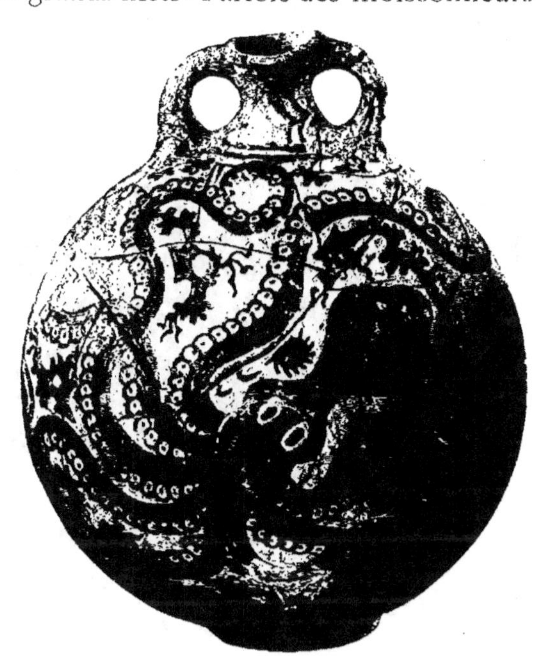

ÉPOQUE MYCÉNIENNE (XIVᵉ-XIIIᵉ siècle av. J.-C.).
Vase de Palaï-Kastro, terre (*Musée de Candie*).

Civilisation déjà pourrie, Byzance en miniature où les drames d'alcôve déterminaient des révolutions et des massacres. Elle finit comme les autres. Le Dorien descend du Nord en avalanche, roule sur l'Argolide et jusqu'en Crète, dévaste les villes, rase les acropoles. La Grèce légendaire entre dans une nuit épaisse dont elle ne serait pas sortie si les barbares n'avaient laissé sous l'incendie, intact, avec les rois au masque d'or, le témoignage matériel de son passage dans l'histoire. Les Phéniciens désertent les rivages du Péloponèse, de l'Attique, de la Crète, et les populations indigènes, dispersées comme une cité d'abeilles où tombe un vol de guêpes, essaiment de tous les côtés, sur les rives d'Asie, en Sicile, dans l'Italie du Sud. Le silence se fait autour de la Grèce conti-

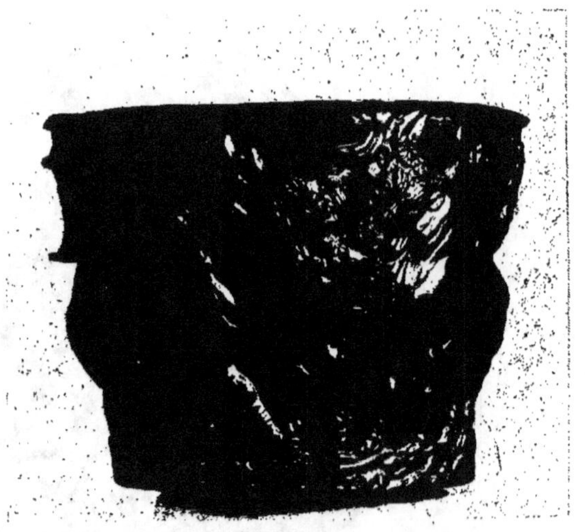

EPOQUE MYCÉNIENNE (XIIe siècle av. J.-C.).
Vase de Vaphio, or (*Musée national d'Athènes*).

nentale. Il faudra deux ou trois cents ans pour que Phéniciens et Achéens, chassés par l'invasion, retrouvent la route de ses golfes.

II

Les Doriens n'ont rien dit, au cours de ce moyen âge hellénique, rien de l'Asie n'est entré chez eux. Elle s'avançait à travers les îles, pas à pas, regagnant avec prudence un peu du terrain perdu. Milo, pour lui acheter des poteries, attendit

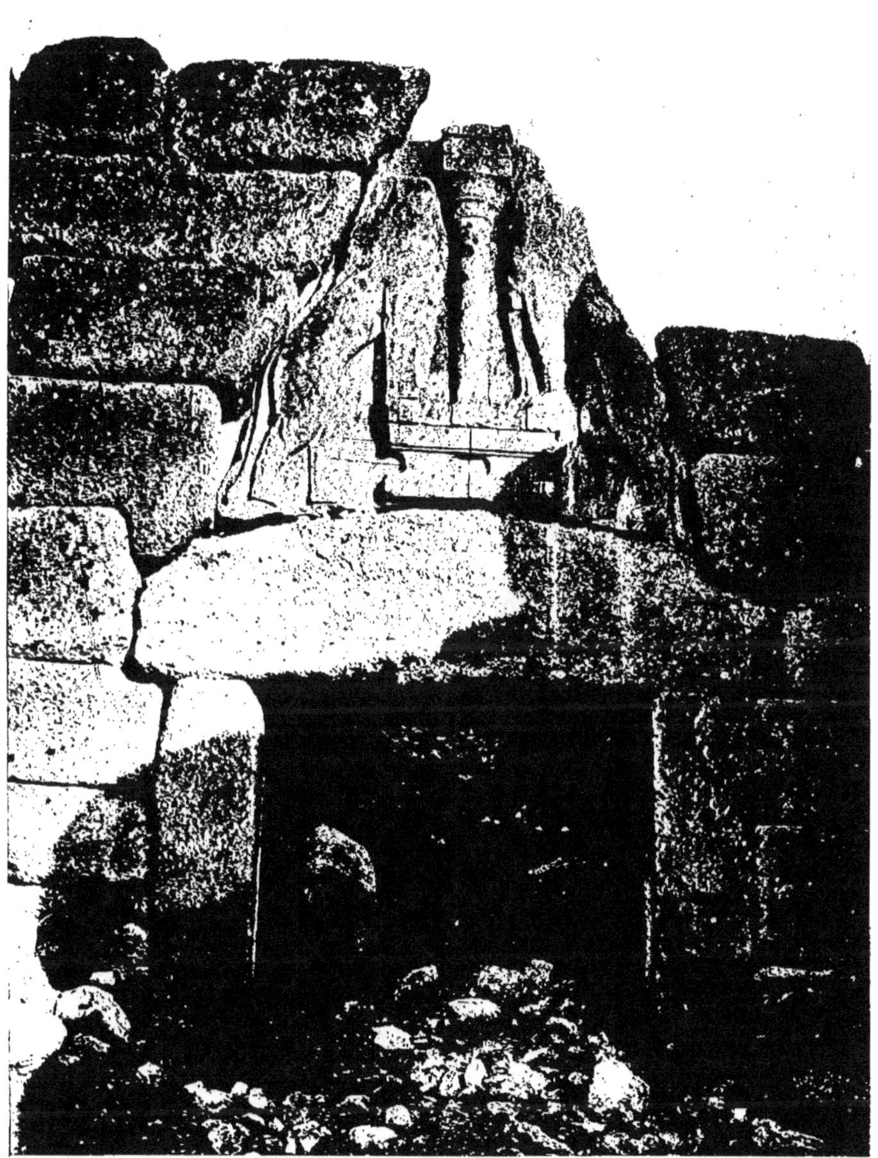

Mycènes (XIIIᵉ siècle av. J.-C.). La porte des lions.

que les Céramistes de l'Athènes primitive donnassent, dans la Grèce barbare, le premier signe du réveil à la vie civilisée avec les vases à dessins géométriques qu'ils fabriquaient au Dipylon. Lente, dramatique ascension dans les ténèbres de l'âme, sous ce ciel magnifique, au centre de ce monde brillant. Pour que l'étincelle jaillisse, il faudra que le Dorien, le Phénicien, l'ancien Egéen devenu Ionien renouent les relations brisées. Alors, la flamme grandira très vite pour allumer sur la terre vierge le foyer d'intelligence le plus rayonnant de l'histoire.

Les poèmes homériques, échos du monde anéanti recueillis par les vaincus, les radieux mythes grecs qui s'élaborent confusément autour des rivages désertés en sont, sur ce fond noir, les lueurs annonciatrices. Le berceau de l'âme hellénique y monte, porté sur le char du soleil. Le soir, le berger Dorien qui ramenait ses chèvres de la montagne et le matelot ionien qui ramenait sa barque de la mer, se racontaient des fables éclatantes. Elles transposaient en images les vieilles notions intuitives qu'avaient les hommes des phénomènes naturels, ou traduisaient la lutte des ancêtres contre les forces adverses du monde mal organisé. Le naturisme enthousiasmé de l'âme humaine dans sa fraîcheur donnait à sa jeune science un vêtement de lumière, des nuées, de feuilles et d'eaux. Toute la religion, toute la philosophie, toute l'âme austère et charmante des bâtisseurs de Parthénons sont dans ce poème anonyme et confus qui monte de l'éveil de la Grèce à la vie avec une rumeur d'aurore.

Le « miracle grec » était nécessaire. Tout le monde antique avait préparé, avait voulu sa venue. Pendant le silence fécond où les Doriens accumulaient en eux la force de leur sol, l'Egypte et l'Assyrie gardaient leur avance. Mais elles étaient découragées, envahies par le froid de l'âge. Le flambeau, en pâlissant, penchait vers une race neuve. Elles allaient devenir les initiatrices de la Renaissance hellénique comme elles avaient été les guides de la première enfance des peuples de l'Archipel.

Le barbare dorien, au contact de climats moins durs, avait discipliné sa violence, mais il restait rugueux, tout d'une pièce, très primitif. Ses idoles, les Xoana qu'il taillait à la hache dans le chêne et l'olivier à peine deux cent cinquante ans avant le Parthénon, sont si frustes qu'elles semblent antérieures aux os gravés des chasseurs de rennes. C'est à une race tout à fait inculte qu'allait échoir l'héritage intellectuel de l'Egypte et de l'Asie qui lui demandaient, en échange de leur haute spiritualité et de leur profond sensualisme, l'élan et la puissance de sa virilité. Les habitants des rivages doriens, des îles qui occupaient le centre de la Méditerranée orientale, voyaient venir à eux, du fond de la mer, des voiles de plus en plus nombreuses. Leurs contacts avec les civilisations voisines se multipliaient tous les jours. Au croisement de tous les chemins maritimes du monde ancien, ils allaient bientôt le sentir remuer tout entier en eux.

Les Grecs avaient le privilège d'habiter un pays tellement inondé, tellement abreuvé, tellement saturé de lumière, tellement défini par sa propre structure, que les yeux de l'homme n'ont qu'à s'ouvrir pour en dégager la loi. Quand il pénètre dans un golfe fermé par un amphithéâtre de montagnes, entre le ciel

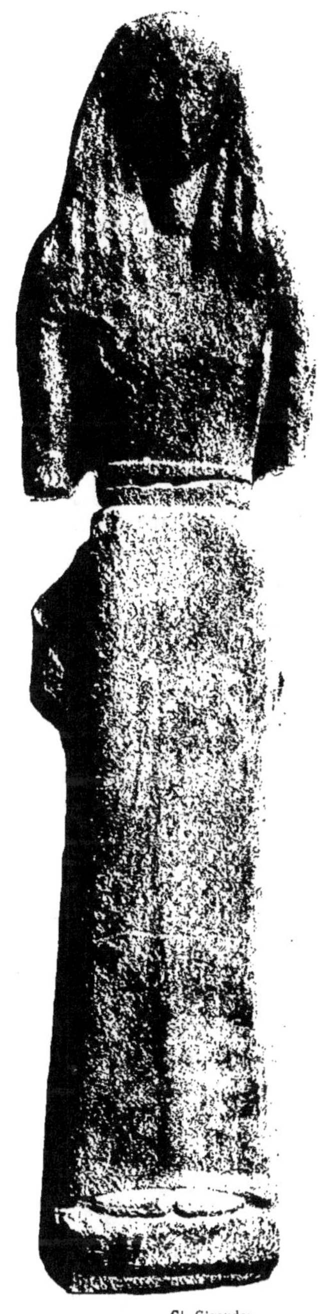

ART IONIEN (fin du VIIe siècle av. J.-C.). Artémis de Délos (*Musée national d'Athènes*).

illuminé et l'eau qui roule des rayons comme si une source de flamme s'épanchait sous ses vagues, il est au centre d'un saphir un peu sombre, enchâssé dans un cercle d'or. Les masses et les lignes s'organisent si simplement, découpant des profils si nets sur la limpidité de l'étendue, que leurs relations essentielles s'écrivent toutes seules dans l'esprit. Pas de contrée au monde qui s'adresse à l'intelligence avec plus d'insistance, de force, de précision que celle-là. Tous les aspects typiques de l'univers s'offrent avec la terre, partout pénétrée par la mer, avec l'horizon maritime, les îles osseuses, les détroits dorés et mauves entre deux masses liquides étincelant jusqu'au cœur de la nuit, les promontoires si calmes et si nus qu'ils semblent des socles naturels pour notre âme reconnaissante, les rochers répétant du matin au soir tous les changements de l'espace combinés avec la marche du soleil, les forêts sombres dans les montagnes, les forêts pâles dans les vallées, les collines environnant de toutes parts les plaines sèches, les rivières bordées de lauriers roses dont on peut embrasser le cours tout entier d'un coup d'œil.

Sauf dans le Nord, massifs tourmentés, ravins sauvages, grottes sinistres d'où les vapeurs souterraines sortent avec des grondements, bois noirs de pins et de chênes, sauf aux pays rugueux des légendes primitives où l'homme raconte son effort pour dompter la nature hostile, peu ou pas d'aspects effrayants, une terre accueillante, un climat moyen, doux, mais assez rude l'hiver. La vie proche du sol, active sans excès, et simple. Ni misère, ni richesse, la pauvreté. La maison de bois, les vêtements de peau, l'eau froide des torrents pour laver la poussière et le sang du stade. Peu de viande pour se nourrir, celle de la chèvre qui broute entre les fissures des rocs, un peu du vin mêlé de résine et de miel qu'on garde dans les outres, du lait, du pain, les fruits des pays secs, l'orange, la figue, l'olive. Rien dans les horizons, rien dans la vie sociale qui puisse faire naître ou développer les tendances mystiques. Une religion naturiste, très fruste dans les croyances populaires, peut-être même assez grossière, mais puisée

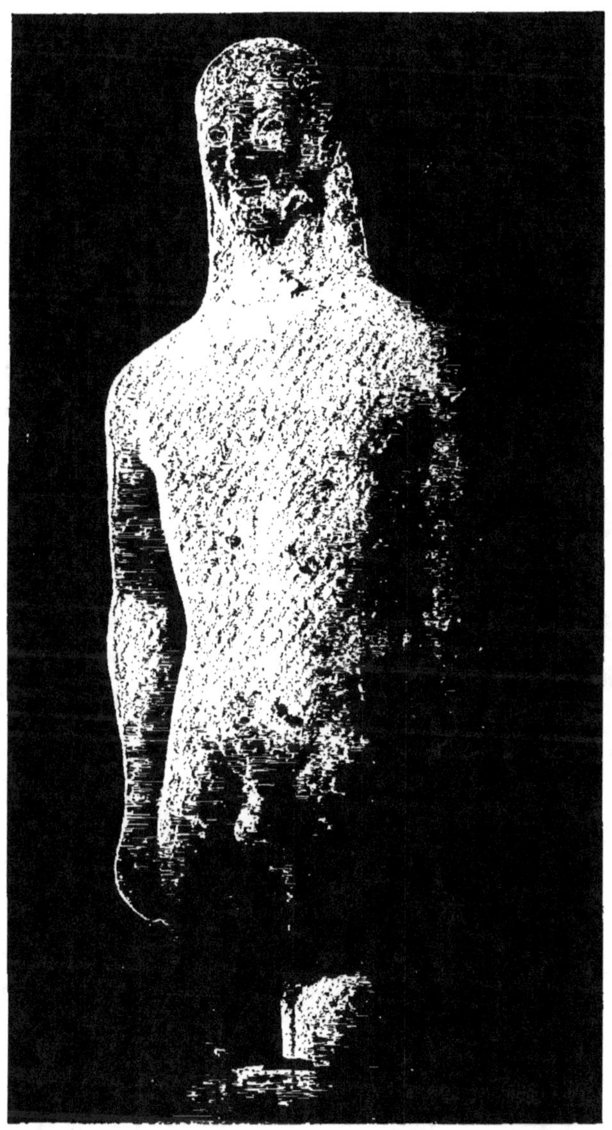

ART DORIEN (commencement du VIe siècle). Athlète, qualifié Apollon de Théra
(*Musée national d'Athènes*).

à des sources si pures et si poétisée par les chanteurs que les philosophes, quand ils croiront lutter contre elle, ne feront que dégager d'elle la conception rationnelle du monde que ses symboles recouvraient. Sans doute, l'homme craint les dieux. Mais comme les dieux lui ressemblent, ils ne détournent pas sa vie des rapports normaux et naturels qui la lient à celle des hommes. Le prêtre n'a que peu d'action. La Grèce est peut-être le seul des vieux pays où la caste sacerdotale n'ait pas vécu en marge du peuple pour lui représenter le mystère comme un domaine réservé. De là la rapidité de son évolution et la liberté de son enquête.

III

A peine si, tout au début, l'art de la Grèce se préoccupe des puissances ennemies qui entravent nos premiers pas. Bien qu'il se place déjà sous la protection des forces intelligentes, l'homme n'a pas oublié les luttes qu'avait dû soutenir l'aïeul contre les forces brutales d'un univers qui le repoussait. Ce souvenir s'inscrit dans les sculptures qui montraient, sur le fronton du Parthénon de Pisistrate, Zeus luttant contre Typhon ou Héraklès terrassant Echidna. Œuvre barbare, violemment bariolée de bleus, de verts, de rouges, souvenir des avalanches, des antres redoutés, des orages du Nord dans la montagne, cauchemar de sauvages encore mal instruits par l'Asie et l'Egypte, mais devenus curieux déjà, et avides de comprendre. L'enfer païen durera peu.

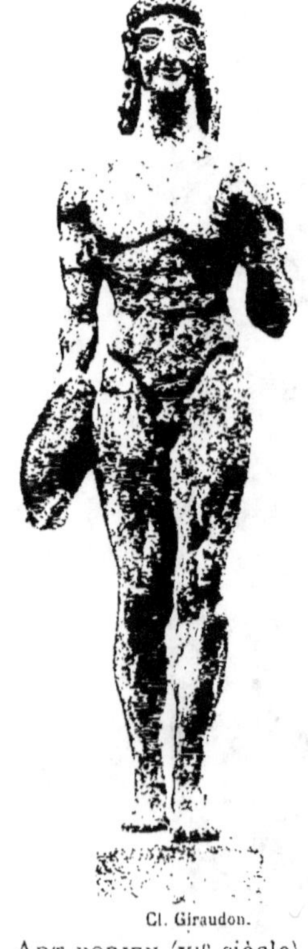

ART DORIEN (VI⁰ siècle). Athlète, statuette bronze (*Collection particulière*).

108

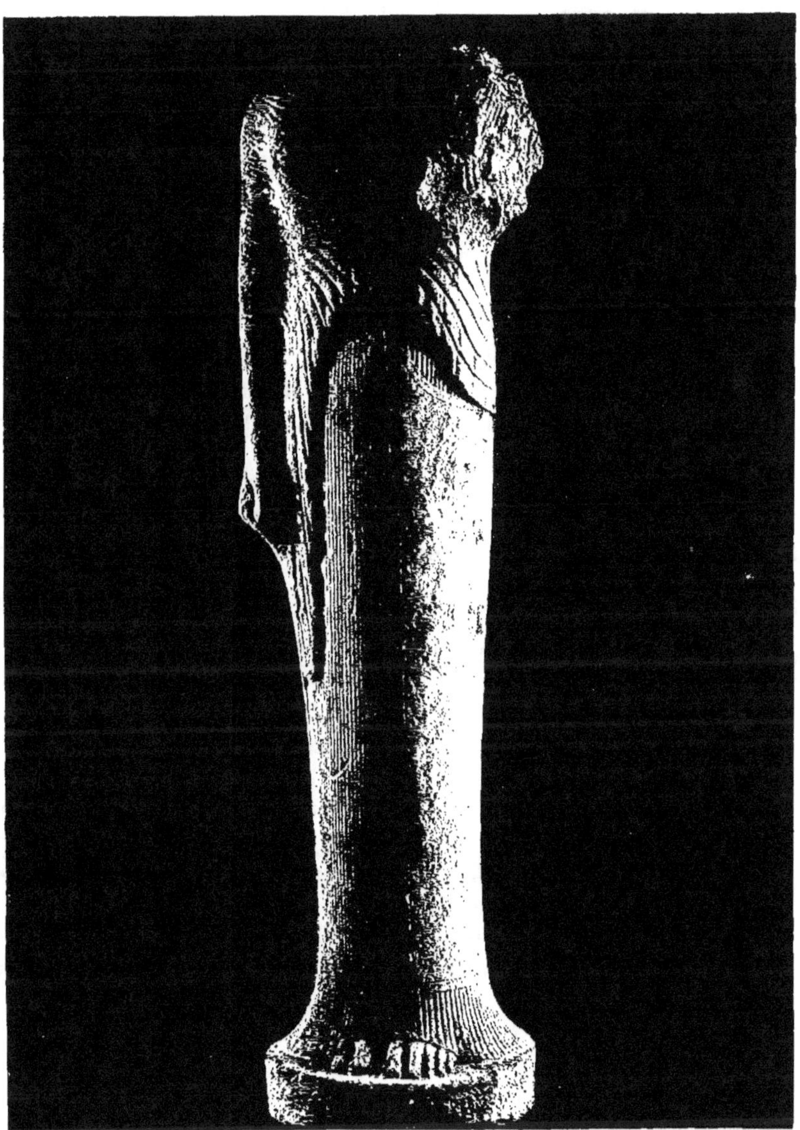

ART IONIEN (580 av. J.-C.). Héra de Samos (*Louvre*).

Le temple où règnent ces idoles, taureaux, serpents tortueux, visages étonnés à barbe verte, est d'ailleurs, dans son principe, ce qu'il sera aux plus grandes époques. L'architecture est l'art collectif, nécessaire, qui apparaît le premier, qui meurt le premier. Le besoin primordial de l'homme après la nourriture, c'est l'abri, et c'est pour édifier cet abri qu'il fait appel pour la première fois à la faculté qu'il possède de découvrir, dans les constructions naturelles, une logique d'où la loi sortira peu à peu pour lui permettre d'organiser sa vie selon le plan universel. La forêt, les falaises sont les fortes éducatrices de l'abstraction géométrique où l'homme puisera les moyens de bâtir des maisons ayant chance de résister à l'assaut des pluies et des orages. A Corinthe s'élève déjà un temple à colonnes trapues, très larges, sortant droit du sol, montant d'un bloc jusqu'à l'entablement. Plusieurs sont debout encore. Elles sont terribles à voir, noires, rongées comme de vieux arbres, aussi dures que l'esprit des contrées péloponésiennes. L'ordre dorique sortait de ces maisons de paysans qu'on voit encore dans les campagnes d'Asie Mineure, des arbres plantés dans le sol, en quatre lignes faisant rectangle, supportant d'autres arbres horizontaux où s'assiéra le toit. La forme du fronton vient de la pente de ce toit, calculée pour l'écoulement des pluies. Le temple grec, même quand il réalisera les combinaisons intellectuelles les plus lucides et les plus volontaires, plongera toutes ses racines dans le monde matériel dont il est la loi formulée.

Sur les sculptures de ces temples, l'esprit de l'Asie a laissé sa trace. Elles se prolongeront jusqu'au grand siècle, mais tellement assimilées au génie hellénique naissant qu'on ne peut songer, à les voir, à une imitation directe, mais plutôt à ces ressemblances incertaines et fuyantes qui flottent sur le visage des enfants. Les *Apollons* archaïques doriens, ces statues souriantes et terribles où la force monte d'un flot, font sans doute penser aux formes égyptiennes, par la jambe qui porte en avant, les bras collés au torse raide. Mais, sur ce hiératisme, l'esprit théocratique n'exerce pas d'action. L'art dorien est tout d'une pièce, bien moins subtil, bien moins raffiné, bien moins conscient que celui des sculpteurs de Thèbes. Entre les plans sculpturaux très rudes, les passages sont à peine indiqués.

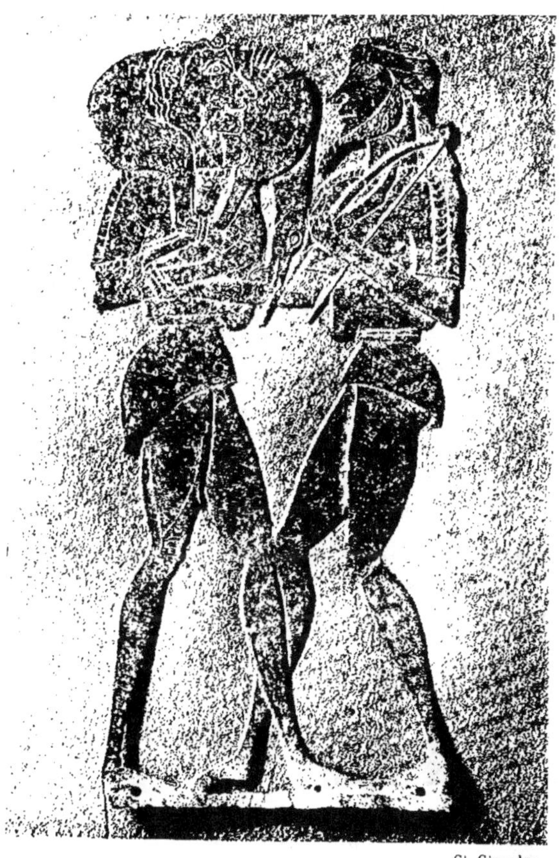

ART IONIEN (VIe siècle). Chasseurs, plaque bronze découpé (*Louvre*).

Ce qui domine, c'est le souci d'exprimer la vie musculaire.
C'est que ces Apollons sont des athlètes. La grande gymnastique, cette institution nécessaire qui va permettre à la Grèce de développer parallèlement à la souplesse de l'esprit, dans sa

III

recherche constante de l'équilibre universel, la force des bras et des jambes, la grande gymnastique est née. Déjà, de toutes les régions du monde grec, des îles, des colonies lointaines d'Italie et d'Asie, les jeunes hommes viennent disputer à Olympie et à Delphes la couronne d'olivier. Pour courir, pour lutter, pour lancer le disque, ils sont nus. Les artistes qui accourent à ces rendez-vous nationaux, comme tout ce qui répond au nom d'Hellène, ont sous les yeux le spectacle des mouvements de la charpente humaine et du jeu complexe des muscles roulant sous la peau brune, écorchée, durcie par les cicatrices. La sculpture grecque naît dans le stade. Elle mettra un siècle à en franchir les gradins et à s'installer au fronton des Parthénons définitifs pour y devenir l'éducatrice des poètes et après eux des philosophes. Ils viendront nourrir leur esprit au spectacle des rapports de plus en plus subtils qu'elle établira dans le monde des formes en mouvement. Il n'y eut jamais de plus glorieux, de plus saisissant exemple de l'unité de notre action : l'athlétisme, par l'intermédiaire de la sculpture, est le père de la philosophie, du moins de la philosophie platonicienne, dont le premier soin fut de se retourner contre la sculpture et l'athlétisme pour les tuer.

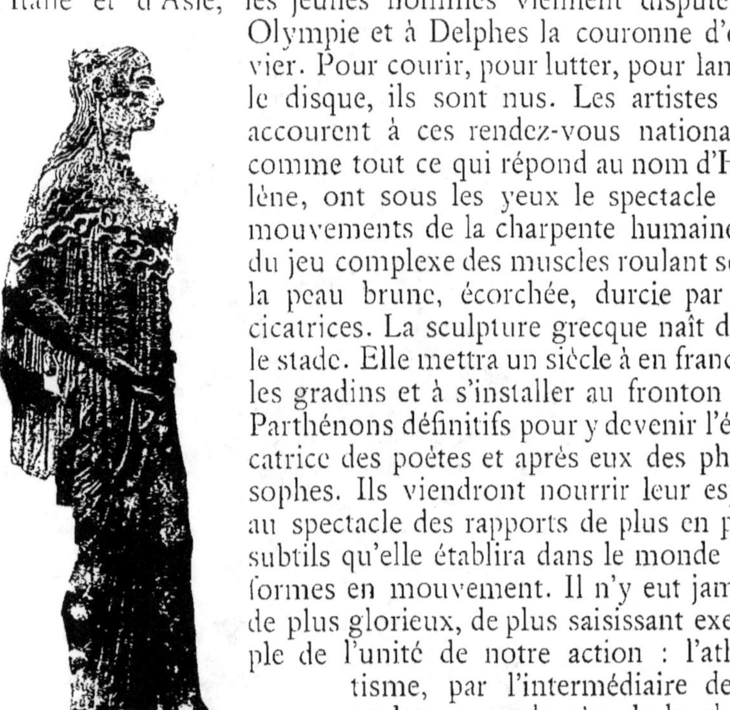

Art ionien (VI⁰ siècle). Athéna, statuette bronze (*Musée national d'Athènes*).

La Grèce, par l'Apollon dorien, passe de l'art primitif à l'archaïsme proprement dit. L'artiste regarde la forme avec plus d'attention, en dégage péniblement le sens et le transporte dans son œuvre avec tant d'intransigeance qu'il lui impose une apparence d'édifice dont l'architectonique paraît ne pas

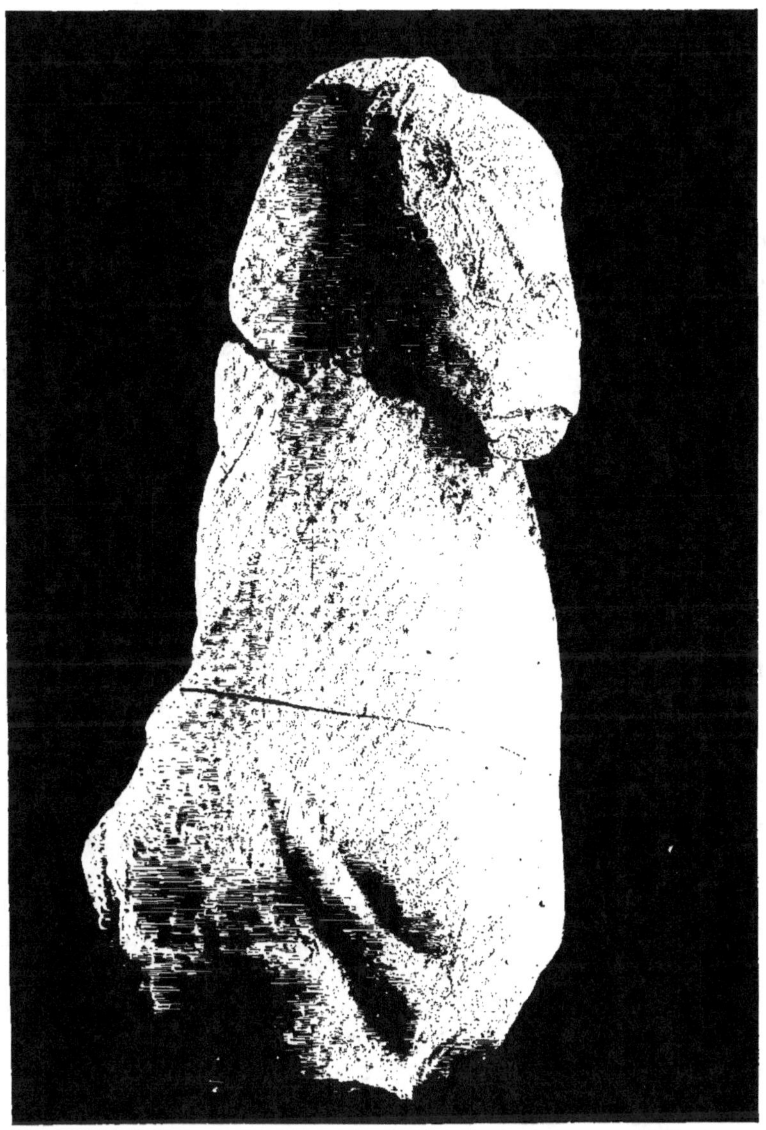

Art dorien (vi^e siècle). Avant-corps de cheval (*Musée de Delphes*).

8

devoir changer. Le Péloponèse devient la grande pépinière des marbriers archaïques : Cléœthas, Aristoclès, Kanakhos, Hagélaïdas ouvrent des ateliers à Argos, à Sicyone, et Sparte, la citadelle de l'idéal dorien devient, avant Athènes, le foyer de la pensée grecque. Mais l'hellénisme intégral n'y trouvera pas son aliment. Sparte est loin des routes du vieux monde, emprisonnée dans une vallée solitaire où coulent des torrents de montagne, jalousement fertile, séparée des grands horizons par les arêtes dures du Taygète que la neige couvre jusqu'en été. Le peuple qui l'habite est aussi fermé qu'elle, et c'est ce milieu isolé qui maintiendra si longtemps son égoïsme volontaire. Athènes, au contraire, est au centre de la Méditerranée orientale, et près de la mer. Elle est le point de rencontre de l'élément dorien, positif et discipliné, qui remonte du Sud vers Corinthe, Egine et l'Attique, à la recherche de contrées à soumettre, et de l'élément ionien qui lui apporte, au travers du crible des îles, l'esprit artiste de l'Asie, assoupli et subtilisé par l'habitude du négoce, de la diplomatie et de la contrebande. La gloire de Sparte, au fond, c'est d'avoir offert à Athènes un terrain vierge à féconder, et aussi, en la harcelant sans merci, de l'avoir tenue en haleine, de l'avoir obligée longtemps à cultiver son énergie. Athènes, trempée par ces luttes, ne tardera pas à montrer sa supériorité. Quand les soldats de Darius suivront les négociants asiatiques vers les rivages de l'Europe, c'est elle qui prendra la tête de la Grèce, alors que Sparte, enfermée dans la culture aveugle de son intérêt personnel, ne rejoindra son rang qu'après le combat.

Où trouver la première étape de l'art ionien en marche vers l'Attique, l'aube incertaine du grand sensualisme oriental assaini par la mer et affiné par le négoce qui va inonder l'âme dorienne d'humanité ? La *Héra de Samos* est peut-être plus raide encore que les athlètes péloponésiaques, comme elle est plus près de l'Egypte saïte qui éclôt à ce moment-là et envahit la forme hiératique d'humanité. Une étroite gaine d'étoffe emprisonne ses jambes réunies, mais, sous le voile qui la couvre, léger et ridé comme une eau, les épaules, les bras, la

poitrine, les reins creusés ont des profils d'une grâce mouvante
dont les plans se rejoignent et se pénétrent avec la douceur

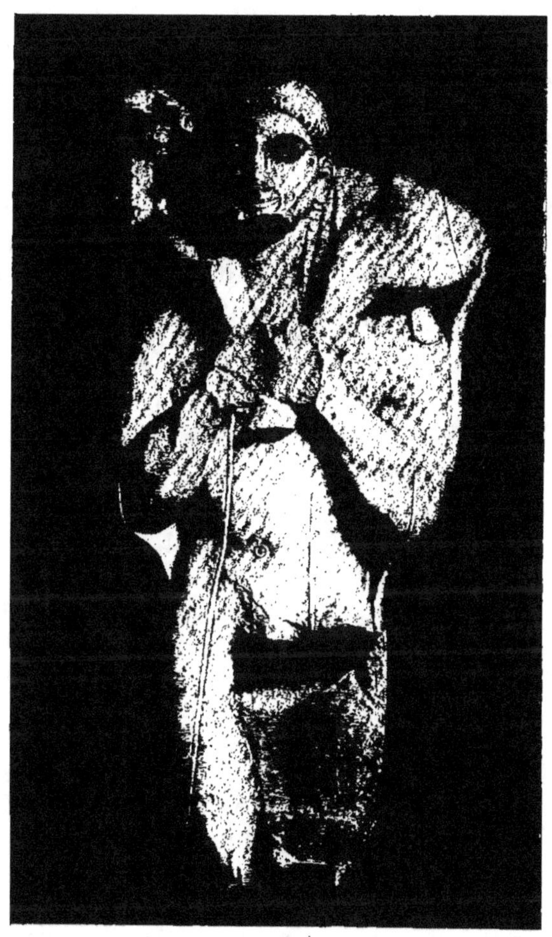

Cl. Alinari.

ENDOIOS (milieu du VIᵉ siècle av. J.-C.). Le Moschophore
(*Musée de l'Acropole*).

d'un aveu. C'est cet esprit tout trempé de tendresse, qui va
très vite prendre pied sur le continent grec. Dès la fin du

vi[e] siècle, l'art dorien, l'art ionien voisinent partout, sans s'être encore bien reconnus. A Delphes, la Grèce d'Asie accueille d'un mystérieux sourire, au seuil du *Trésor des Cnidiens*, le rude statuaire du Péloponèse qui a dressé au fronton du sanctuaire d'Apollon des femmes, des lions, de formidables chevaux. Les cariatides qui soutiennent l'architrave asiatique sont d'étranges femmes secrètes, elles ont une grâce ailée, animale et dansante, elles semblent garder la porte tentatrice des soleils intérieurs et des ivresses inconnues. L'esprit dorien, l'esprit ionien, le jeune rustre éclatant de vigueur, la jeune femme parée, caressante, équivoque, se rencontrent et vont s'aimer... L'art attique qui sera, dans son âge adulte, la grande sculpture classique, austère et vivante, naîtra de leur union.

IV

On travaillait bien le marbre, à Athènes, depuis plus de cent ans, et l'Acropole, surtout avec Pisistrate, s'était couverte de monuments et de statues. Mais Endoios, le grand maître Athénien du vi[e] siècle, reste encore soumis aux traditions ioniennes. Ce n'est qu'à la veille des guerres médiques que la synthèse hellénique, avant de se manifester par l'action collective de la résistance à l'envahisseur, s'ébauche dans quelques esprits.

Sans doute, un peuple est un organisme trop complexe et dont les éléments générateurs sont trop mêlés et trop nombreux pour qu'on puisse déterminer, dans tous les actes qui l'expriment, le degré d'influence de chacun de ces éléments. Il est comme un fleuve fait de cent rivières, de mille torrents ou ruisseaux qui lui portent confusément la neige entraînée par les avalanches, la boue des terres argileuses, le sable et le silex, la fraîcheur et l'arome des forêts traversées. Il est le fleuve, une large unité vivante roulant les mêmes eaux dans la même rumeur. Les hommes d'un même temps réalisent tous les

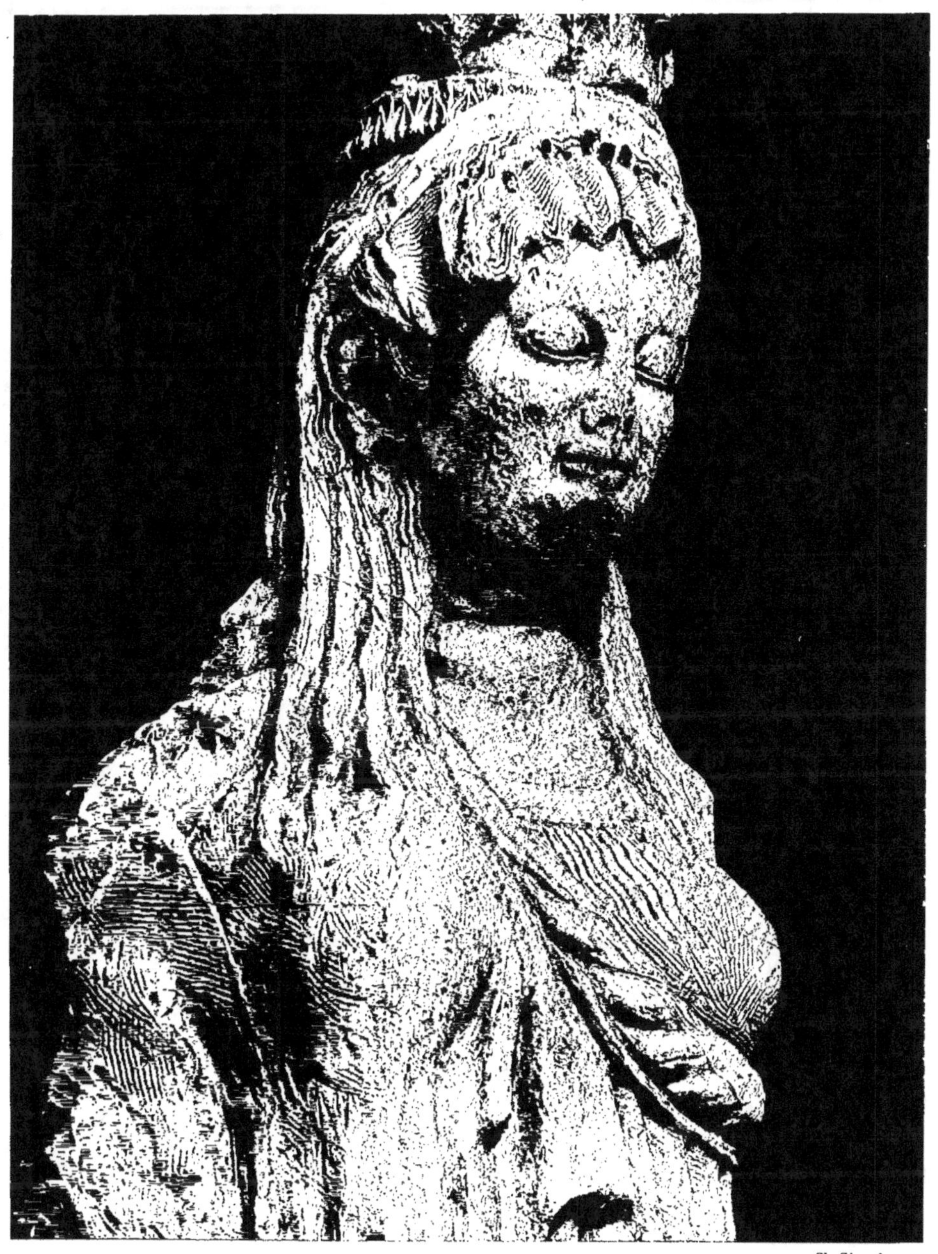

Cl. Giraudon.

ART IONIEN (fin du VIe siècle av. J.-C.). Cariatide du Trésor des Cnidiens, détail
(*Musée de Delphes*).

degrés intermédiaires qu'il faut pour que l'avenir puisse passer des uns aux autres sans effort et ne plus trouver en eux que des pressentiments semblables, alors qu'ils s'imaginaient eux-mêmes différer profondément. Et les hommes de ce temps sont unis à ceux qui les précèdent, à ceux qui les suivent par des relations nécessaires où se manifeste la continuité mystérieuse de notre action. Il n'est pas possible de fixer la minute, ni de désigner l'œuvre où ce que nous appelons aujourd'hui l'âme hellénique essaya de se définir pour la première fois. Nous ne pouvons que tourner les yeux vers celles qui commencent à tressaillir, sur qui semble passer le premier souffle de liberté et de joie spirituelle pour tenter d'y surprendre l'éveil à la beauté de vivre d'une nouvelle humanité.

Les jeunes femmes trouvées il y a vingt ans, près de l'Erechteion, dans le remblai de soutènement du Parthénon, où les terrassiers grecs les avaient mises après le sac et l'incendie de l'Acropole par les soldats de Xerxès, ont peut-être les premières le sourire ivre qui l'annonce. Sans doute, le parfum des îles y domine. Elles songent surtout à plaire, elles sont femmes, une force amoureuse invincible rayonne d'elles, les environne et les accompagne d'une rumeur de désirs. Mais à voir leurs plans sûrs, leur net et puissant équilibre, on ne peut pas douter que l'artisan dorien qui travaillait alors à Egine, à Corinthe, à Athènes même, ait eu des contacts répétés avec l'immigrant ionien que la conquête perse a rejeté sur l'Occident.

Amenées d'Orient par les aventuriers de la mer, les hommes aux récits menteurs, enivrants et sauvages, elles se gardent bien d'effaroucher le monde austère et dur qu'elles sont venues visiter. Elles se tiennent immobiles, soutenant leur robe d'une main. Leurs cheveux roux qui pendent dans le dos et dont les tresses passent de chaque côté du cou pour retomber sur la poitrine, sont nattés et frisés, teints sans doute, et ruissellent de bijoux. Le front est diadémé quelquefois, le poignet cerclé de bracelets, les oreilles chargées de boucles. De la tête aux pieds elles sont peintes, de bleu, de rouge, d'ocre, de jaune et leurs yeux d'émail brillent dans leur visage souriant. Ces créatures barbarement enluminées, éblouissantes et bizarres comme des oiseaux des tropiques, ont la forte saveur des femmes d'Orient, fardées, parées, peut-être assez vulgaires, fascinantes pourtant, lointaines, des êtres de conte, des animaux puérils, des esclaves gâtés. Elles sont belles. Nous les aimons d'une tendresse qui ne peut pas s'épuiser. C'est de leurs flancs étroits et fermes qu'est sorti notre labeur.

Elles ont renversé les notions singulières qu'avait ancrées en nous l'idéalisme d'École pour qui le marbre immaculé est depuis trois cents ans l'emblème sentimental d'une sérénité qui n'exista jamais que dans l'esprit de quelques philosophes, à l'heure où la Grèce approchait du déclin, et d'une perfection à laquelle il faut souhaiter que nous n'atteignions pas, l'inquiétude, la curiosité, l'effort conditionnant la vie même. Jusqu'à l'épanouissement complet de son art en tout cas, et probablement jusqu'à sa chute, la Grèce a peint ses dieux, ses temples. Bariolés de bleus et de rouges, vivants comme des hommes et des femmes, ils s'animaient avec le jour, ils participaient aux surprises et aux fêtes de la lumière, ils remuaient au fond de l'ombre commençante. Ils appar

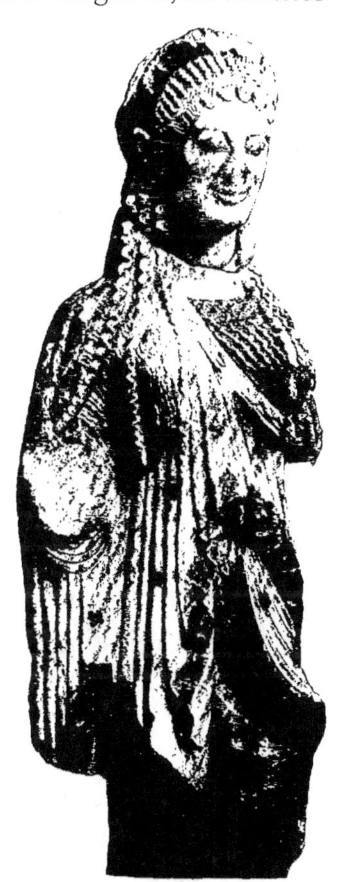

ART IONIEN (fin du VIᵉ siècle av. J.-C.). Orante (*Musée de l'Acropole*).

tenaient à la foule qui grouillait au pied de l'Acropole, la foule des ports d'Orient, affairée, bruyante, familière, ils sortaient des ruelles sales où des chiens errants se disputent des débris

d'entrailles, quartiers de moutons et d'agneaux saignant aux
étalages, fruits, épices entassés, étoffes teintes, verroteries, carrefours colorés, pleins de glapissements et d'appels, d'odeurs
d'ail, de pourriture et d'aromates. Des enfants nus, des marchands équivoques, des marins durcis par le vent, des femmes
aux yeux peints, habillées de robes criardes. Les temples et
les monuments couverts d'ocre, de vermillon, de vert, d'azur
et d'or sont faits avec les tons du ciel, de l'espace marin envahi
de pourpre ou verdâtre, de la mer violette ou bleue, de la terre,
de son vêtement de labours maigres et de feuillages secs,
oliviers laiteux, cyprès noirs, comme ils marient leurs formes
aux formes toujours présentes des golfes sinueux et des collines. Quel est le rôle du statuaire ? Equilibrer dans la lucidité
et la fermeté de l'intelligence tous ces éléments épars pour
imposer de clairs rapports et des directions harmonieuses à
leur apparent chaos.

Le Mythe apollinien veillait, dans la conscience encore obscure, mais solide, et gonflée de foi primitive, des marbriers
athéniens. Les étranges femmes qui s'étaient emparées de la
forteresse athénienne ne devaient énerver qu'une heure leur
résistance aux hordes asiatiques qu'elles précédaient de peu.
L'élément orgiastique et sentimental représenté par la polychromie rencontrait déjà, pour maintenir de toutes parts son
attirante et souriante action des plans nets, des contours précis,
un extraordinaire élan vers la domination de l'impulsivité sensuelle par la santé sereine de la naissante raison. L'âme miraculeuse et fatiguée de l'Asie recouvre sa force et sa foi au contact d'une énergie virile qu'elle éclaire d'intelligence dans un
échange inattendu. Nous assistons à l'instant mystérieux où
la fleur va déployer à la lumière le frémissement de ses pétales
jusqu'alors serrées dans leur gaine verte. Ces idoles représentent, peut-être, le plus bel effort qu'ait accompli l'homme pour
découvrir dans sa conscience l'approbation de son instinct. Il
y a là une tension d'âme émouvante, une énergie tout em-
ployée à chercher notre accord d'une heure avec un monde
dont nous pressentons que l'harmonie secrète nous habite.

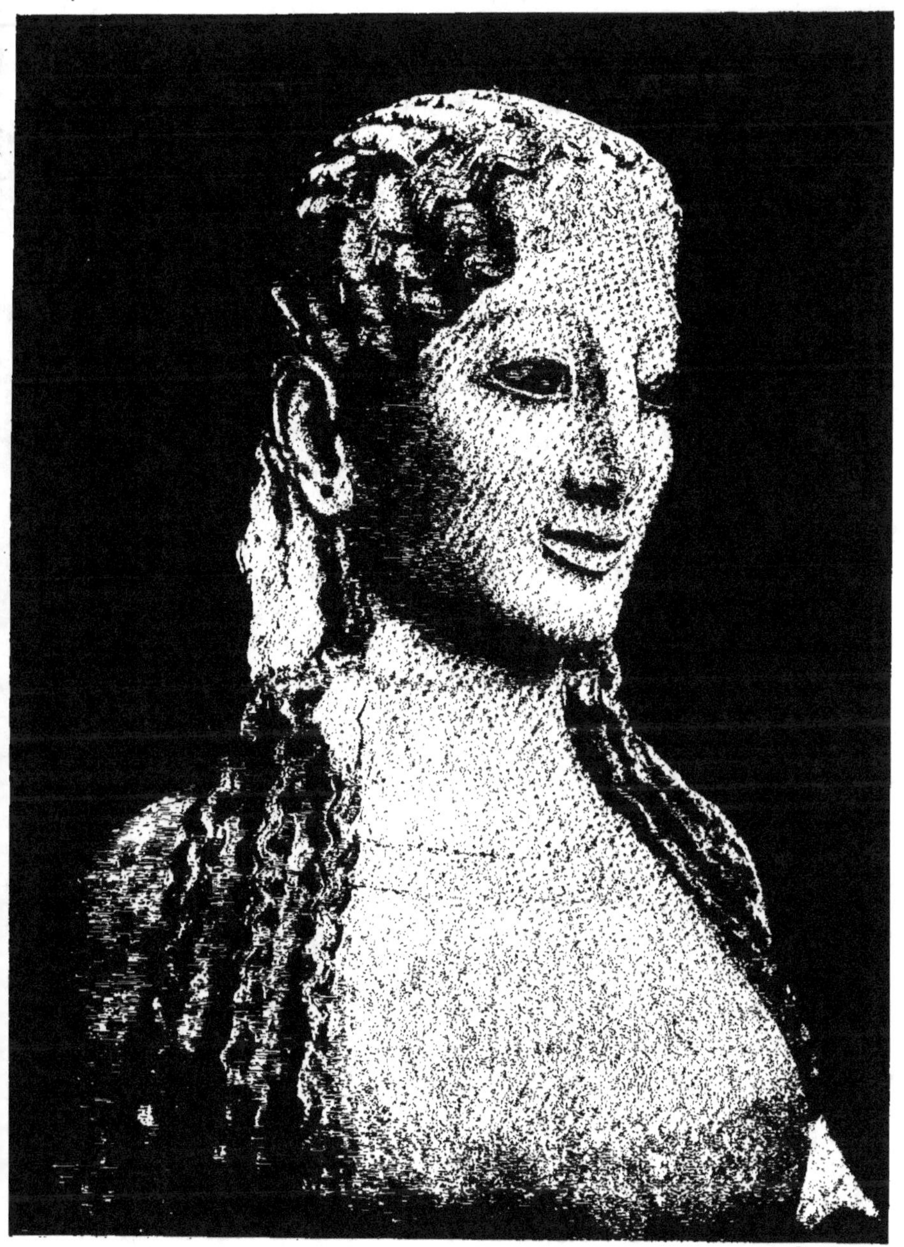

Art ionien (fin du vi^e siècle av. J.-C.). Orante (*Musée de l'Acropole*).

Ingénues comme la jeunesse, perverses comme le désir, elles sont fermes et libres comme la volonté.

Avec elles, l'archaïsme grec s'est tout à fait emparé de cette conception architecturale de la forme qui peut être très dangereuse, parce qu'on risque, comme les Égyptiens, de n'en jamais sortir. Elle est admirable. Elle est nécessaire. Elle est plus élevée, aux yeux de quelques-uns, que l'expression équilibrée de notre destinée terrestre, que le Ve siècle va réaliser chez les Grecs. S'y tenir pourtant, c'est s'arrêter aux apparences d'absolu au delà desquelles l'intuition ne peut plus avancer et interdire à l'intelligence de rechercher dans ses rapports avec le monde qui l'entoure son sens moyen d'humanité. C'est avoir peur d'aborder le mystère que nous savons impénétrable et reculant toujours à mesure que nous avançons. Reprocher à l'art grec d'avoir été humain, c'est reprocher à l'homme d'être. Et c'est même oublier que l'art du Ve siècle, tout en brisant les cadres de la forme archaïque pour y faire entrer par torrents la palpitation et l'atmosphère de la vie, a retenu tous les principes qui font sa force et son austérité.

Le statuaire égyptien, le statuaire grec des premiers siècles, uniquement préoccupé d'établir l'architecture des ensembles avant de pénétrer dans le monde touffu des gestes et des sentiments, a trouvé la loi des profils, fixé la masse entière dans les plans qui la définissent et fondé, ce faisant, la science sculpturale. Mais l'élément qui anime le bloc, qui donne la vie à la forme y manque, ou du moins il y prend une signification métaphysique qui l'écarte tous les jours un peu plus du sens humain de notre action et le conduit fatalement au désert de l'abstraction pure, fermé de tous les côtés. Immobilisée pour toujours, ne pouvant étendre ses recherches, la statuaire égyptienne s'attachait à subtiliser le *passage*, l'onde sans commencement ni fin qui relie un plan à un autre, et s'absorbait dans ce problème jusqu'à perdre de vue la forme maternelle qui en fut le point de départ, et mourir de cet oubli sans espoir de résurrection. La sculpture saïte ne fait que des tentatives trop timides d'indépendance, elle recommence le même effort, elle

impose au granit et au bronze la docilité de l'argile, elle y
retrouve l'ondulation de l'eau, elle promène sur eux la lumière
et l'ombre comme des nuages sur le sol. Mais elle s'épuise
à moduler les in-
flexions de son rêve
beaucoup plus vite
que la sculpture thé-
baine, parce que
Thèbes a du moins
fourni un long effort
pour parvenir à for-
muler ce rêve, et
qu'après ce rêve il
n'y a plus rien si le
monde extérieur reste
à jamais interdit.
Antée doit retoucher
la terre. Le sculpteur
grec, libre d'explo-
rer à sa guise le
monde des apparen-
ces, ne peut pas ne
pas s'apercevoir qu'en
découvrant les rela-
tions des plans il dé-
couvrira les rapports
qui unissent à l'hom-
me et unissent les
uns aux autres tous
les phénomènes sen-
sibles qui nous révè-
lent l'univers. Le *pas-*

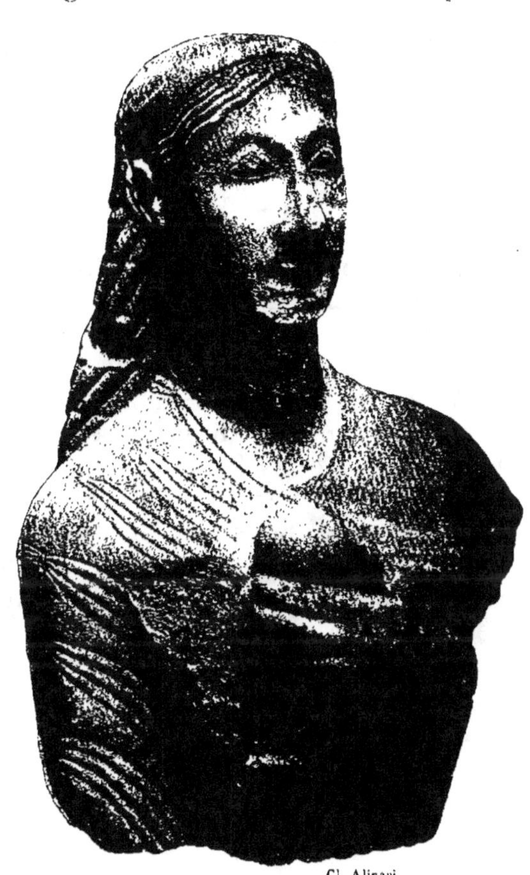

ART IONIEN. Femme samienne (fin du VIᵉ siècle)
(*Musée de l'Acropole*).

sage, où l'Egyptien n'a vu qu'un exercice métaphysique admirable, devient avec le Grec l'instrument de l'investigation sensuelle et rationnelle. Après lui, *le passage est au plan sculptural
ce que la philosophie est à la science.*

C'est pour cela que nous aimons les petites idoles peintes, les orantes étonnées et barbares de l'Acropole primitif. Elles sont au point de tension le plus haut de la pensée grecque, à l'instant décisif où le génie humain va choisir la route à prendre. Les guerres médiques arrivent. Athènes, à la tête des villes grecques, donne à l'histoire un de ses plus beaux spectacles. Elle va tremper sa force physique dans le sacrifice et la souffrance et utiliser le repos d'esprit que lui procurera la guerre à léguer à la génération suivante des réserves intellectuelles immenses, qui jaillissent en forêts de marbre, en tragédies, en odes triomphales. Ainsi, toujours, au cours de notre histoire, la grande floraison d'esprit suit le grand effort animal et les hommes d'action engendrent les hommes de pensée. Nous touchons à l'heure de l'exaltation la plus puissante de l'enthousiasme humain. Les énergiques et douces créatures de marbre qui peuplaient la citadelle venaient d'être achevées quand les Perses les mutilèrent, Eschyle combat à Marathon, Pindare fait trembler au vent de ses vers les rameaux de l'arbre sacré, Sophocle enfant se met nu pour chanter le Pæan sur la plage de Salamine. Une telle virilité soulève les artistes qui vont travailler dans les ruines de l'Acropole, qu'au lieu de relever les statues renversées, ils ne les jugent bonnes qu'à soutenir le piédestal de celles qui dorment en eux.

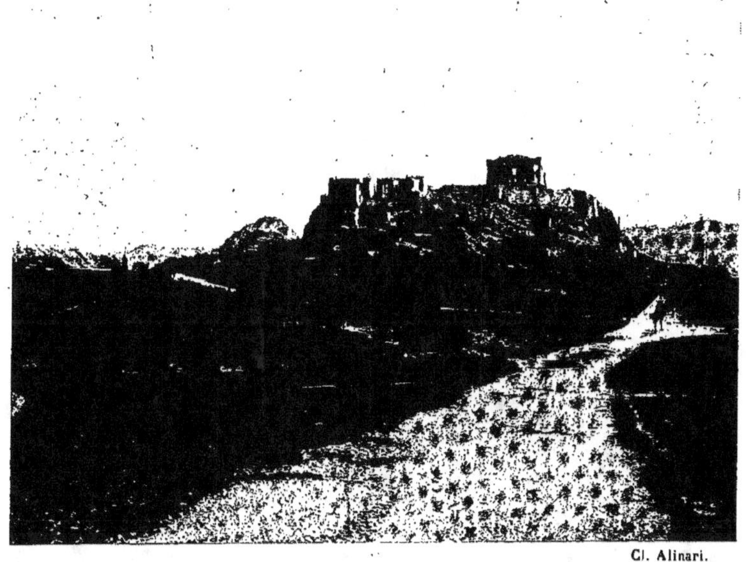

L'Acropole d'Athènes.

PHIDIAS

I

La sculpture philosophique naît de la liberté et meurt par elle. L'esclave, en Assyrie, a pu décrire fortement ce qu'on lui permettait de regarder, il a pu donner de la forme, en Egypte, une définition arrêtée comme la discipline qui le courbe, nuancée et émouvante comme la foi qui le soutient. Seul l'homme libre animera la loi, prêtera à sa science la vie de son émotion et trouvera dans son esprit le sommet du flot continu qui l'attache à l'ensemble des choses, jusqu'au jour où sa science tuera son émotion.

L'artiste d'aujourd'hui s'effraie des mots, quand il ne devient pas leur victime. Il a raison de se garder d'écouter, et surtout de suivre, le philosophe professionnel. Il a tort d'avoir peur de pas-

ser pour un philosophe. Si nous n'avons pas le droit d'oublier que
Phidias suivait les entretiens d'Anaxagore, nous reconnaissons
qu'il eût pu, sans inconvénients, ignorer la métaphysique. Il
regarda la vie avec simplicité, mais ce qu'il sut en voir développa
en lui une si lucide intelligence des relations qui en font, pour

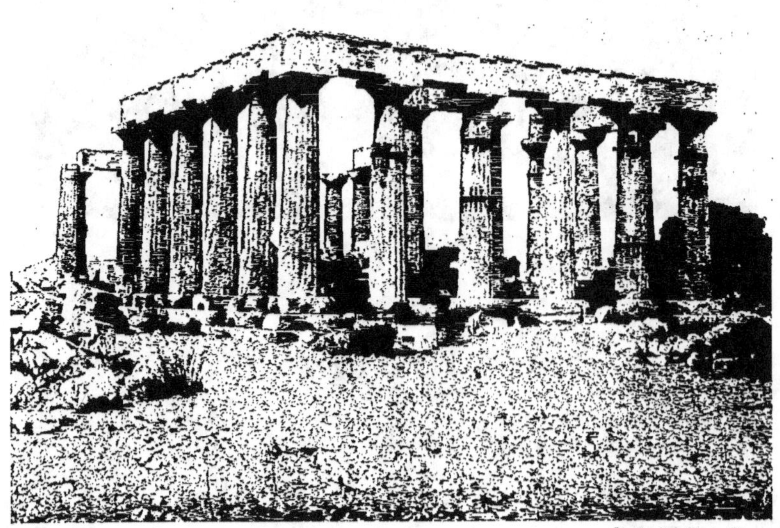

Egine (commencement du vᵉ siècle). Temple d'Athéna.

l'artiste, l'unité et la continuité, que les esprits généralisateurs
purent dégager de son œuvre les éléments de la méthode dont
le monde moderne est sorti. Phidias, à leur insu sans doute,
a formé Socrate[1] et Platon en matérialisant pour eux dans le
plus clair, le plus véridique et le plus humain des langages,
les rapports mystérieux qui donnent la vie aux idées.

1. Il faut se rappeler que Socrate a été sculpteur.

126

L'esprit philosophique, on le voit naître au début du ve siècle, encore hésitant, étonné du jour, avec l'*Aurige*, avec les statues d'*Egine*. La science sculpturale, qui n'a point à copier la forme,

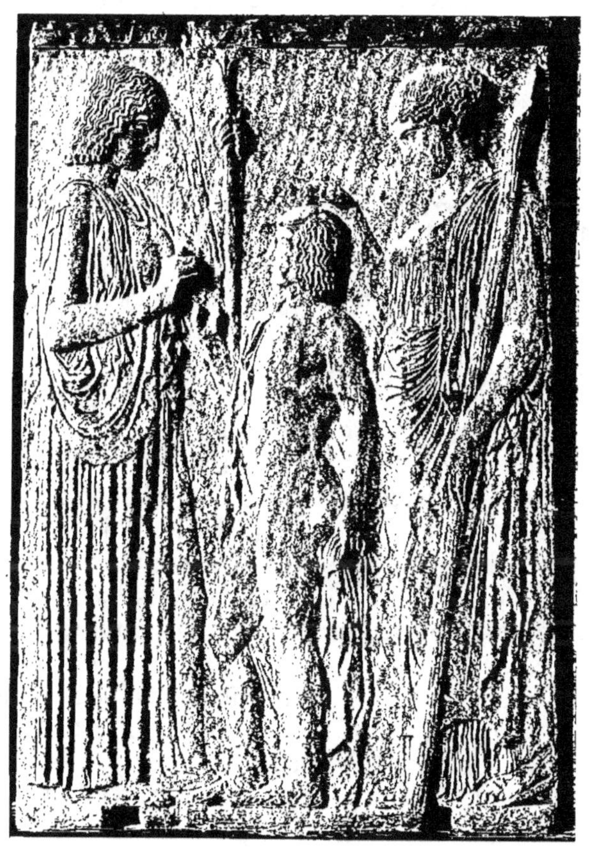

Cl. Alinari

ART ATTIQUE (vers 475). Demeter d'Eleusis (*Musée national d'Athènes*).

mais à établir les plans qui nous révèlent sa loi de structure profonde et ses conditions d'équilibre, la science sculpturale est constituée. L'*Aurige* est droit comme un tronc d'arbre, charpenté par dedans, défini par tous ses profils. C'est un théorème de bronze. Mais dans les plis de sa robe rigide, dans ses étroits pieds nus plaqués au sol, son bras nerveux, ses doigts ouverts, dans ses épaules musculeuses, son cou large, ses yeux fixes, son crâne rond, une onde circule, lente, qui par saccades un peu raides tente de faire passer d'un plan à l'autre les forces de vie solidaires qui les ont déterminés. Mêmes surfaces implacables, mêmes passages durs dans les guerriers d'Egine, avec quelque chose de plus : ce chemin abstrait allant d'une figure à l'autre, à travers le vide, et faisant un tout continu, encore gêné et sans souplesse, et comme mécanique, mais où le sens des relations s'éveille irrésistible, fleur demi-close et ferme qui veut s'ouvrir.

Tout se tient. L'évolution plastique, l'évolution morale montent dans un même flot pur. Anténor a déjà dressé les Tyrannicides sur l'Agora, les mythes symboliques se déroulent autour de la frise des temples, et les grandes guerres nationales mêlent, aux frontons d'Egine, les divinités et les soldats. L'athlète va devenir l'homme, l'homme le dieu, en attendant que les artistes, après avoir créé le dieu, trouvent en lui les éléments d'une humanité nouvelle. Polyclète et Myron ont déjà pris à la forme du lutteur, du coureur, du cocher, du lanceur de disque, l'idée de ces proportions harmonieuses qui définiront le corps masculin le mieux fait pour sa fonction de force, d'adresse, d'agilité, de grâce nerveuse, de calme moral réunis. Au dorien Polyclète la puissance rude et ramassée, l'harmonie virile au repos. A l'Athénien Myron l'harmonie virile en mouvement, la vigueur des plans musculaires qui s'étalent dans un vibrant silence, quand les tendons contractés bossèlent la tête des os, quand les sillons au fond desquels reposent les nerfs et les artères faits pour répandre l'énergie, se creusent au moment de l'effort entre les aponévroses bandées. L'un établit du corps humain l'architecture profonde, sa force de colonne nue, son apparente symétrie que le geste et le modelé brisent à peine, pour introniser le théorème dans la sensation. L'autre retrouve le théorème au cœur de la sensation même où la vivante arabesque rentre, en tordant tous

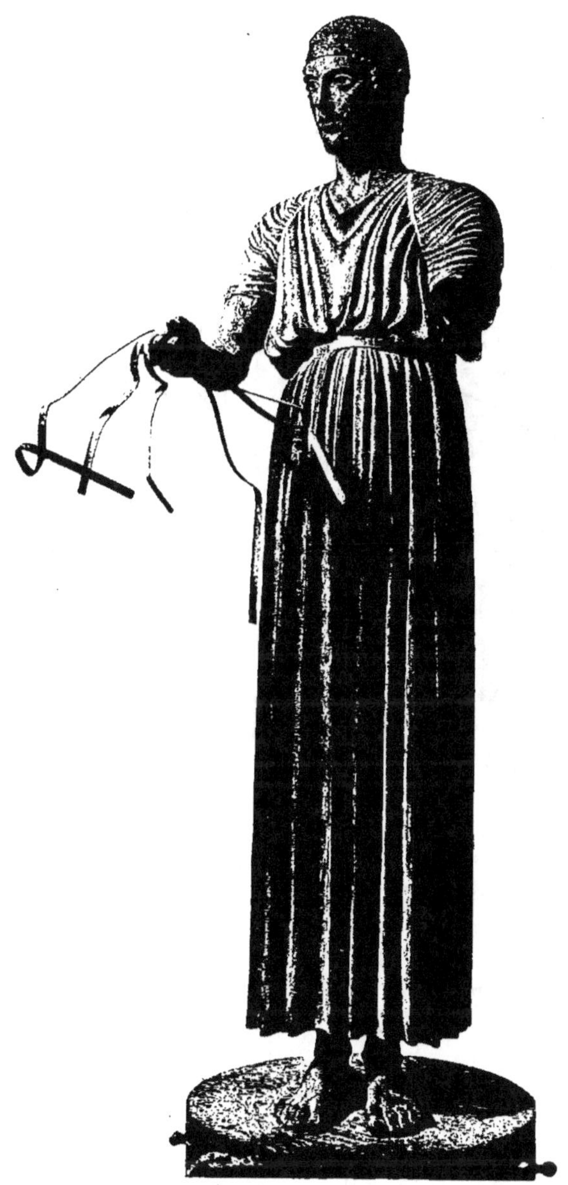

Cl. Alinari.

Aurige vainqueur (462 av. J.-C.) (*Musée de Delphes*).

ses volumes, en frémissant par toutes ses surfaces, dans l'abstraction géométrique. Avec l'un, l'homme est décrit dans sa forme stable, par sa charpente perpendiculaire, les faisceaux charnus des bras et des jambes dont les ondulations précises accusent ou masquent le squelette, par son ventre étroit, sa poitrine déployée et sonore, le cercle des clavicules et des omoplates portant la colonne du cou, la tête ronde au regard libre qui le continue sans un arrêt. Avec l'autre, il est décrit dans son action. Phidias n'aura plus qu'à faire pénétrer la statique de Polyclète et la dynamique de Myron en des masses plus rondes, plus pleines, définies par des plans plus larges et plus mêlés à la lumière pour faire rayonner le marbre d'une vie supérieure et donner un sens héroïque à cette forme et à cette action. En quelques années aussi rapides que l'imagination humaine, l'anthropomorphisme mûrit.

ART ATTIQUE (Vᵉ siècle). Danseuse, statuette bronze (*Bibliothèque nationale*).

II

Chose admirable ! Même par la bouche de ses poëtes comiques formés d'ailleurs aux grandes œuvres, nourris des mythes du passé, cette race tenait à proclamer sa foi. Il faut lire, dans *la Paix*, le mot émouvant, le mot religieux d'Aristophane : « L'exil de Phidias provoqua la guerre. Périclès, qui craignait le même sort et se défiait du mauvais caractère des Athéniens, chassa la paix… Par Apollon, j'ignorais que Phidias fût parent de cette déesse… Maintenant, je sais pourquoi elle est si belle. »

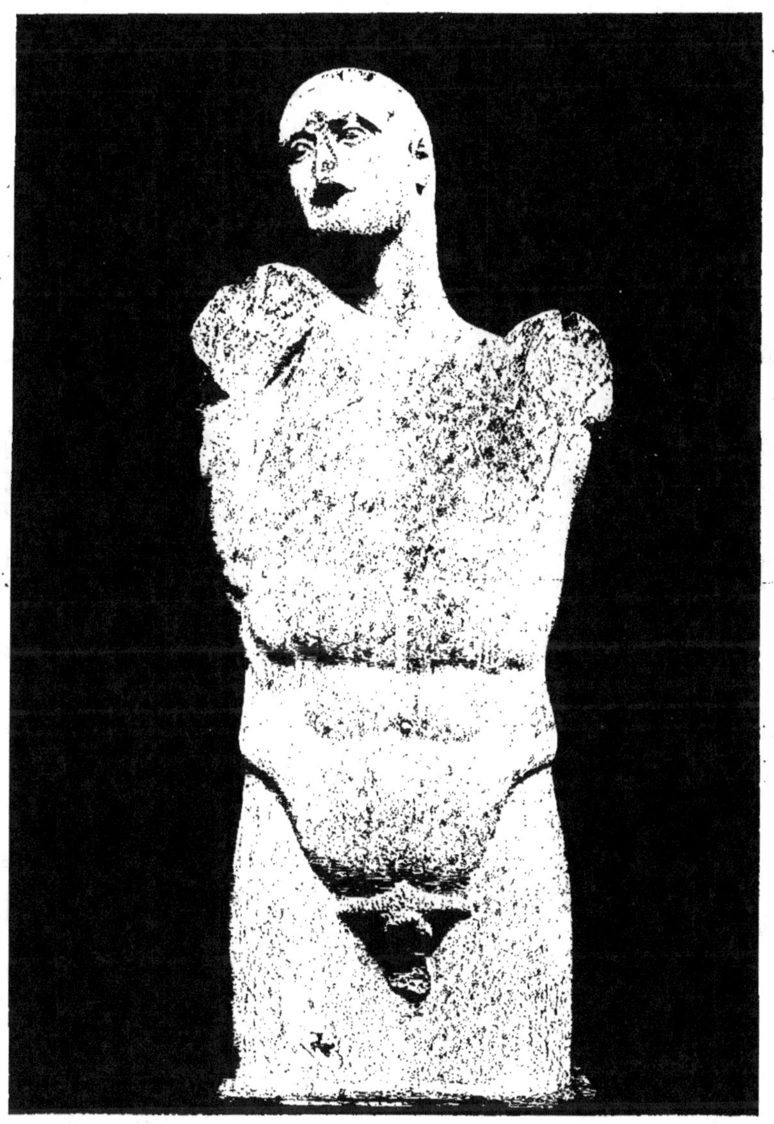

Cl. Giraudon.

Art dorien (Ve siècle). Athlète (*d'après le moulage de l'Ecole des Beaux-Arts*).

Tout l'idéalisme anthropomorphique est là dedans. Le Grec fait ses dieux à l'image de l'homme, et le dieu est d'autant plus beau que l'homme est plus haut par l'esprit.

Sur cette terre simple, par cette race saine, le naturalisme religieux devait aboutir à la divinisation la plus humaine des lois naturelles et morales. Vient le poète, et le symbole donne à ces divinisations des visages resplendissants. Au fond, ce que le Grec adore, quand il est mûr et libéré, c'est l'accord de son esprit et de la loi. Quoi qu'on en ait pu dire, l'anthropomorphisme est la seule religion que la science ait laissée intacte,

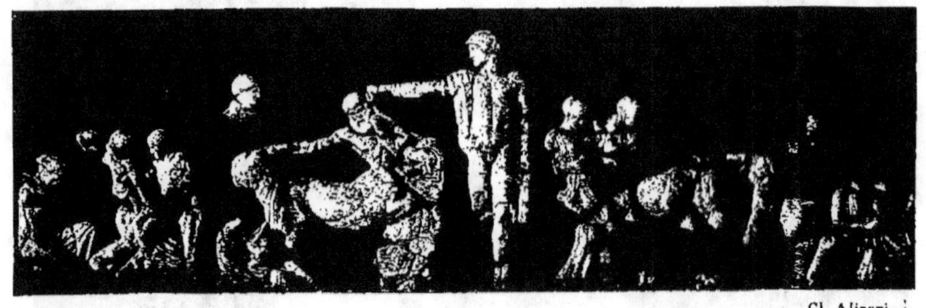

ART DORIEN (vers 460 av. J.-C.). Temple de Zeus à Olympie. Combat des Centaures et des Lapithes (*Musée d'Olympie*).

puisque la science c'est la loi dégagée des aspects de la vie par l'homme, et seulement par lui. Notre conception du monde est la seule preuve que nous puissions fournir de son existence et de la nôtre.

Les lois personnifiées, les dieux devenus pour la foule des êtres réels ne sont pas les tyrans, pas même les créateurs des hommes, ce sont d'autres hommes, plus accomplis dans la vertu, mais plus vastes dans le désordre. Ils ont les défauts, les impulsions des hommes, ils ont leur sagesse et leur beauté à l'état de forces fatales. Ils sont l'idéal humain contrarié par les passions humaines, les lois qu'il s'agit pour nous, à travers la résistance de l'égoïsme et des éléments naturels, de dégager du monde et d'obéir. Héraklès combat l'accident, ce qui retarde et contrarie notre acheminement vers l'ordre. Il entre dans les

132

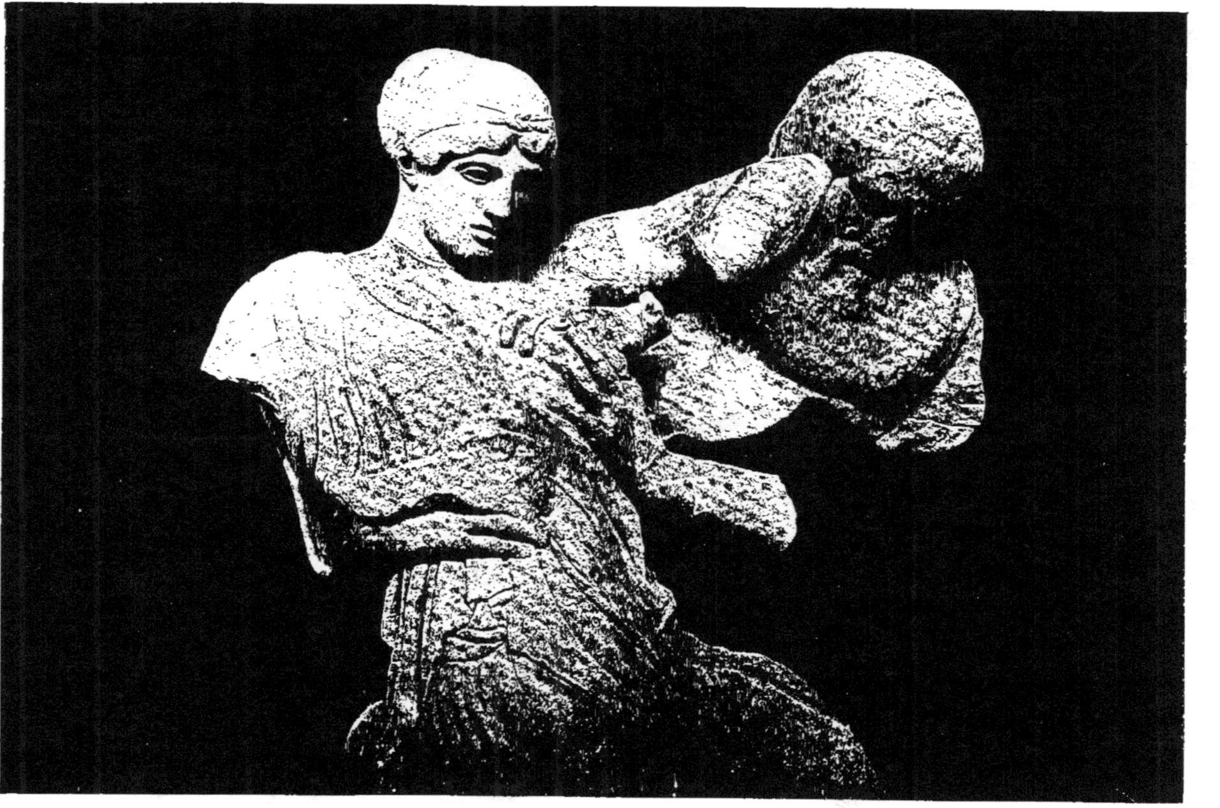

Cl. Rhomaïdès.

ART DORIEN (vers 460 av. J.-C.). Temple de Zeus à Olympie. Centaure enlevant une Lapithe (*Musée d'Olympie*).

bois pour y assommer les lions, il dessèche les marécages, il
égorge les méchants hommes et dompte les taureaux. Ses bras
velus, ses genoux, sa poitrine saignent de sa lutte avec les
rochers. Il protège l'enfance de la volonté organisatrice contre
l'adulte brutalité des choses. A ses côtés, Prométhée part à la

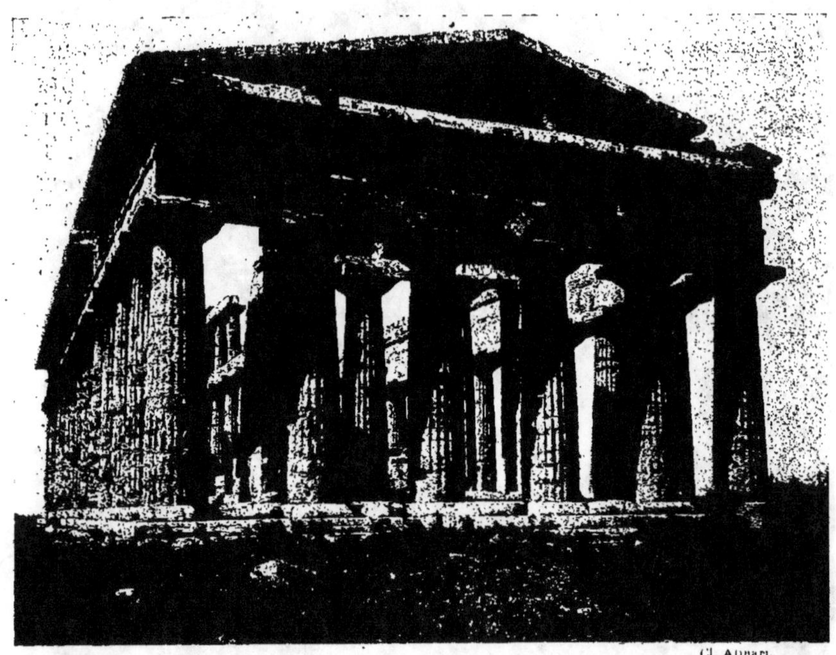

GRANDE GRÈCE (vers 450 av. J.-C.). Temple de Neptune à Pæstum.

conquête de la foudre, c'est-à-dire de l'esprit. Le Grec ne veut
pas du dieu des étendues terribles, qui tue l'âme et la chair
par la main de son prêtre. Il lui arrachera le feu. Le dieu le
cloue à la douleur, mais il criera sa révolte et sa foi jusqu'à
ce qu'Héraclès vienne couper ses liens. L'homme, à force de
le vouloir, créera sa propre liberté.

Ainsi, de l'homme au dieu, du réel à l'idéal, des adaptations
acquises aux adaptations désirées, le héros trace la route.

134

L'esprit humain, dans un splendide effort, peut rejoindre la loi divine. Le polythéisme organise le panthéisme primitif, et, avec une admirable audace en dégage l'esprit, sans se douter que cette flamme, que Prométhée a saisie un moment, consumera le monde en voulant s'isoler de lui. La sensation d'infini spirituel que donne l'art égyptien, d'infini matériel que donne

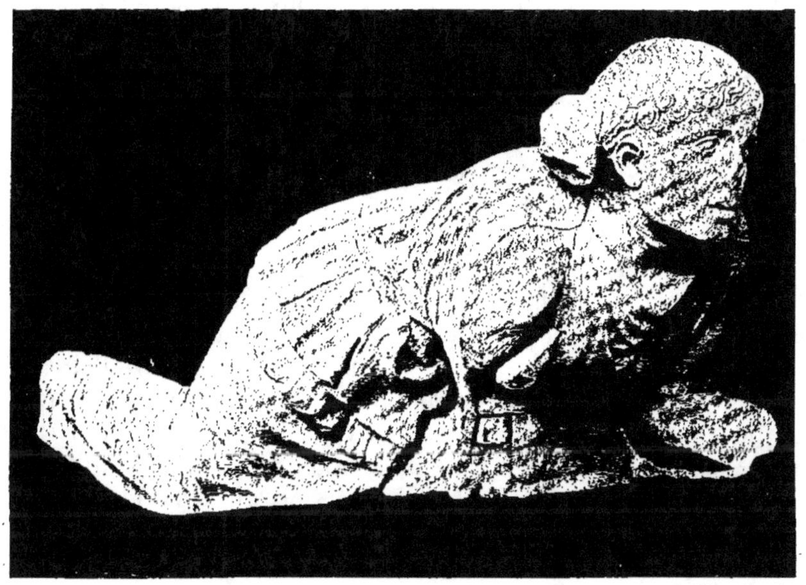

ART DORIEN (vers 460 av. J.-C.). Temple de Zeus à Olympie. Servante
(*Musée d'Olympie*).

l'art indou, on ne la trouve pas dans l'art qui exprime l'âme hellénique. On y trouve un accent d'harmonie balancée qu'il a seul, et qui le fait tenir dans les limites de notre intelligence, sans qu'elle puisse cependant saisir le commencement et la fin de la mélodie qui la berce. Toutes les formes, toutes les forces sont profondément solidaires, elles passent l'une dans l'autre par la loi naturelle, comme l'homme, par la loi morale, passe à la divinité. Sans doute, dans l'énorme univers, dont la cité est la définitive image, il y a des antagonismes, des actions et des réactions, mais tous les conflits partiels s'effacent et se fondent dans l'ordre intellectuel que l'homme doit constituer. Héraclite vient d'affirmer, avec l'éternel ruissellement des choses, l'identité des contraires et leur accord profond dans l'eurythmie universelle.

C'est là surtout ce que sont venus nous apprendre les vieux frontons d'Olympie. Les tremblements de terre les ont dis-loqués, l'homme les a brisés, en a dispersé les morceaux, les alluvions de l'Alphée ont lavé leur violente polychromie. Tels qu'ils sont, avec de terribles vides, souvent sans tête, sans torse, sans membres presque toujours, tenus par des crampons de fer, ils restent uns, cohérents, solidaires, comme ils se dressaient au pied du Kronion, dans l'Altis, sur les bois peu-plés de statues. En rut, ivres de vin, les centaures entraînant les vierges. Des poings, des coudes frappent, des doigts tordent et dénouent, des ongles déchirent, des couteaux tuent, de grands corps s'effondrent sous la hache dans le martellement des sabots, les sanglots, les imprécations. La brute meurt, mais la fièvre brûle ses reins, sa sauvage étreinte se resserre. Rudesse, ardeur de la foi neuve, violence des vieux mythes qui faisaient revivre les rapts des forêts primitives où tout était menace, assaut, terreur mystérieuse, — modelé large et mou-vementé, surfaces taillées à grands coups, il n'y a là que de la lutte, du désir, de l'assassinat, de la mort. Pourtant, un calme souverain plane sur la scène. On dirait une mer qui roule et crie, mais qui est tout de même une immense harmonie tran-quille. C'est que le flot est continu, que les mêmes forces le creusent, le soulèvent, et le font toujours retomber pour remonter toujours.

L'Eschyle dorien qui sculpta cette grande chose à l'heure où la fusion de l'âme apollinienne et de l'ivresse dionysienne faisait jaillir la tragédie du sein de la musique orgiaque, où un prodigieux équilibre maintenait le trouble mystique dans la lumière de l'esprit, sentait tressaillir en lui l'instinct d'une harmonie qui ne s'arrêtait pas au cercle embrassé par son

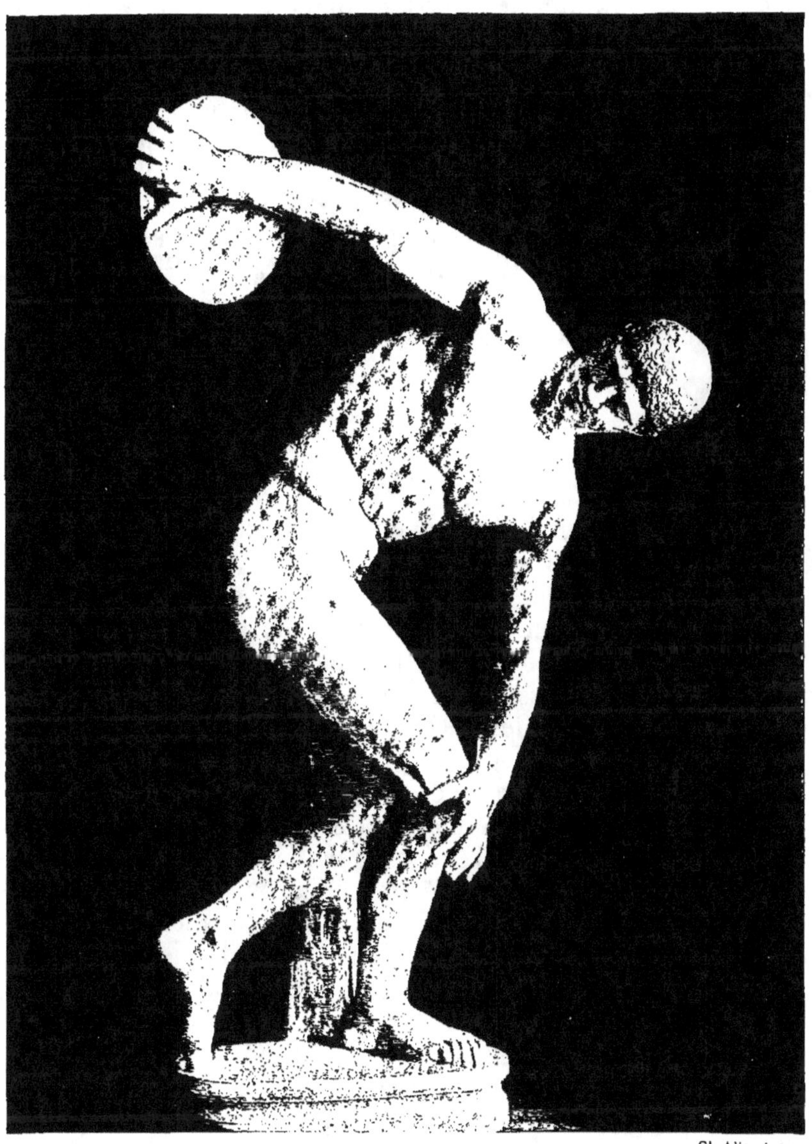

Myron. Le discobole, copie grecque (*Musée national romain*).

regard. Dans toutes les choses qu'il voit, d'autres choses retentissent, des échos lointains naissent pour s'enfler progressivement et décroître peu à peu, il n'est pas dans la nature un mouvement dont on ne puisse trouver dans tous les mouvements qui nous la manifestent le germe et la répercussion. C'est un enchaînement de causes et d'effets logique, mais encore enivré de s'être découvert lui-même et que l'esprit de l'artiste prolonge sans arrêt pour recueillir en lui son tumulte et son emportement. Encore une seconde, et Phidias va le transformer en harmonies spirituelles qui marqueront l'épanouissement de l'intelligence dans la plénitude de l'amour.

III

Avec lui, le modelé n'est plus une science, il n'est pas encore un métier, il est une pensée vivante. Les volumes, les mouvements, la houle qui part d'un angle du fronton pour aboutir à l'autre, tout est sculpté par le dedans, tout obéit aux forces intérieures pour nous en révéler le sens. Le flot vivant parcourt les membres, les remplit tout à fait, les arrondit ou les allonge, modèle les têtes des os, et ravine comme une plaine, les torses glorieux, du ventre secret au tremblement dur des mamelles. Par la sève qui monte et le fait battre, chaque fragment de matière, même brisé, est à lui seul un ensemble mouvant qui participe à l'existence de l'ensemble, reçoit et lui renvoie sa vie. Une solidarité organique les attache invinciblement. La vie supérieure de l'âme, pour la première et la seule fois dans l'histoire mêlée et confondue avec la vie torrentielle des éléments indifférents, se lève sur le monde ivre et forte dans la jeunesse immortelle d'un moment qui ne peut durer.

Du crépuscule au crépuscule, les frontons déroulent la vie. En eux la paix descend avec la nuit et la lumière monte avec le jour. La vie grandit, marche sans hâte, décroît, des deux bras de Phoibos qui émergent de l'horizon, tendus vers le sommet

138

du monde, à la tête de cheval dont le corps est déjà l'ombre, de l'autre côté du ciel. Toute la vie. Sans interruption ses formes se continuent. Comme des végétations pacifiques elles sortent de terre, et dans l'air dont elles vivent, unissent leurs rameaux et mêlent leurs frondaisons. Seules ou enlacées elles

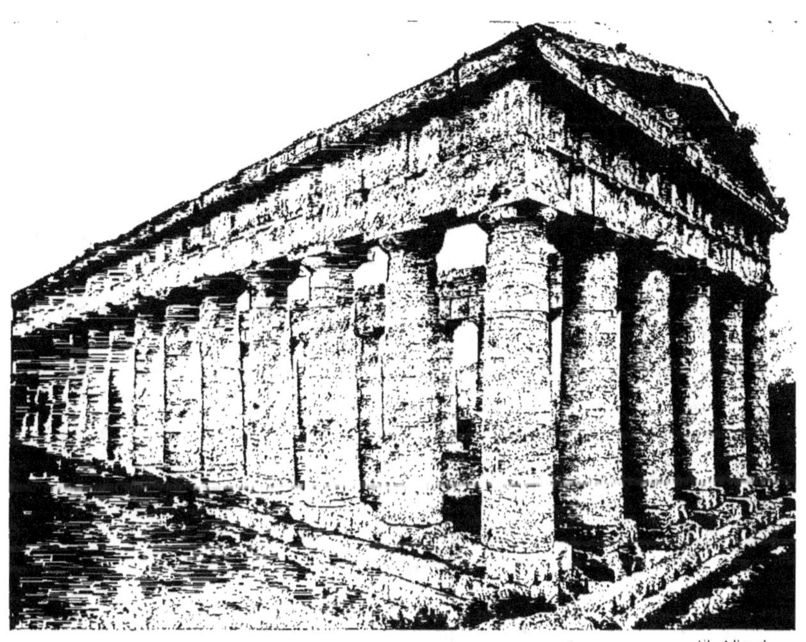

Sicile (v° siècle). Temple de Ségeste.

se continuent, ainsi que la plaine où se perd la colline, la vallée qui remonte vers la montagne, le fleuve et son estuaire qu'absorbe la mer et le golfe qui va du promontoire au promontoire. L'épaule est faite pour le front qui s'y pose, le bras pour la taille qu'il étreint, le sol prête sa force à la main qui le presse, au bras qui s'en élance comme un arbre rugueux et soulève le torse à demi couché. C'est l'espace sans bornes qui va se mélanger au sang dans les poitrines, et, quand on regarde

139

les yeux, on dirait qu'il épouse, au iond de leurs eaux immobiles, l'esprit qui est venu s'y reposer pour y recouvrer sa vigueur. Le cours mécanique des astres, la rumeur de la mer, l'éternelle marée des germes, la fuite insaisissable du mouvement universel passent incessamment dans ces formes profondes pour y fleurir en énergies intelligentes.

Grande et solennelle minute ! L'homme prolonge la nature dont le rythme est dans son cœur et détermine, à chaque battement, le flux, le reflux de son âme. La conscience explique l'instinct et remplit sa fonction supérieure, qui est de pénétrer l'ordre du monde pour lui mieux obéir. L'âme consent à ne pas abandonner la forme, à s'exprimer par elle, à faire jaillir de son contact l'unique éclair. L'esprit est comme le parfum du sensualisme nécessaire et les sens demandent à l'esprit de justifier leurs désirs. La raison n'affaiblit pas encore le sentiment qui puise, en l'épousant, une force nouvelle. L'idéalisme le plus haut ne perd jamais de vue les éléments réels de ses généralisations, et quand l'artiste grec modèle une forme immédiate, elle resplendit sans effort d'une vérité symbolique.

L'art grec, à ce moment, atteint l'instant philosophique. Il est un devenir vivant. Idéaliste dans son désir il vit, parce qu'il demande à la vie les éléments de ses constructions idéales. Il est l'espèce dans sa loi, l'homme et la femme, le cheval et le bœuf, la fleur, le fruit, l'être exclusivement décrit par ses qualités essentielles et fait pour vivre tel qu'il est dans l'exercice supérieur de sa fonction moyenne. Il est en même temps un homme, une femme, un cheval, un bœuf, une fleur, un fruit. La grande Vénus, paisible comme un absolu, est voulue par toute la race. Elle résume son espoir, elle fixe son désir, mais son cou gonflé, ses beaux seins mûrissants, ses flancs qui bougent la font vivante. Elle prête son rayonnement à l'espace qui la caresse, dore ses flancs, fait se soulever ses poumons. Il la pénètre, elle se mêle à lui. Elle est l'insaisissable instant où l'éternité se rencontre avec la vie universelle.

Cet état d'équilibre, où toutes les puissances vitales paraissent suspendues dans la conscience de l'homme avant d'en

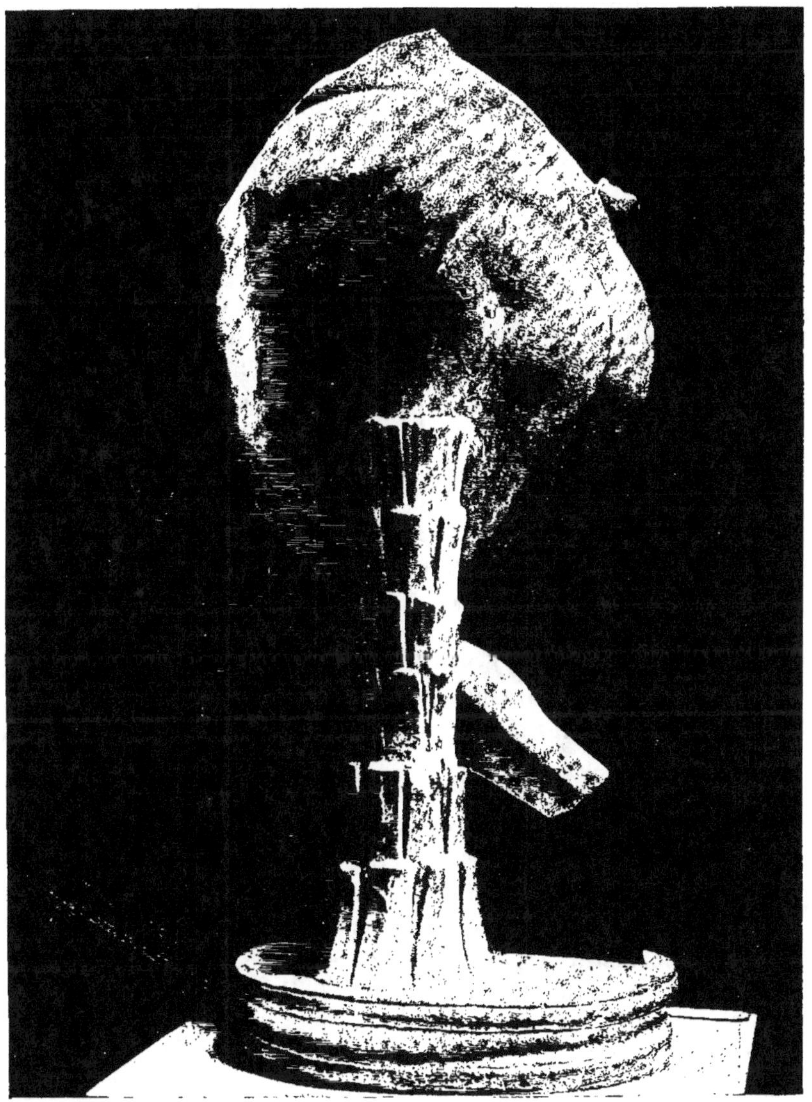

Myron. Le discobole, fragment d'une copie grecque (*Musée national romain*).

rejaillir multipliées sous des formes définitives, donne sa
force à tout le grand art grec. L'anonyme d'Olympie, Phidias
et ses élèves, les architectes de l'Acropole expriment les
mêmes rapports, le même univers prodigieux et confus ramené
à l'échelle humaine, la même raison supérieure aux accidents de
la nature et subordonnée à ses lois. Mais le langage de chacun
reste aussi personnel que son corps, ses mains, la forme de
son front, la couleur de ses yeux, toute sa substance première
qui s'écrit dans le marbre avec le même trait que l'ordre universel compris et extériorisé. Voyez la foi, l'élan presque sauvage du statuaire d'Olympie, sa phrase rude et large. Voyez
la religion, l'énergie soutenue, le recueillement de Phidias,
sa longue phrase balancée. Voyez, aux frises du pourtour, la
discrétion de ses élèves qui n'ont ni sa liberté ni sa puissance
mais qui sont calmes comme lui parce qu'ils vivent comme
lui une heure de certitude. L'homme, l'animal, l'élément, tout
consent à son rôle, et l'artiste a sur tout son cœur fraternel,
sur toute sa grande âme ouverte, la joie de ce consentement.
C'est avec le même esprit qu'il raconte la tiédeur des femmes,
la force des hommes et la rumination des bœufs. Vie glo-
rieuse comme l'été ! L'homme a saisi le sens de son action,
c'est par ce qui est autour de lui qu'il s'affranchit et s'amé-
liore, c'est par lui-même qu'il humanise ce qui est autour
de lui.

Les mauvaises copies romaines des œuvres de sa fin, les
déesses molles, les dieux drapés qui brandissent des lyres,
les figures de littérature et d'école ont longtemps calomnié
l'art grec. Il exprimait pour nous un peuple fade, prenant une
attitude de théâtre pour dérouter l'avenir. L'héroïsme factice
cachait l'héroïsme réel et la rudesse et la verdeur de la vie
primitive s'effaçaient derrière les fictions des romanciers
alexandrins. Nous décrivions les draperies des *Parques* avant
d'avoir vu leurs genoux, l'abri chaud de leur ventre, leurs
torses montant avec la force et le tumulte d'une vague vers
les têtes absentes qu'on devine inclinées pour la confidence et
l'aveu. L'anatomie du *Thésée* et de l'*Illyssus* nous masquait la

142

vie formidable qui les gonfle et fait passer ses pulsations jusque
dans les fragments disparus. La frise des *Panathénées* nous a
révélé comment marchent les jeunes filles quand elles portent
des fardeaux, des fleurs, des gerbes, comment les cavaliers
défilent et la tranquillité de la force intelligente dominant la

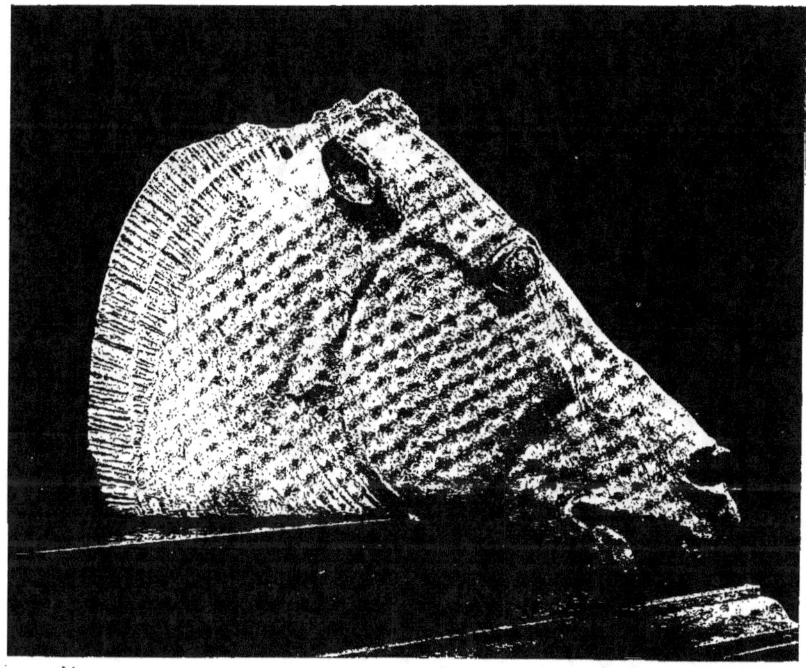

PHIDIAS (?) (vers 440 av. J.-C.). Fronton du Parthénon, le cheval de la nuit
(*British Museum*).

force brutale, comment les bœufs s'en vont du même pas vers
l'abattoir et le travail. Nous avions oublié que c'étaient là des
hommes et des femmes qui avaient vécu, qui avaient aimé et
souffert, et des bêtes qui creusaient des sillons dans la plaine
maigre de l'Attique et dont la graisse et la chair brûlaient sur
les autels.

Que les marbres mutilés qui mènent la pensée grecque des

143

frontières de l'archaïsme au seuil de la décadence soient des
lutteurs ou des vierges, l'aisance de la force et une douceur
invincible rayonnent d'eux. Quand on sort des effigies meur-
trières de l'Assyrie, des statues silencieuses de l'Egypte, on se
sent ramené dans l'univers vivant, après avoir accordé les ins-

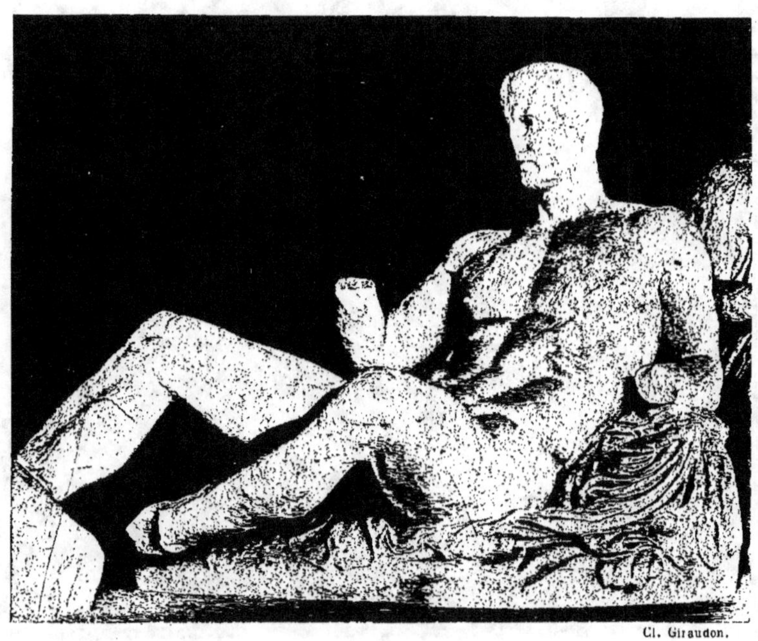

PHIDIAS (?) (vers 440 av. J.-C.). Fronton du Parthénon. Thésée
(*British Museum*).

tincts primitifs avec le monde de l'esprit. L'angoisse obsé-
dante, la terreur reculent dans le souvenir, on respire profondément, on se retrouve tel qu'on ne se connaissait pas encore,
mais tel qu'on se pressentait. Nous avons vu les athlètes se
lever tout nus dans la lumière, aussi drus que les vieilles
croyances, et les jeunes visages étonnés surgir des robes bleues
et vertes, comme de grandes fleurs du milieu des prés. *Demeter*

144

a quitté les ruines d'Eleusis pour déposer avec tendresse, dans
le creux de la main de Triptolème recueilli, le grain de blé qui
doit donner aux hommes, avec le pain, la science et la paix.
L'aveugle désir, la pudeur divine, le conflit éternel qui com-
promet ou réalise notre équilibre supérieur, nous l'avons vu

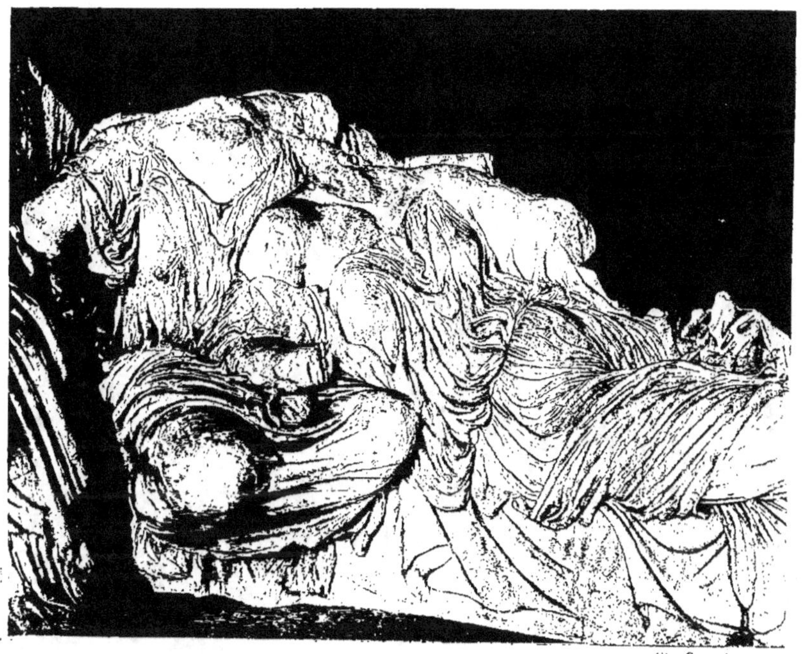

Phidias (?) (vers 440 av. J. C.). Fronton du Parthénon. Les Parques, détail
(*British Museum*).

sortir de la poussière d'Olympie avec les brutes en démence,
les vierges assaillies, leurs beaux corps qui se dérobent à
l'étreinte, leurs beaux bras lourds révoltés. Nous y avons
relevé la trace, à ras du sol, de la vie des petits esclaves, des
vieilles servantes, nous avons senti dans nos deux mains, à
l'angle des frontons, ce que pèse la poitrine des femmes déjà
labourées par la vie. Avec le bon Héraklès, nous avons porté

145

10

le globe, balayé des étables, étouffé des monstres, nous avons erré par le monde pour assainir la terre et notre cœur. Aux frontons du grand temple de l'Acropole, avec les torses rugueux, les membres pleins, le flot d'humanité qui roule et s'apaise, nous avons recueilli dans les saillies de lumière et les

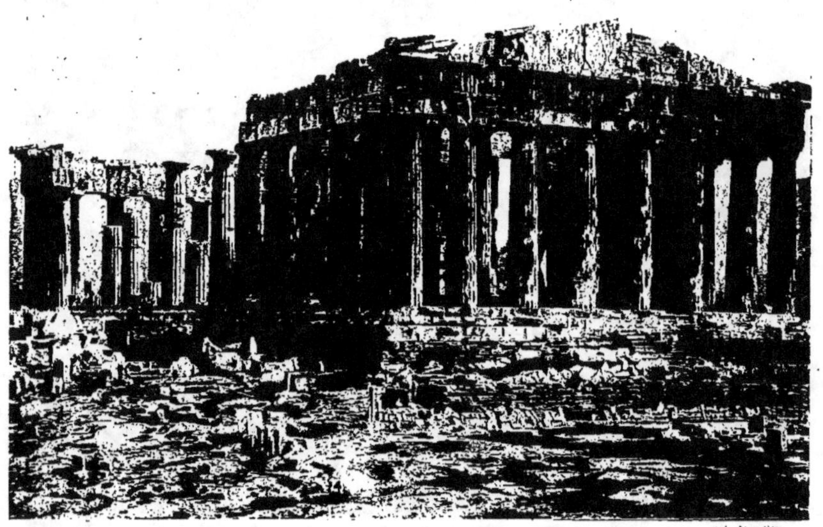

Ictinos. Le Parthénon (447-432), à Athènes.

creux d'ombre, l'image de notre destin. Les *Victoires* haletantes se sont suspendues sur leurs ailes pour nous laisser surprendre, sous la robe qui la dénonce, l'hésitation des flancs, des seins, du ventre à sortir de leur matin... Tous ces êtres divinisés nous montrent à la fois les racines et le faîte de notre effort.

146

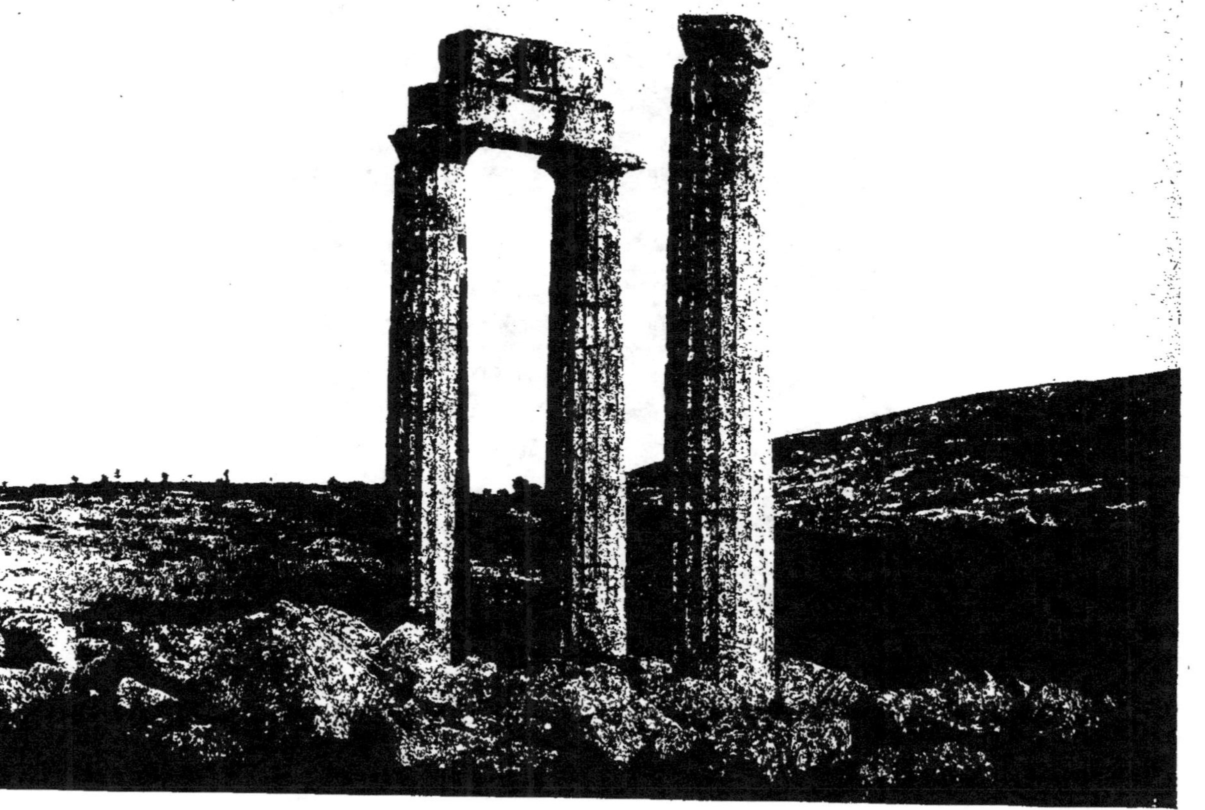

Cl. English Photo Co.

Némée (ve siècle). Temple de Zeus.

IV

Cette rencontre de la vie et des paradis accessibles, cet idéal réalisé au front des temples et dans l'intelligence des héros, il

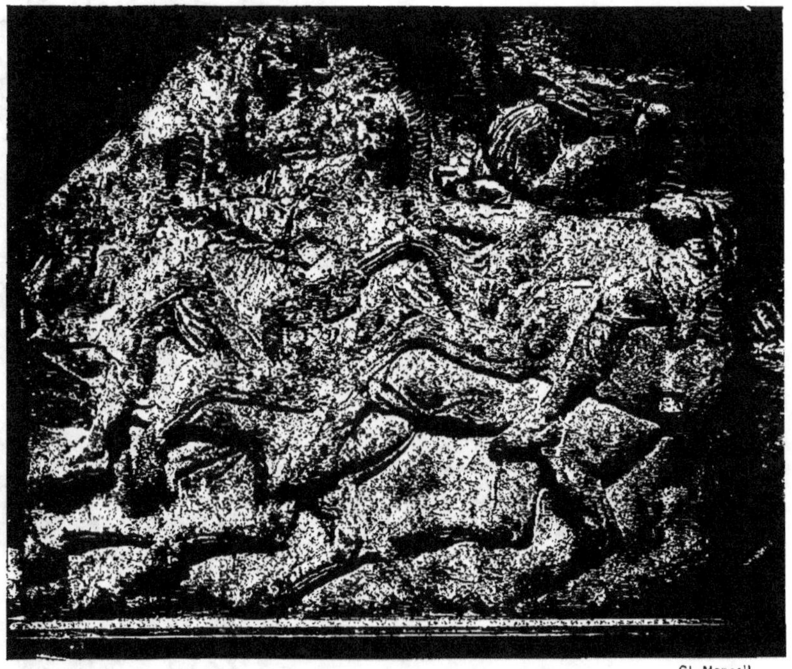

Cl. Mancell.

Phidias (Ecole de) (vers 440 av. J.-C.). Le Parthénon, cavaliers de la frise
(British Museum).

devait fleurir, pour la gloire des Grecs et la démonstration de l'unité de l'âme, sur un terrain politique de lutte et de libération. La démocratie n'est pas tout à fait victorieuse et par conséquent déjà en voie de déchéance, mais la Grèce donne

148

l'effort d'où la démocratie naîtra. Avec les idoles de bois, avec les monstres bariolés des vieux temples, l'oligarchie, le pouvoir confié à une caste qui symbolise, au fond, la révélation acceptée, est morte. La tyrannie, la science de gouverner reconnue à un seul et dont l'apogée coïncide, au VIe siècle, avec la détermination de la science sculpturale, la tyrannie est ébranlée quand le mouvement de la vie envahit la forme archaïque, et les premières statues qui bougent sont celles des meurtriers du roi d'Athènes, Harmodios et Aristogiton. Alors les forces écrasantes qu'Eschyle posait comme des blocs sur l'âme humaine s'ébranlent, avec Sophocle, pour se pénétrer, agir les unes sur les autres, faire rayonner leurs énergies équilibrées en conscience et en volonté. Alors Phidias transporte dans le marbre le balancement de la vie. Alors, l'homme est mûr pour la liberté, et la démocratie, expression politique passagère de l'antagonisme et de la concordance des forces dans l'harmonie cosmique, apparaît.

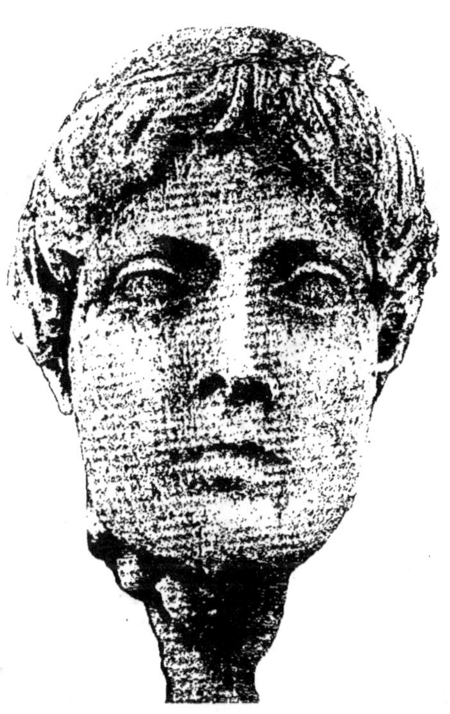

Cl. Giraudon.
Art attique. Apollon
(Louvre).

Alors, de toutes les Acropoles, sortent des Parthénons. Le chef de la démocratie les inspire, le peuple y travaille, le dernier des tailleurs de pierres reçoit le même salaire que l'architecte Ictinos et le sculpteur Phidias. Aux fêtes des Panathé-

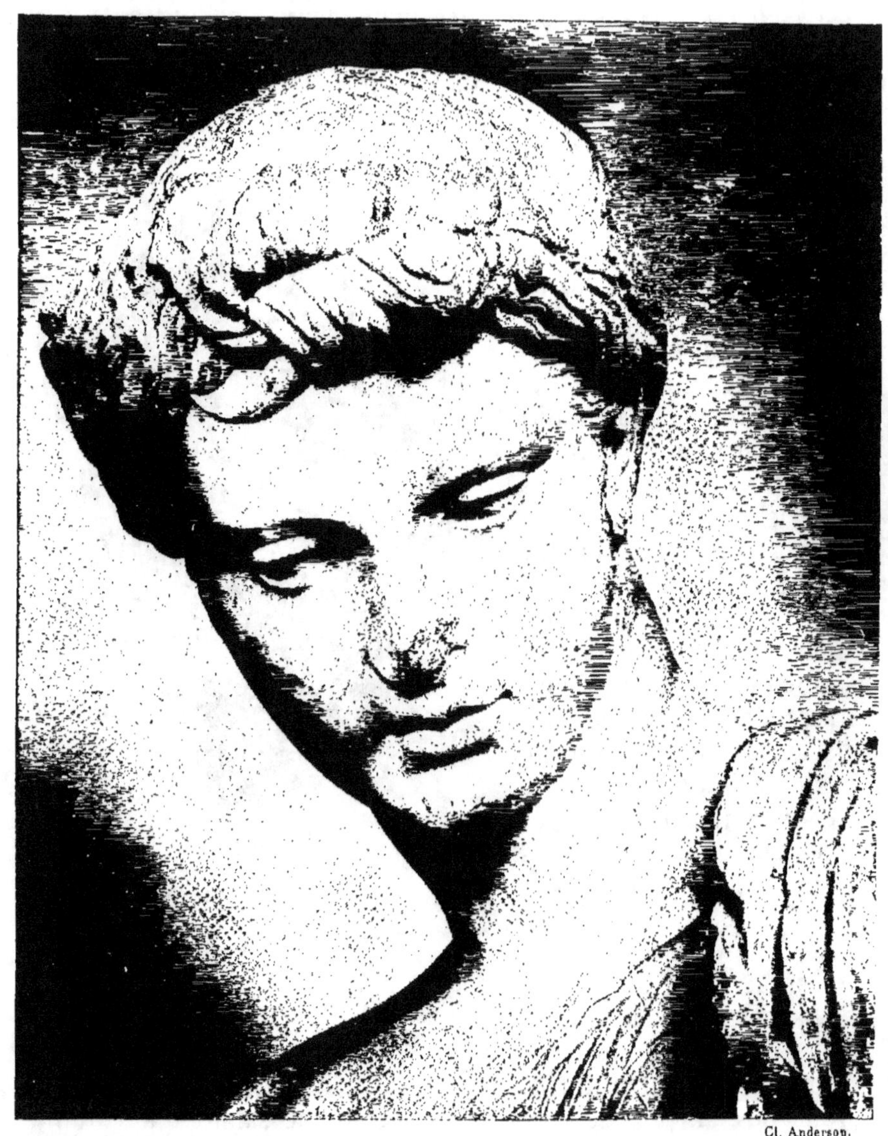

PHIDIAS (?) (École ionienne (?) de). Jeune prêtresse (*Musée national romain*).

nées, avec l'ordre rituel mal observé par l'enthousiasme
populaire, dans la poussière et le soleil, le bruit quelquefois
discordant des musiques orientales et des mille pieds nus frap-
pant le sol, l'éclat brutal des robes teintes, des bijoux et des
fards, des fruits, la cité fait monter vers eux son espérance

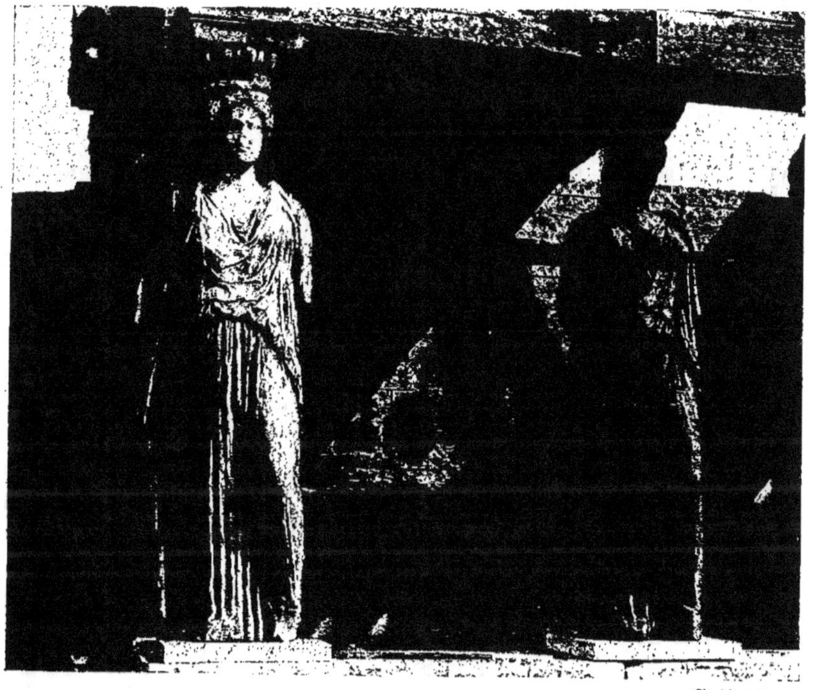

ATHÈNES (vers 415 av. J.-C). Erechtéion. Portique des Cariatides, détail.

avec les jeunes filles, les fleurs répandues, les palmes secouées,
les hymnes, sa force avec les cavaliers, sa sagesse avec les
vieillards, afin de remercier la divinité protectrice d'avoir
permis la rencontre et l'accord de l'homme et de la loi. Le
temple résume l'âme grecque. Il n'est ni la maison du prêtre,
comme le fut le temple égyptien, ni la maison du peuple,
comme le sera la cathédrale, il est la maison de l'esprit, l'asile

151

symbolique où vont se célébrer les noces des sens et de la
volonté. Les statues, les peintures, tout l'effort plastique de
l'intelligence s'emploient à le décorer. Le détail de sa construction, c'est le langage personnel de l'architecte. Son principe
est toujours le même, ses proportions toujours pareilles, c'est
le même esprit qui le calcule et l'équilibre. Tantôt le génie
dorique y domine, par la colonne austère, sans ornements,
large et courte. Tantôt le génie ionique y sourit, par la colonne
longue, svelte comme un jet d'eau, doucement épanouie à son
faîte. Parfois des jeunes filles en marche, toutes inclinées l'une
vers l'autre, balancent sur leur front l'architrave, comme une
corbeille de fruits. Souvent il n'a de colonnes que sur une ou
deux faces, d'autres fois elles l'entourent tout entier. Qu'il
soit petit ou grand, on ne pense jamais à sa taille. La loi du
nombre, qu'il observe avec une telle aisance qu'on la dirait
innée en lui, jaillissant du sol même avec les fûts qui s'élan-
cent, arrêtant leur vol vertical entre le stylobate et l'architrave,
les suspendant par le fronton dans une sorte de bercement
immobile, la loi du nombre le met sans effort à l'échelle de
l'univers matériel et spirituel dont il est le résumé. Il est au
plan du golfe pur qui arrondit à ses pieds sa courbe où la
lame vient, en cadence, balayer le sable blond. Il est au plan
du promontoire qui le porte, violet ou mauve selon l'heure,
mais toujours défini sur l'espace par une ligne continue, que
l'ossature de la terre accuse avec netteté. Il est au plan du ciel
diurne, qui sertit la régularité de son rectangle dans la ronde
circulaire des horizons marins. Il est au plan du ciel nocturne
qui tourne autour de lui selon le rythme musical et monotone
où l'architecte a découvert le secret de ses proportions. Il est
au plan de la cité dont il réalise, avec une mesure étrange,
l'équilibre parfait que poursuivent vainement ses citoyens dans
l'antagonisme nécessaire des classes et des partis. Il est au
plan de l'âme des poètes et des penseurs, qui cherchent l'accord
absolu du cœur et de l'intelligence dans la tragédie et le dia-
logue qu'il rejoint par le drame de sa décoration sculpturale
inscrite irrévocablement dans son ordre définitif. Sur les Acro-

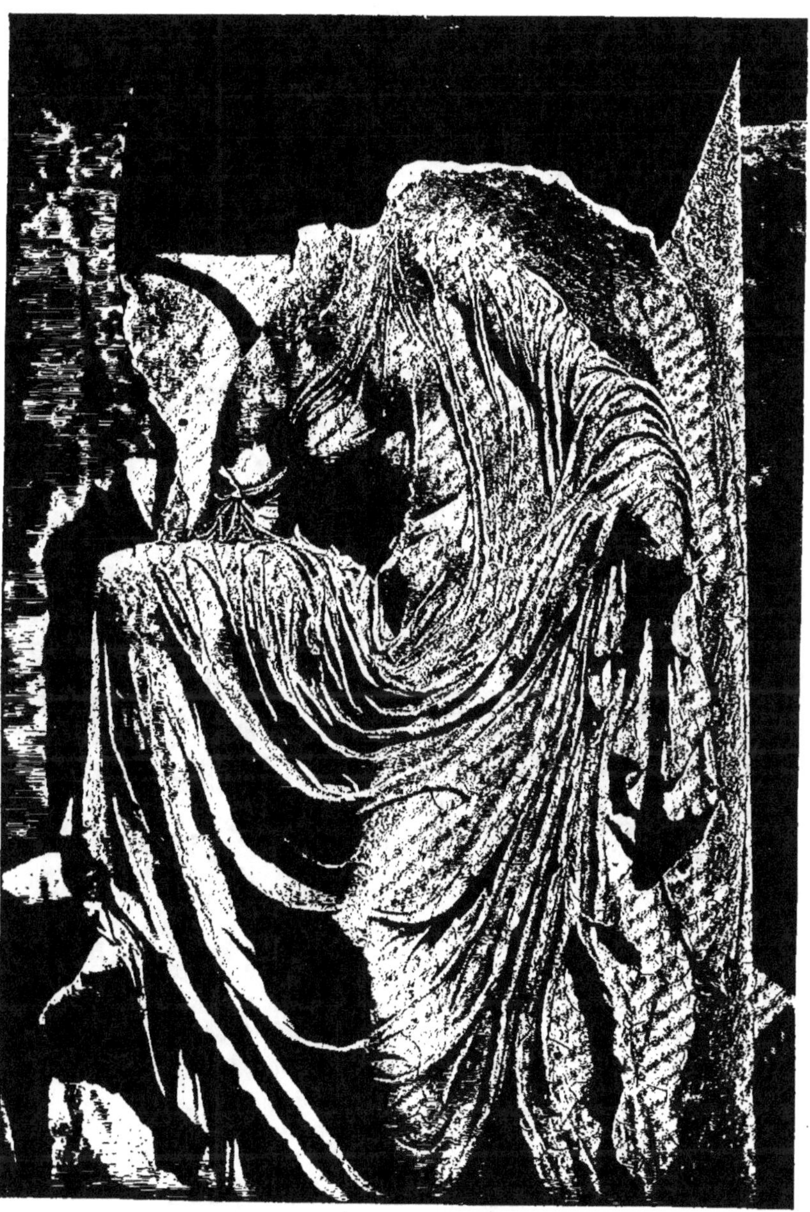

ATHÈNES (fin du ve siècle). Victoire, fragment de la balustrade du temple
d'Athéna Niké (*Musée de l'Acropole*).

poles simples, il est une harmonie qui couronne une autre
harmonie. Après vingt-cinq siècles il est resté ce qu'il était,
parce qu'il a gardé ses proportions, son élan soutenu, son
assiette puissante sur les plateaux de pierre qui dominent la
mer, entourés de collines d'or. On dirait que les années l'ont
traité comme elles ont traité la terre, en le dépouillant de ses

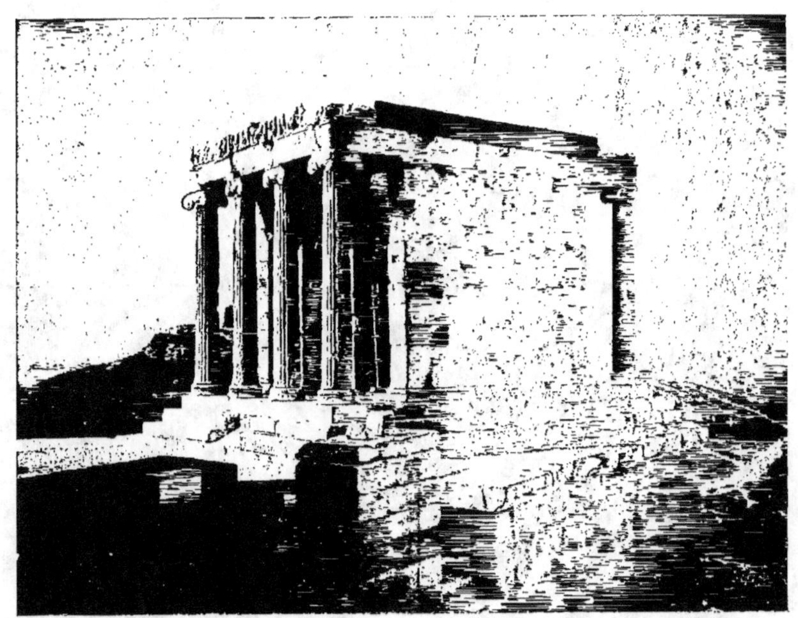

ATHÈNES (fin du vᵉ siècle). Temple de la Victoire aptère.

statues, de ses couleurs, en même temps qu'elles entraînaient
les forêts à la mer avec l'humus des montagnes et desséchaient
les torrents, qu'elles l'ont brûlé avec le squelette du sol affleu-
rant partout sous l'herbe rousse, que huit cent mille journées
de flamme l'ont pénétré pour le faire monter dans l'incendie
des soirs à mesure que le soleil descend.

Quand on n'a pas vécu dans l'intimité de ses ruines, on
croit le temple grec rigoureux comme un théorème. Dès qu'il

154

apparaît, presque intact ou brisé, toute notre humanité tremble. C'est que, de la base au sommet, ce théorème porte la trace de la main. Comme dans les frontons, la symétrie n'est qu'apparente, mais l'équilibre règne, le fait vivant. Les lois de la sculpture, les lois de la nature s'y retrouvent, logique, énergie et silence des plans, frémissement de leurs surfaces. La ligne droite y est, solide comme la raison, aussi la ligne courbe spacieuse, reposante comme le rêve. L'architecte assied l'édifice par ses formes rectangulaires, il le fait remuer par ses courbes dissimulées. L'élan des colonnes est oblique, elles se débordent un peu, comme les arbres d'une allée. Une courbe insensible arrondit l'architrave à leur ligne de faîte. Tous ces écarts imperceptibles, avec les cannelures des colonnes, écorce brisant la lumière, ruissellement d'ombre et de feu, animent le temple, lui donnent comme les battements d'un cœur. Ses piliers ont la force et le tremblement des arbres, les frontons et les frises oscillent comme leurs rameaux. L'édifice, caché derrière le rideau des colonnes, ressemble au bois mystérieux qui s'ouvre quand la lisière est dépassée. Tout noir, le temple de Pæstum a l'air d'une bête qui marche.

Ainsi, du temple vivant aux hommes éternels qui peuplent ses frontons et marchent autour de ses frises, l'art grec est une mélodie. L'action de l'homme se confond avec sa pensée. L'art vient de lui comme le regard et la voix et le souffle, dans une sorte d'enthousiasme conscient qui est la religion véritable. Une foi si lucide le soulève qu'il n'a pas besoin de la crier. Son lyrisme est contenu, parce qu'il sait sa raison d'être. Il a la sûreté de cette force régulière qui fait jaillir des êtres et du sol, par torrents, le désir et les fleurs. Et l'Apollon d'Olympie qui monte du fronton avec le calme et l'élan du soleil quand il dépasse l'horizon et dont le geste rayonnant domine la fureur des foules, est comme l'esprit de cette race qui sentit régner une seconde, sur le chaos qui nous entoure, l'ordre que nous avons en nous.

Une seconde ! pas plus sans doute, et dont on ne peut déterminer la place. Elle est mystérieuse, elle échappe à nos mesures

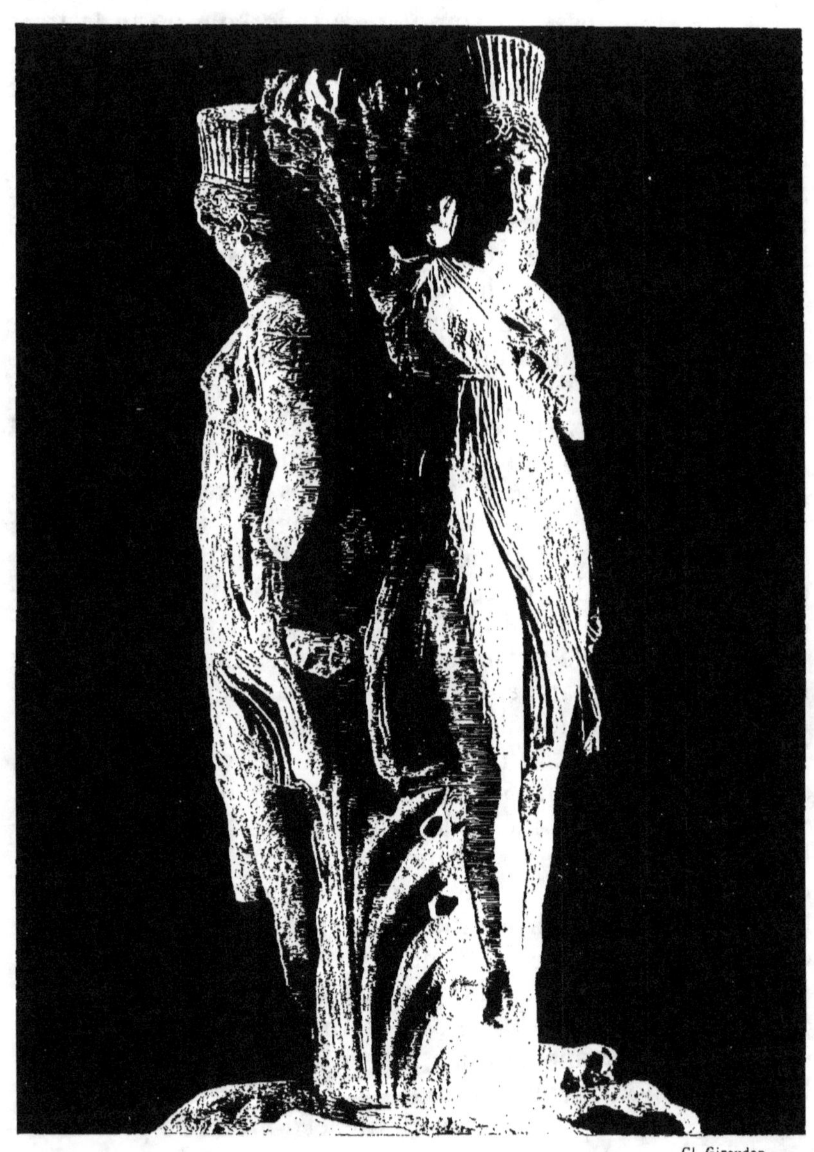

comme tous ceux de nos travaux humains où l'intuition a la plus large part. Peut-être a-t-elle éclaté dans une œuvre perdue, peut-être dans plusieurs œuvres à la fois ? Vers le milieu du vᵉ siècle, du statuaire d'Olympie à Phidias, entre la montée et la chute, se produit dans l'âme grecque tout entière une immense oscillation autour de ce moment insaisissable, qui passa en elle sans qu'elle pût le retenir. Mais elle le vécut, un ou deux hommes l'exprimèrent. C'est là le maximum de ce qu'une humanité vivante a le droit de demander aux humanités mortes. Ce n'est pas en les suivant qu'elle leur ressemblera. Elle peut rechercher, et découvrir en elle-même les éléments d'un nouvel équilibre. Mais un mode d'équilibre ne peut pas être retrouvé.

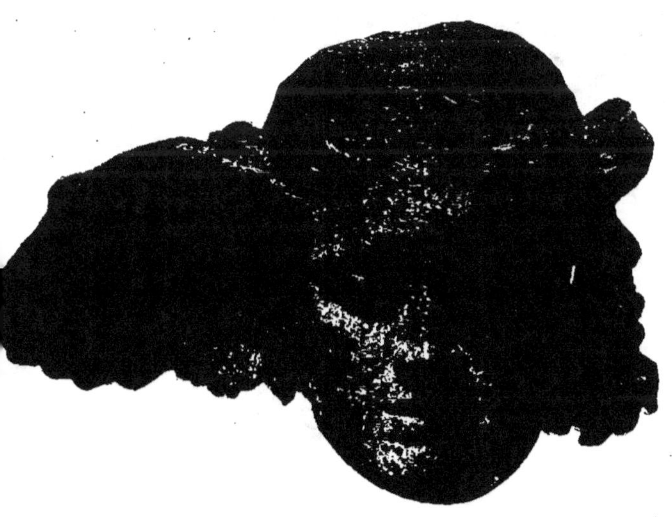

HYPNOS (?) (vᵉ-ivᵉ siècle ?). (*Pérouse*).

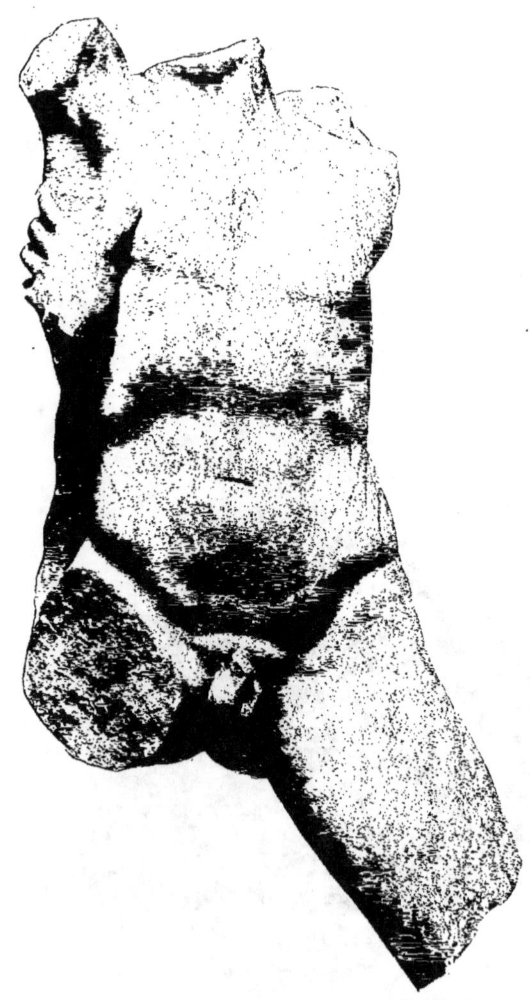

Polyclète (Ecole de). Torse de combattant.

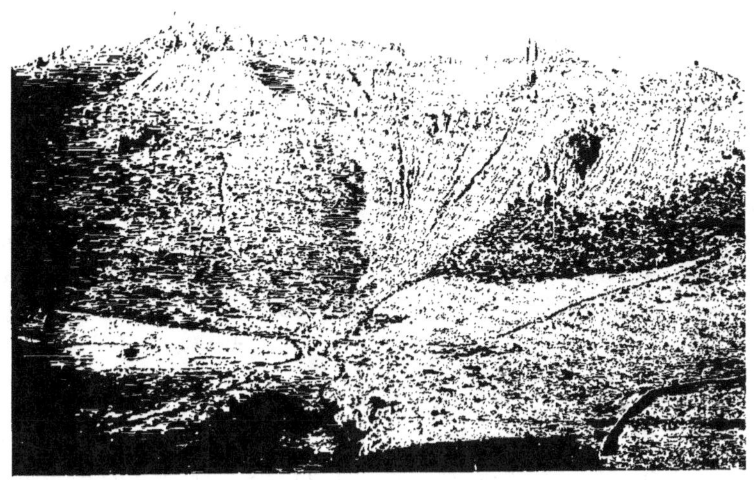

L'acropole de Pergame.

LE CRÉPUSCULE DES HOMMES

I

L'âme héroïque de la Grèce va fuir par trois blessures : le triomphe de Sparte, l'enrichissement d'Athènes, le règne de l'intellectualisme. La sensibilité grandit aux dépens de l'énergie morale, la raison déborde la foi, l'enthousiasme s'émousse au contact de l'esprit critique. Les philosophes, que la sculpture a tant contribué à former en donnant la vie aux idées, vont renier leur origine, rire des poètes et des artistes et décourager l'inspiration des statuaires en égarant les esprits dans les méandres de la sophistique. Il ne faut pas leur en vouloir.

159

L'équilibre allait se rompre, aucune puissance humaine, aucun miracle n'eût pu le rétablir. Et l'âme d'Athènes, au bord de l'abîme où ses logiciens entraînaient la civilisation, forgeait même un outil avec lequel les hommes, dans un avenir lointain, pourraient bâtir une maison nouvelle. L'agonie de la Grèce nous donna le libre examen.

Dès les dernières années du ve siècle, une caresse furtive passe sur les marbres grecs. Les grandes formes soutenues par la circulation de leurs énergies intérieures vont disparaître des frontons, et l'artiste tentera d'appeler ces énergies à la surface des statues, des portraits, des groupes pittoresques qu'il isolera peu à peu. La forme, l'esprit qui fleurissaient jusqu'alors dans la même expression totale, s'écartent l'un de l'autre irrésistiblement. Le spiritualiste fouille le corps pour en arracher l'âme, le sceptique n'y cherche plus que des satisfactions sensuelles. Vers ces temps-là, on avait construit un petit temple sur l'Acropole, pour y loger une Victoire aptère. Mais les Victoires extérieures qui s'étaient abattues sur lui avaient gardé leurs ailes. Elles allaient quitter Athènes.

La sculpture grecque passe pour avoir méconnu la vie intérieure avant le ive siècle. On pourrait rappeler que dès l'époque archaïque, il y a des statues, comme la *Femme Samienne*, comme telle *Orante* de l'Acropole, dont le visage fait penser à celui des vierges gothiques, par cet enchantement naïf à vivre qui l'illumine du dedans. Mais la question n'est pas là. On croit trop généralement que la pensée ne peut habiter ailleurs que dans la tête du modèle. Or, elle est tout entière dans la tête de l'artiste. La qualité intérieure d'une œuvre se mesure à la qualité des relations qui unissent ses éléments et parviennent à assurer la continuité de l'ensemble. Et nul art ne fut plus intérieur que celui du ve siècle. Tout est modelé de dedans en dehors. Les surfaces, les mouvements, les vides mêmes, tout est déterminé par le jeu des puissances profondes qui passent de l'artiste dans la matière comme le sang du cœur dans les membres et le cerveau.

Il est vrai que dans une société pauvre, où l'esclave était

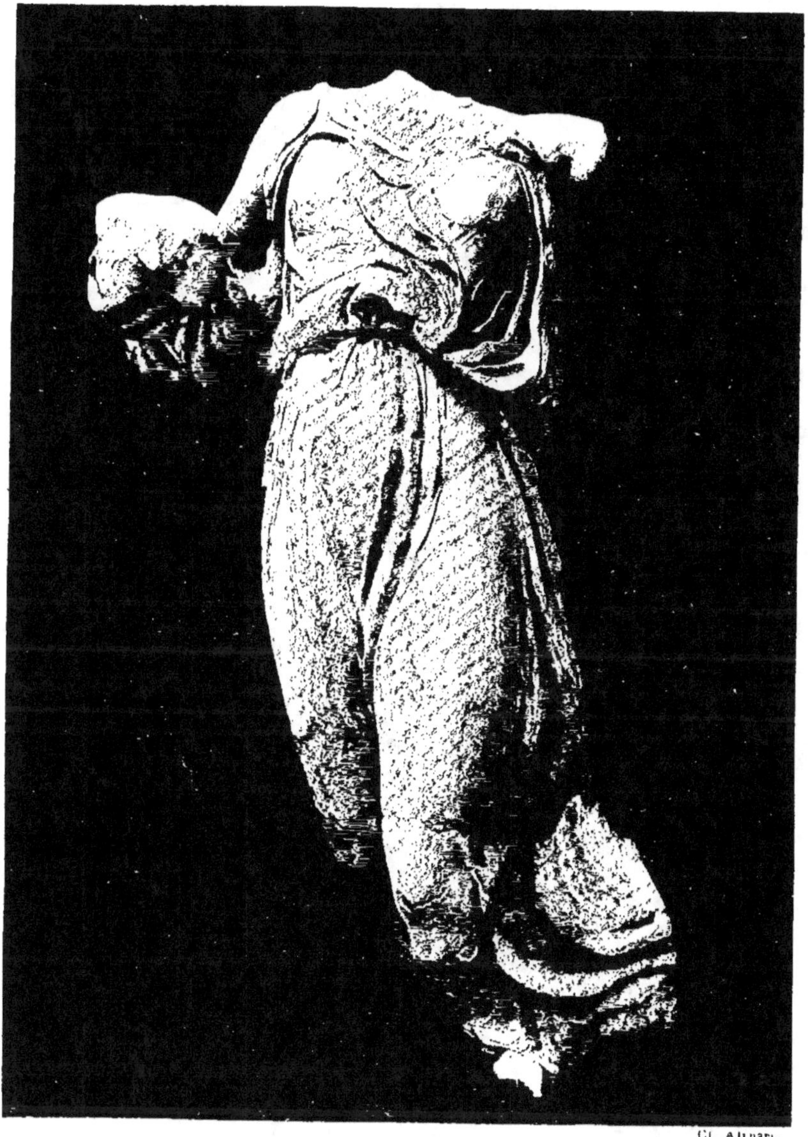

EPIDAURE (commencement du IVᵉ siècle av. J.-C.). Victoire de l'Acrotère
du temple d'Esculape (*Musée national d'Athènes*).

11

bien traité, où les degrés de la hiérarchie sociale étaient très rapprochés, qui vivait sur un sol indulgent, dans un air salubre, près d'une mer fleurie, les êtres n'avaient pas les uns des autres un besoin très impérieux. L'expression moyenne de l'homme est une résultante du conflit quotidien de ses passions et de sa volonté. Le sculpteur grec connut les agitations sentimentales dont les reflets passent parfois sur les plus fermes entre les visages humains. Mais c'est plus tard seulement, avec la rupture définitive du rythme social, que ces reflets s'y imprimèrent en traces indélébiles. L'homme, que caractérisera alors un corps déjeté et souffreteux, un visage hagard, se définissait, pour Phidias, par un complet équilibre organique où le calme du cœur se répandait dans l'harmonie de la structure générale, dont la face tranquille ne constituait qu'un élément. La tête des femmes lapithes, la tête de *Thésée*, celle de *Peitho*, de l'*Artémis* du Parthénon expriment une vie profonde, mais paisible. C'est comme une grande épaisseur d'eau pure, pleine, limpide, sans un frisson. Le monde ne connaît pas encore l'eau toujours labourée par l'orage, noircie par les miasmes empoisonnés qui dormaient sous elle.

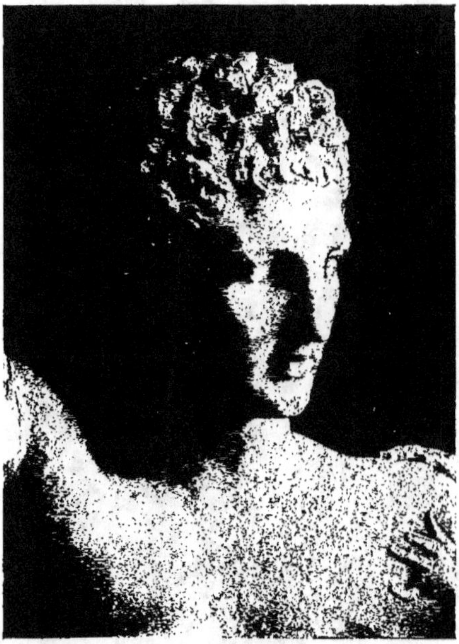

Praxitèle attire l'esprit vers l'épiderme des statues. Comme il le voit flotter sur leur visage en sourire imprécis, en inquiétude vague, en ombre lumineuse, il l'y fixe, et, du même coup,

PRAXITÈLE (fin du IVᵉ siècle). Hermès, détail (*Musée d'Olympie*).

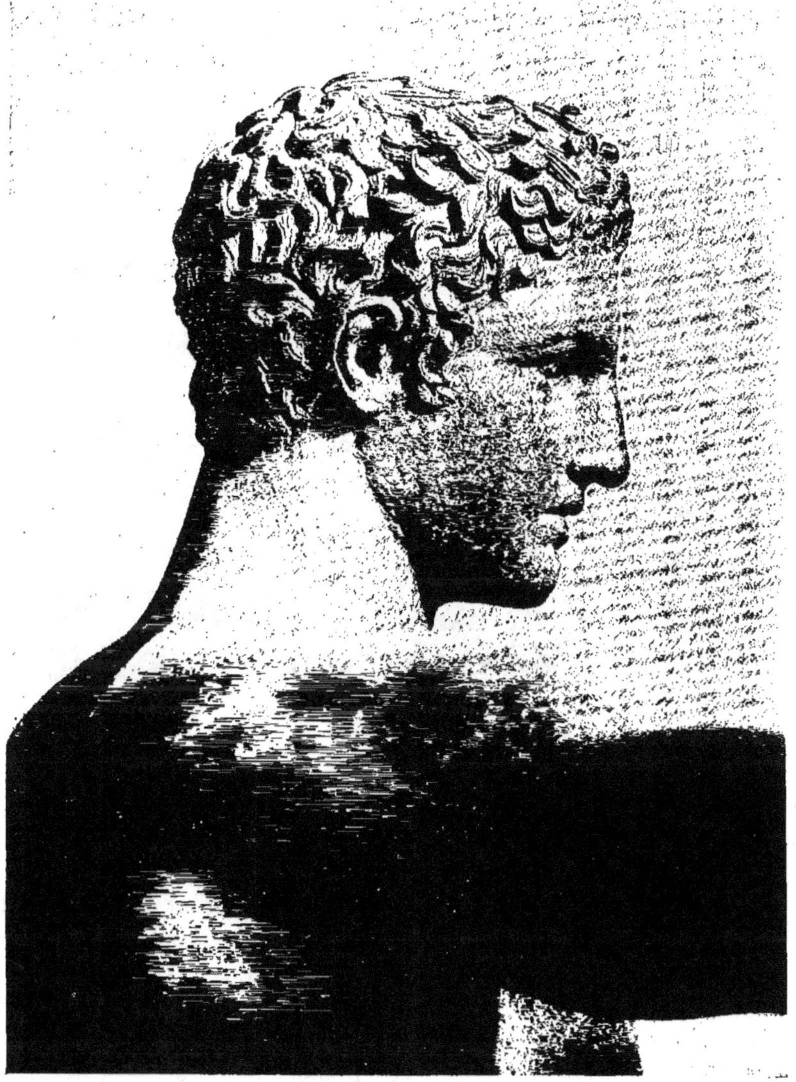

Lysippe (Ecole de). Ephèbe, bronze, détail (*Musée national d'Athènes*).

brise cette unité qui donnait aux formes du grand siècle leur
rayonnement contenu. Pour exprimer la vie intérieure, il
cherche à l'extérioriser. Et ce n'est plus comme une aurore,
c'est comme un soir que l'âme monte des profondeurs pour se
répandre à la surface. Praxitèle est l'Euripide de la sculpture.
Sa mesure, son élégance, son esprit, la subtilité, la verve,
le charme de son analyse n'arrivent pas à nous cacher qu'il
doute de sa force et qu'il regrette, au fond, d'avoir perdu

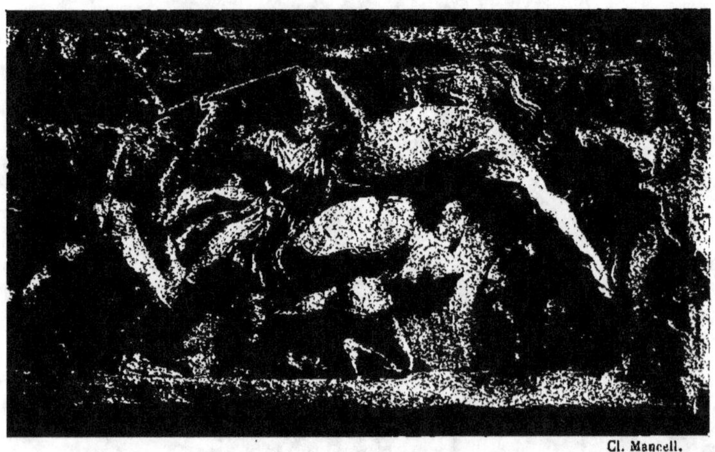

Cl. Mancell.

Scopas (352). Le Mausolée, détail (British Museum).

l'ivresse sainte dont il rit. Sous ses doigts, le plan s'amollit,
hésite, laisse fuir l'énergie spirituelle que Phidias enfermait en
lui. L'expression de la forme, distraite et comme un peu lassée,
n'est plus le jeu des forces intérieures, mais celui des lueurs et
des ombres ondulant sur son écorce. L'âme veut échapper à
l'étreinte du marbre. On le voit bien, à ces grands fronts
rêveurs sous l'ondulation des cheveux, à ces yeux reculant
dans le mystère des orbites, à cette bouche sensuelle et
vibrante, à ce charme imprécis de la face inclinée. Cela ne veut
plus dire intelligence, cela veut dire sentiment. L'art en meurt,
mais une vie nouvelle en germe qui, bien plus tard, et sous

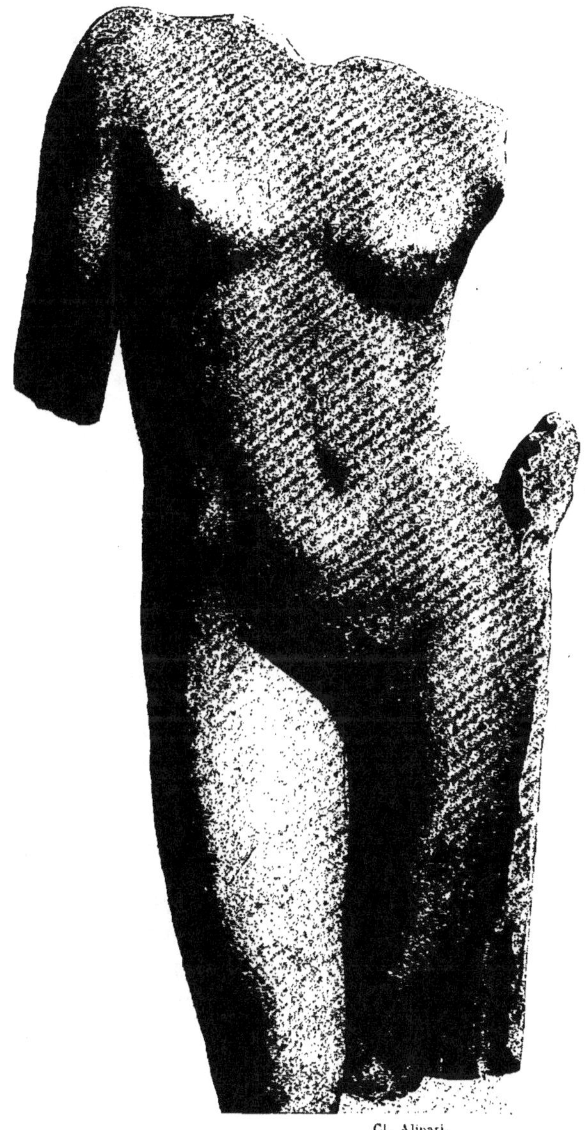

Cl. Alinari.

PRAXITÈLE (École de) (fin du ıv^e siècle). Aphrodite (*Musée de Naples*).

d'autres cieux, refleurira. Au moment où le langage humain faiblit avec l'enthousiasme, l'œuvre de Praxitèle affirme non l'apparition mais la survivance de l'esprit, et comme le déplacement de sa fonction qui cherchera de très longs siècles son organe, et finira par le trouver.

Son art trahit l'apparition d'une sorte de sensualisme cérébral qu'on voit apparaître à la même heure chez tous ses contemporains, à qui les frises du temple de la Victoire aptère et le chapiteau des *Danseuses*, à Delphes, avaient déjà montré la route. On oublie peu à peu la charpente profonde pour caresser par le désir la surface des formes, comme la surface des visages par l'intention psychologique. Quand la statue reste ʌvêtue, les robes se font plus légères qu'une brise sur l'eau. Mais, pour la première fois, le statuaire grec dévoile tout à fait la femme, dont la forme est surtout significative par les frémissements de sa surface, comme la forme masculine qui lui avait dicté sa science l'est avant tout par la logique et la rigueur de sa structure. Pour la première fois, il rejette les étoffes que les élèves de Phidias commençaient à draper en tous sens, au risque d'oublier la vie qui bougeait sous elles, il exprime sans voiles l'ascension mouvante des torses, l'animation des plans que la lumière et l'air modèlent en frissons puissants, la jeunesse des poitrines, la vigueur des ventres musculeux, le jet pur des bras et des jambes. Il parle du corps de la femme comme on n'en avait jamais parlé, il le dresse et l'adore dans sa rayonnante tiédeur, ses ondulations fermes, dans sa splendeur de colonne vivante où la sève du monde circule avec le sang. Ces statues mutilées confèrent à la sensualité de l'homme la noblesse la plus haute. Pleines et pures, semblables à une source de lumière, confiées par tous leurs profils à l'espace qui s'immobilise autour d'elles comme saisi de respect, ces grandes formes sanctifient le paganisme tout entier, comme, plus tard, une mère penchée sur le cadavre de son fils humanisera le christianisme. Et si nous avons pour Praxitèle une reconnaissance intime, un sentiment attendri qui ne ressemble pas à l'exaltation héroïque où nous transporte

Phidias, c'est qu'il nous a appris que le corps féminin, par sa
montée dans la lumière et la fragilité émotionnante du ventre,
des flancs, des seins où sommeille notre avenir, résume l'effort

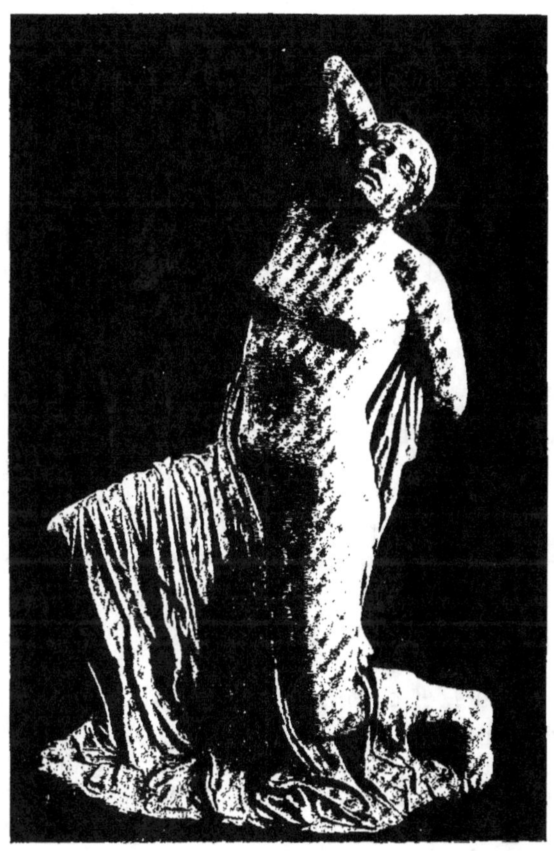

Niobide, copie (IV⁰ III⁰ siècle av. J.-C.) *Banque commerciale de Rome*.

humain dans son invincible idéalisme exposé à tant d'orages.
Il est impossible de voir certaines de ces statues brisées, où
le torse jeune et les longues cuisses survivent seules, sans être
déchiré d'une tendresse sainte.

167

II

Mais la ferveur primitive se transformera bientôt, quelque chose d'un peu lassé touchera la force du marbre. Très vite les formes s'allongent, s'affinent, coulent comme une caresse unique, tremblent d'émoi sensuel, de pudeur envahie d'amour. Le modelé ondule doucement, le passage insiste, s'insinue, efface le plan peu à peu. Des creux errants moirent la chair, les seins sont des fleurs incertaines qui ne s'ouvrent jamais tout à fait, le cou se gonfle de soupirs, le chignon serré de bandelettes pèse à la belle tête ronde où court le ruissellement des cheveux. Comme vers la fin de l'Egypte, c'est l'adieu troublé à la femme où dormira l'espoir des résurrections lointaines. Regardez, après les *Victoires*, après les *Danseuses* de Delphes, d'une telle grâce naturelle qu'elles font penser à une touffe de roseaux, la *Léda* accueillant tout debout le grand cygne aux ailes battantes, laissant le bec saisir sa nuque, la patte se crisper sur sa cuisse, — la femme tremblante soumise à la force fatale qui lui révèle, en la pénétrant de volupté et de douleur, toute la vie. Cela est encore religieux, grave, à peine imprégné de trouble enivré, à peine incliné sur la pente de l'abandon sensuel, et comme l'adieu de la Grèce à la noble vie païenne. Le paganisme héroïque commence son agonie par un sourire, peut-être un peu mélancolique, mais attendri, et résigné. Il semble que cette race admirable ait eu le sentiment de la relativité de notre connaissance et qu'elle ait accepté le début de sa déchéance aussi simplement qu'elle avait accepté son essor.

Ainsi, par la critique et la sensualité, la Grèce se rapprochait de l'homme vrai pour oublier l'homme possible. Lysippe recommençait à couler en bronze des athlètes, jeunes hommes musclés et calmes dont la vie immédiate, quittant les régions intérieures, roulait sous la peau soulevée. La forme, certes, en était toujours pleine et pure, dense, montueuse, mais cohérente et comme saisie en bloc. Quand ils quittaient le stade,

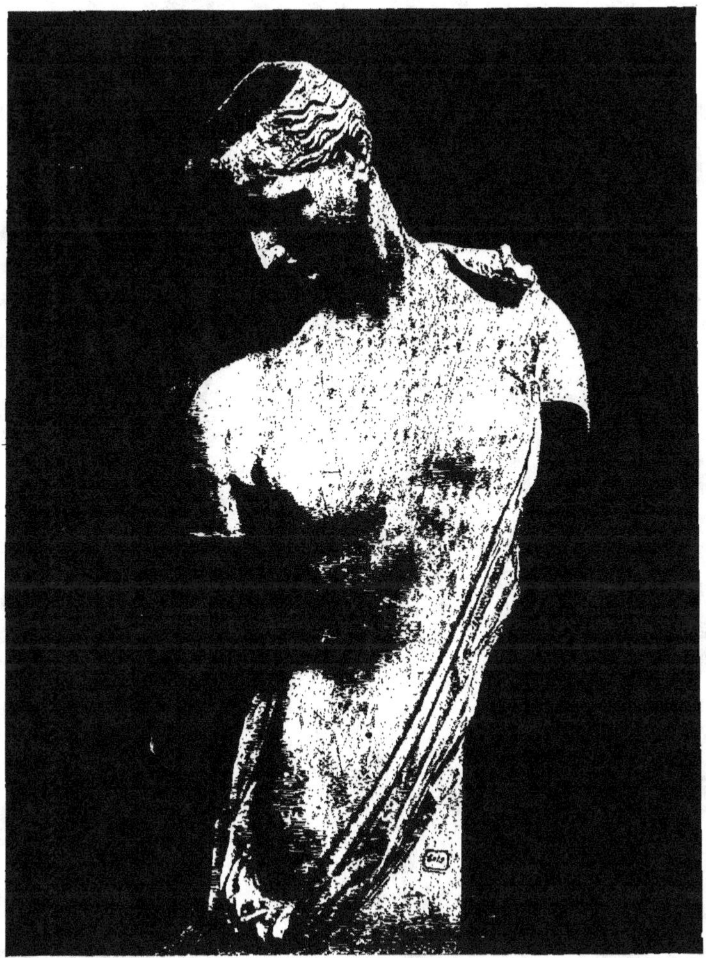

GRANDE GRÈCE (fin du IV⁰ siècle). Psyché de Capoue (*Musée de Naples*).

ils semblaient descendre du temple, tant la sérénité, la sécurité de leur force se concentrait encore en eux. Mais l'idée hiéra-

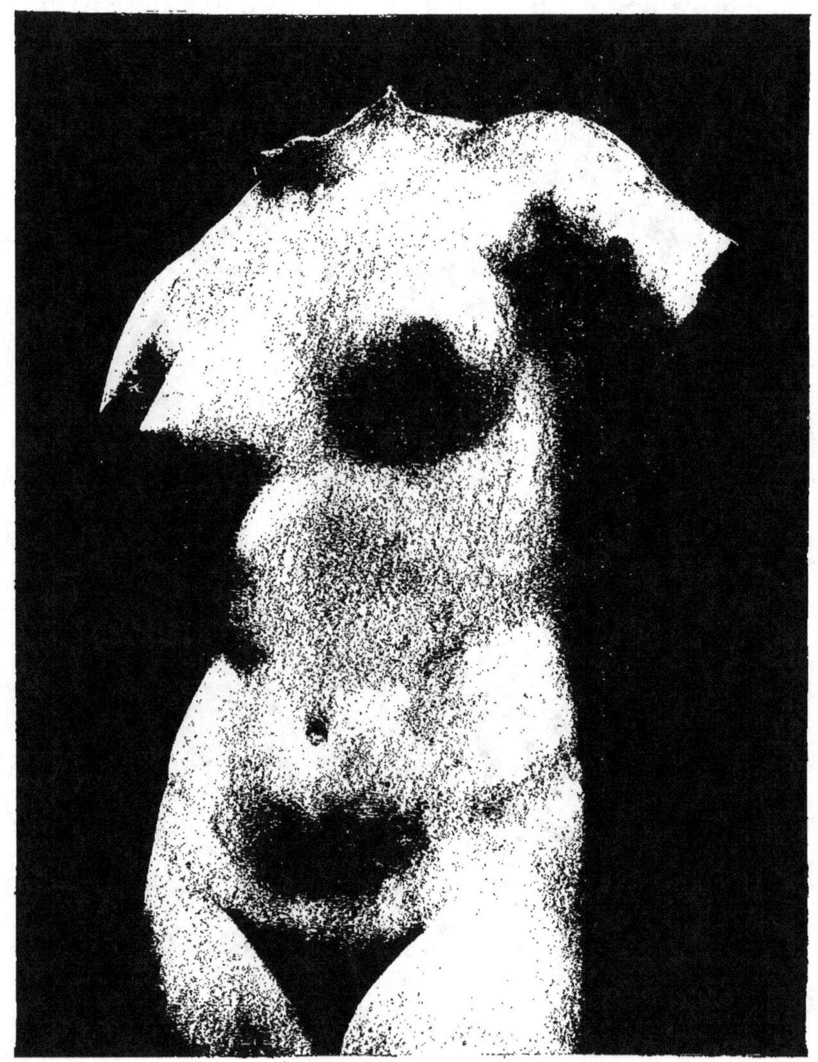

Cl. Anderson.

ART HELLÉNISTIQUE (IVe-IIIe siècle). Aphrodite de Cyrène, détail
(*Musée national romain*).

tique des premiers temps de la sculpture, l'idée divine du
grand siècle ne s'interposait plus entre eux et le statuaire qui
les voyait directement. Il orientait en même temps et par les
mêmes voies la sculpture vers ces portraits de caractère que
nous ne connaissons, en réalité, que par des copies romaines,
mais dont quelques-uns, celui d'*Homère* par exemple, nous
révèlent d'abord la noblesse désenchantée, la finesse nuancée,
la pénétration contenue, et plus tard, la fièvre, l'extrême acuité,
la virtuosité descriptive. Mouvement qui annonce d'ailleurs la
plus grave des crises sociales. L'art n'est plus fonction de
l'espèce, il commence à se placer sous la dépendance du riche
qui va peu à peu le détourner de ses voies héroïques pour lui
demander des portraits, des statues d'appartements et de jardins.

Le dernier des grands monuments de l'époque classique,
le *Mausolée* de Scopas et de Bryaxis, est fait pour un particulier, le roi Mausole, et, par une ironie qui touche au symbole,
ce monument est une tombe. Vivant encore, certes, nerveux,
étincelant, tout imprégné d'intelligence. Dans les guerriers, les
amazones, leurs chevaux, dans les courses, les fuites, les atta-
ques, circule un esprit libre, fier et fin, une rapidité de pensée
qui devance presque l'action, fait résonner dans la matière des
bruits d'armure, de hennissements, de sabots heurtés sur le
sol, des vibrations de javelots et de cordes d'arc tendues. Le
ciseau attaque le marbre avec la fougue conquérante d'un
esprit trop ardent qui se hâterait de confier au flot de sa
verve un enthousiasme déjà effleuré par le doute. Élégance
extrême de forme, expression mordante, aiguë, geste direct,
c'est une brise fraîche qui traverse un soir commençant. Mais
le sens du continu faiblit. Il y a des parallélismes constants de
pli à pli, de membre à membre, de mouvement à mouvement.
Les espaces vides sont bien vides, on n'y voit plus passer
cette onde abstraite par où les volumes se pénétraient, et, d'un
bout du fronton à l'autre, faisaient comme une mer dont les
vagues amenaient les gouffres et dont les gouffres remontaient.
Le gouffre est seul, la vague est seule, le détail descriptif et

pittoresque profite de cette dissociation pour apparaître et s'imposer. Il va tendre de plus en plus à l'emporter sur l'ensemble philosophique.

L'évolution des grandes époques est à peu près partout la même, mais en Grèce, du VIIe au IIIe siècle, elle apparaît avec

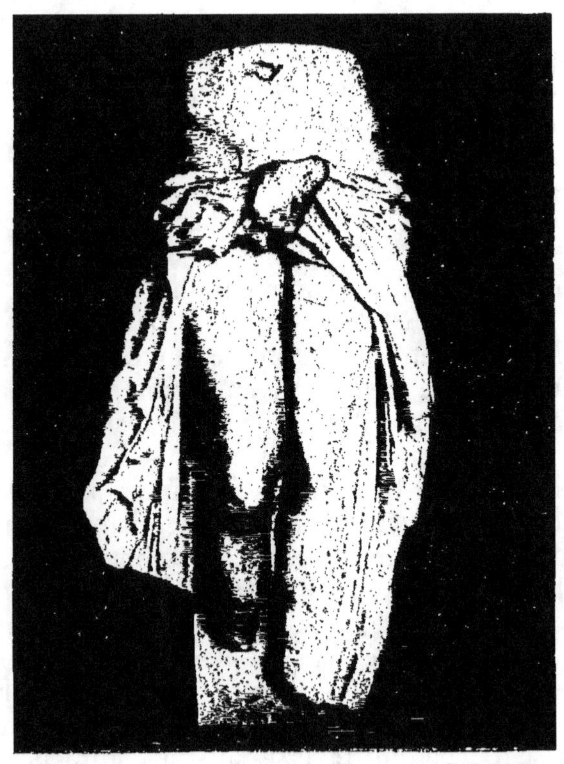

ART HELLÉNISTIQUE (IVe-IIIe siècle). Aphrodite de Zonaglia (*Louvre*).

un étonnant relief. L'homme, quand il se réalise, procède comme la nature, de l'anarchie à l'unité, de l'unité à l'anarchie. D'abord les éléments épars se cherchent dans l'obscurité de l'esprit. Puis l'être chaotique reste, par sa masse entière, emprisonné dans le sol qui empâte ses jointures et

172

suit ses pas pesants. Puis les formes se dégagent, s'orientent, s'accordent, leurs rapports logiques apparaissent dans une adaptation de plus en plus étroite de chaque organe à sa fonction. Enfin le rythme se brise, la forme semble fuir la forme, l'esprit errer à l'aventure, les contacts sont perdus, l'unité se

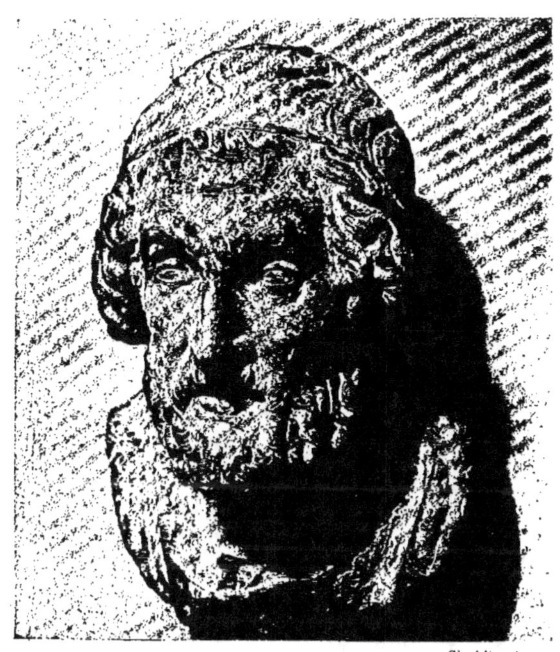

Homère, bronze (*Musée archéologique de Florence*).

dissocie. Ainsi, dans l'art grec, quatre époques déterminées : les Primitifs, Egine, le Parthénon, le Mausolée. D'abord l'analyse balbutiante suivie, avec les archaïques, d'une brève et fruste synthèse. Puis, quand l'esprit est mûr, une nouvelle analyse courte, lumineuse, entraînante, aboutissant d'un seul élan à la synthèse consciente d'une société équilibrée. Enfin, une dernière enquête qui n'aboutira pas, se dispersera de plus en plus jusqu'à se fragmenter à l'infini, briser toutes les atta-

173

ches anciennes, se noyer peu à peu dans l'incompréhension, la fatigue, la nécessité impérieuse d'un grand sentiment nouveau.

L'oubli des relations essentielles entraîne l'artiste à s'inquiéter de l'accident, du mouvement rare, de l'expression exceptionnelle, de l'action momentanée, et surtout, avec la remontée à l'horizon des préoccupations mystiques, à rechercher l'effroi, la douleur, le délire, toutes les souffrances physiques, toutes les impulsions sentimentales. La synthèse plastique subit la même dispersion. Alors le détail apparaît, il tyrannise l'artiste. L'attribut envahit la forme. Elle a beau gesticuler comme si elle voulait s'en défendre, l'attribut se rive à elle, comme une chaîne. Lyres, tridents, sceptres, foudres, draperies, sandales, coiffures, la défroque des ateliers et des coulisses de théâtre fait son entrée. Le lyrisme profond de l'âme baisse, il faut un lyrisme extérieur qui masque ses défaillances. C'est l'enthousiasme qui divinisait la statue, comment reconnaître le dieu, maintenant, s'il n'a pas de sceptre et de couronne ? La foi soulevait la matière, en faisait jaillir l'éclair jusqu'au ciel humain de l'espoir. C'est fini. Il faut des ailes aux statues. Au ve siècle, l'aile était rare aux épaules des dieux. On la trouvait chez l'archaïque essayant d'arracher la forme à la matière qui l'enchaîne. On la trouve chez le décadent où elle tente de soulever la forme que sa propre ardeur ne soutient plus. La *Victoire de Samothrace* en a déjà besoin pour quitter la proue du navire, car la complication des draperies mouillées qui lui pèsent aux jambes alourdit son terrible élan, la torsion de son buste, la tempête de vol, de clairons et de vent qui se lève dans son sillage.

III

L'art grec, au moment même où il se dissociait ainsi en profondeur, s'éparpillait sur toute la surface matérielle de l'antiquité hellénique. Après le mouvement de concentration qui

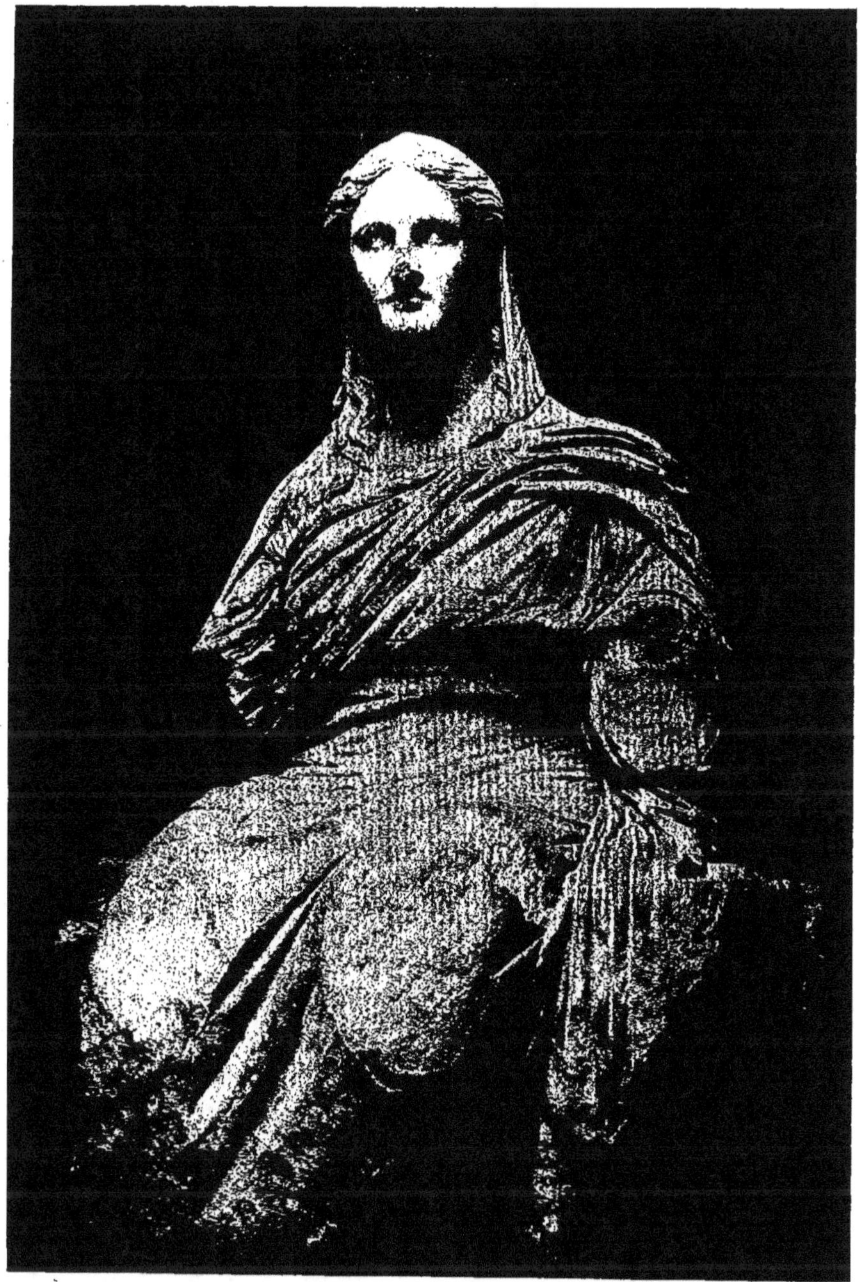

Demeter de Cnide (fin du IVe siècle) (*British Museum*).

Cl. Mancell.

avait entraîné vers Athènes toutes les forces de l'hellénisme,
un mouvement de dispersion commençait, qui devait porter
d'Athènes vers l'Italie méridionale, vers la Sicile, la Cyrénaïque, l'Egypte, les Iles, l'Asie Mineure, à défaut du génie
créateur, la passion et malheureusement aussi la manie des
belles choses. Le dilettantisme, la diffusion du goût amènent
la multiplication et l'affaiblissement des talents. C'est la
période hellénistique, la plus riche de l'histoire en artistes et

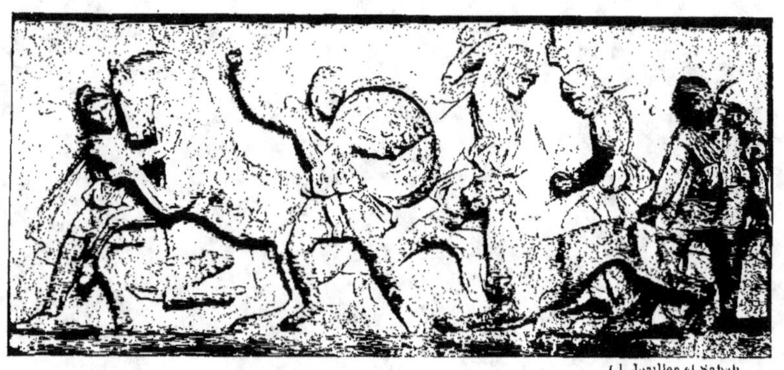

Art hellénistique (iiie siècle av. J.-C.). Sarcophage d'Alexandre
(*Musée de Constantinople*).

en œuvres d'art, peut-être, mais peut-être une des plus pauvres en puissance d'émotion.

Ils sont bien peu à écouter encore en eux et à y recueillir
parfois, dans un bref élan de ferveur, comme le vigoureux
statuaire de la *Vénus de Milo*, un écho très noble, mais un peu
sourd et désuni de l'hymne à la vie dont le chœur triomphal
s'éteint dans le passé. L'auteur adroit et remuant du *Sarcophage d'Alexandre* prend à la vieille sculpture assyrienne ses
sujets à défaut de sa science et en transforme en mouvement
lyrique un peu déclamatoire la force et la brutalité. Les sculpteurs de Rhodes recherchent le mélodrame gesticulant et compliqué dans l'événement sensationnel et jusque dans la littérature, pour être plus sûrs d'atteindre l'éveil sentimental des

176

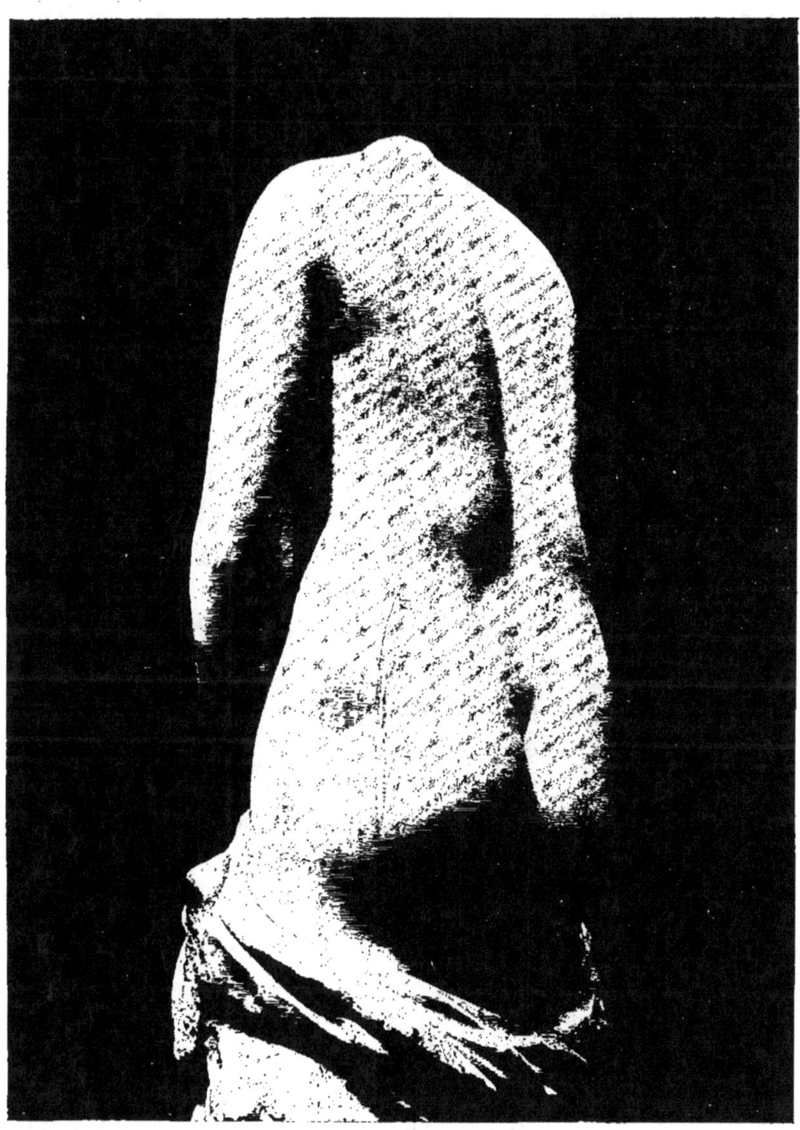

GRANDE GRÈCE (III° siècle av. J.-C.). Aphrodite, détail (*Musée de Syracuse*).

masses qui commence sa réaction contre le scepticisme des philosophes. D'autres, qui ne savent plus voir le sens des manifestations moyennes de la vie, attirent le client en lui contant des anecdotes. C'est le règne fâcheux des petits groupes pittoresques, sculpture charmante certes, d'une spirituelle élé-

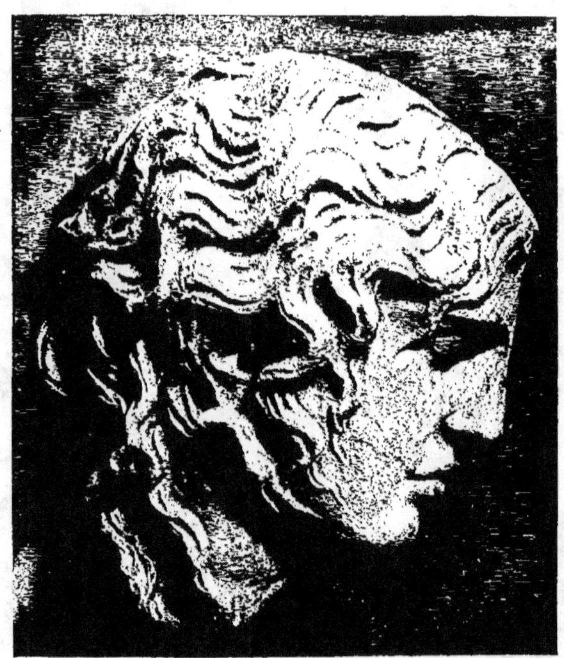

Erynnie endormie (IIIe siècle av. J.-C.) (*Musée national romain*).

gance, savante, mais sans naïveté, où s'annonce déjà la fabrication monotone, l'art d'amateur, le bibelot, et ces cercueils de la dignité de l'artiste, la vitrine, l'étagère, la collection.

Ces courants imprécis, où le sentimentalisme des classes moyennes et la lassitude élégante des blasés dominent, agissent les uns sur les autres, s'associent ou se contrarient, suivent ou repoussent dans tous les sens le flot hésitant qui va des côtes d'Asie aux côtes d'Egypte, de Pergame à Alexandrie,

178

des Iles aux trois continents. Le mélange incessant des populations côtières produit un tourbillon vertigineux où quelques
lames de fond, rapportant la violence et la pesanteur de l'Asie,
soulèvent encore la passion humaine d'un élan désespéré.
Mais l'âme grecque n'est plus qu'une écume s'évaporant à sa
surface. L'homme a perdu son unité, ses efforts pour la
ressaisir l'enfoncent dans une nuit plus épaisse. L'*Autel de Per-*

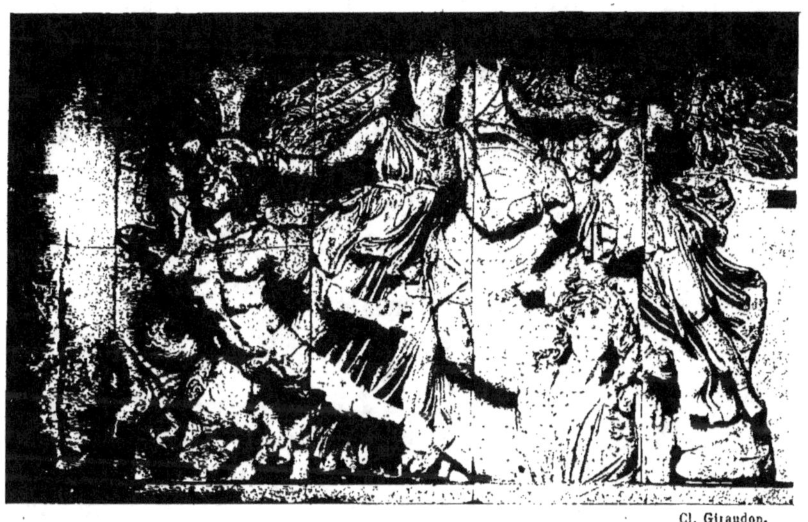

Pergame (commencement du IIe siècle). Autel (*Musée de Berlin*).

game, la dernière des grandes compositions d'ensemble que
l'hellénisme nous ait léguée, est l'image de ce désordre. Là où
était la sobriété est la richesse touffue, la confusion remplace
l'ordre, le rythme s'affole et s'essouffle, l'effort mélodramatique étouffe toute humanité et la puissance oratoire se fait
emphase et boursouflure. L'artiste, dans l'abondance de son
verbe, étale avec fracas le vide de son esprit. Ce verbe est
ardent, sans doute, d'une somptueuse couleur, tout secoué de
clameurs et d'ébranlements, mais un peu comme un manteau
chargé d'or et de gemmes où s'engouffre le vent. Scopas, du

moins, n'avait pas peur des vides, il était trop vivant, la sève primitive ne l'avait pas abandonné. S'il n'avait rien à dire, il se taisait. Mais le sculpteur de Pergame redoute ces grands silences où l'esprit de Phidias, quand il quittait une forme pour aller vers une autre, glissait sur un flot invisible. Le sens de la continuité spirituelle des volumes lui est tellement étranger qu'il ne résiste pas au besoin d'y suppléer par la continuité factice d'un verbalisme extérieur. Il remplit les fonds, comble les trous, bouche tout espace visible. Quand on a peu de chose à dire, on parle sans arrêt. Le silence ne pèse qu'à ceux qui ne pensent pas.

Ces cris, ces yeux implorants, ces gestes désespérés ne répondent ni à l'éveil de la souffrance, ni à l'éveil de la pitié. La douleur a l'âge de l'esprit. Les hommes disparus n'avaient ignoré ni les drames de l'amour, ni les drames de la paternité, ni les drames de la guerre, ni les abandons, ni la mort, mais ils savaient y recueillir des accroissements de puissance. Quand l'homme aime la vie, il domine et utilise la douleur. C'est quand il n'agit plus que les larmes mènent le monde. Les héros larmoyants, les dieux épileptiques n'ont plus rien en eux de l'âme grecque, ils n'ont plus rien de l'âme humaine. Elle fuit par les bouches hurlantes, les cheveux dressés, l'extrémité des doigts, la pointe des lances, par les gestes qui l'éparpillent. Le monde est mûr pour adopter les dualismes antagonistes qui vont écarteler la civilisation. Ici la terre, là le ciel, ici la forme, là l'esprit. Il leur est interdit de se rejoindre, de se reconnaître l'un dans l'autre. L'homme désespéré va errer dix ou douze siècles dans la nuit qui tombe entre eux. Déjà, les auteurs des groupes de mélodrame, le *Laocoon*, le *Taureau Farnèse*, et des suicidés romantiques, ne sont plus des sculpteurs, mais des comédiens boursouflés. Le sentiment, qui va renaître dans les foules, est mort chez les tailleurs d'images, domestiqués par les puissants. Leur science même est morte. Le statuaire est à peine un anatomiste appliqué qui suit avec exactitude le relief des muscles et le mouvement dramatisé que la mode prescrit à son modèle. La sculpture ne

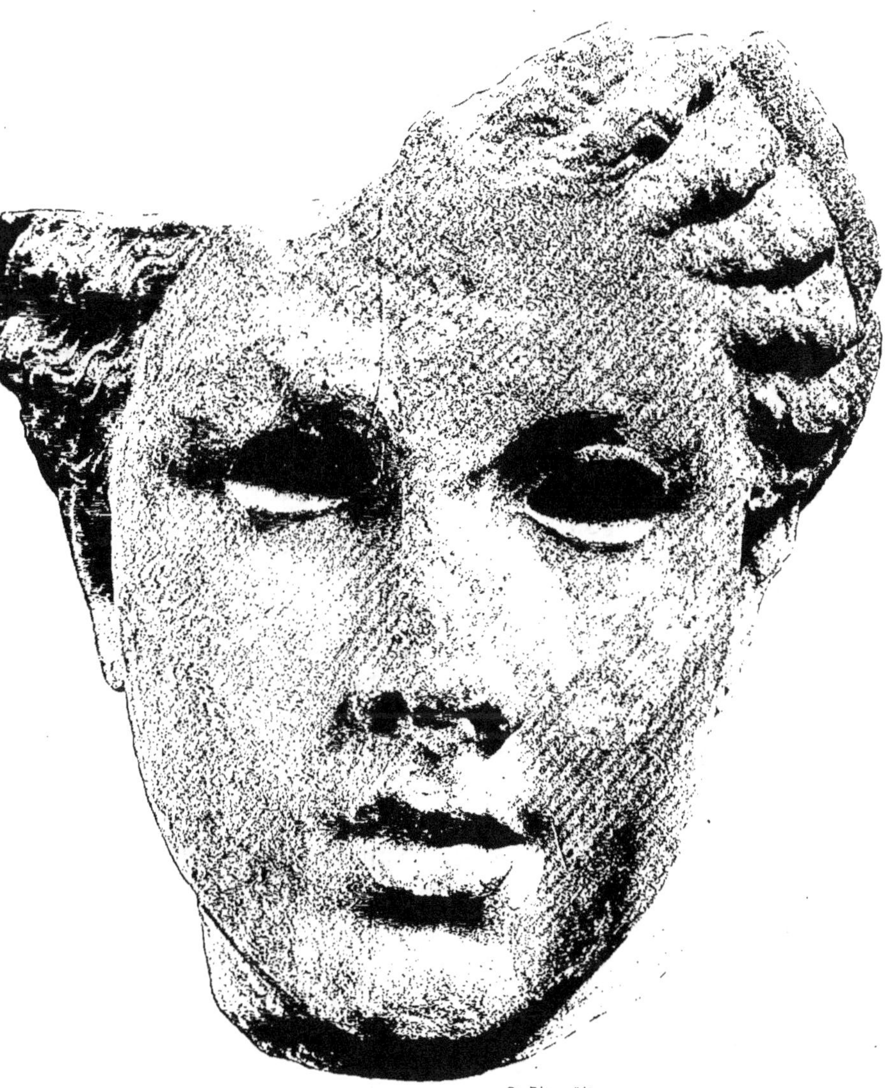

DAMOPHON (commencement du IIe siècle). Artemis de Lycosoura
(*Musée national d'Athènes*).

songe même pas à retrouver quelque chose du paradis perdu dans la divine ironie pour laquelle elle n'est pas faite et par qui Lucien de Samosate va consoler les esprits d'où le rationalisme impitoyable a chassé la foi. Les dieux ont déserté l'âme des artistes pour habiter le cœur des stoïciens qui les accueillent sans un mot.

IV

Il y aura bien, au cours de ce lent, de cet irrémédiable affaissement de l'idée grecque, des moments d'arrêt, quelques sursauts, parfois des pousses vertes sur le vieil arbre transplanté. Rien ne meurt sans lutte. Au contact de races plus neuves, le génie hellénique, honteux de sa déchéance, tente çà et là sur lui-même un retour vigoureux, et, s'il ne ramène pas les dieux sur la terre, il y voit vivre encore quelques formes héroïques autour des villes florissantes et des golfes illuminés. Il est assez difficile de suivre ses infiltrations au travers des Latins de l'Italie du Nord et des peuplades latinisées de la vallée du Rhône, d'autant plus que depuis les origines de la civilisation grecque, la Grande Grèce n'avait pas cessé de produire de la pensée, de tailler le marbre et de couler le bronze. Paestum dans ses marécages, les temples de Sicile sur leur sol de lave et de soufre où les troupeaux de chèvres errent au milieu des cactus, portent le témoignage qu'une puissance collective régnait, victorieuse des guerres, qui définit l'idéalisme de la race au-dessus de la cité. L'évolution du désir hellénique avait été partout pareil. La Grande Grèce avait mis ses déesses nues pour découvrir la femme en elles à la même heure que Praxitèle. Mais peut-être s'était-elle amollie plus vite, et comme noyée dans les voluptés énervantes. L'Italie méridionale était plus riche que la Grèce, plus fertile, moins rude, plus remplie d'orangers, de fleurs, de brises tièdes. Les belles statues de Capoue ont la fluidité des huiles parfumées et le poli des chairs de courtisanes, elles sont sans force propre, leur modelé fond

et coule comme une cire. Rome n'eut pas grand mal à asservir
ceux qui vivaient au milieu d'elles.

Mais il arriva qu'au contact de l'énergie romaine, l'élément
grec retrouva quelque dignité. Pendant deux siècles, à péu près,

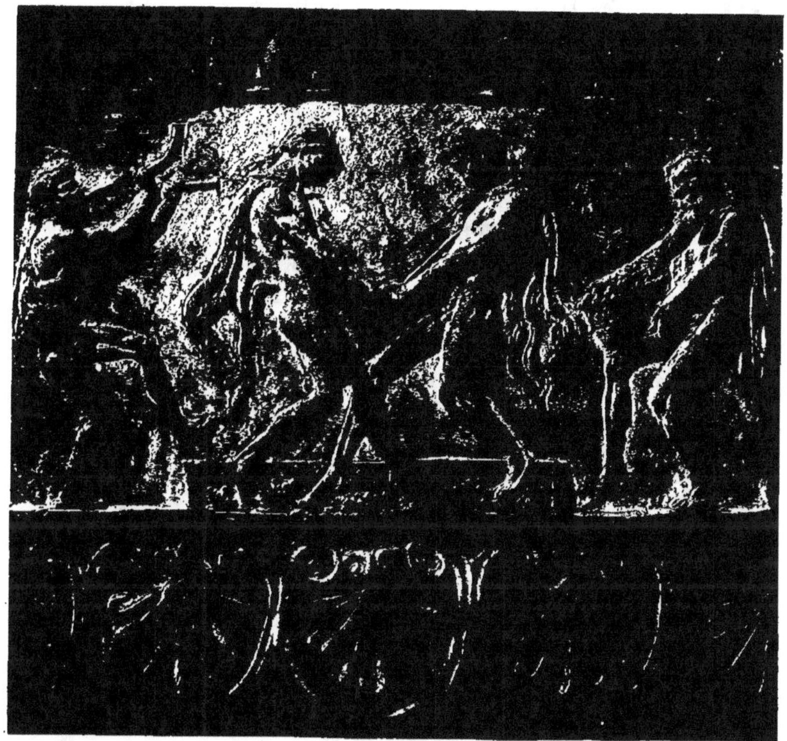

Myrina. La Vendange, bas-relief (*Louvre*).

de l'époque où la Grèce, non encore conquise, mais déjà rési-
gnée, envoyait à Rome des artistes, à l'époque où, tout à fait
vaincue, elle ne fournit plus à Rome que des proxénètes, des
sophistes et des rhéteurs, — du *Pugiliste assis* à l'*Hercule* du
Belvédère, — il y eut, entre la violente sève latine et l'esprit
hellénique purifié et subtilisé par l'approche de la mort, un

183

mariage étrange d'où sortirent des fruits en même temps si
âpres et si mûrs que Michel-Ange y eût pu reconnaître — et
y reconnut — sa puissance. Ces œuvres sont singulières —
un chêne dru et vert que la foudre a fait éclater. On ne sait
pas si elles sont romaines, par le modelé montueux, la saillie
exagérément expressive, la brutalité tendue, ou grecques, par

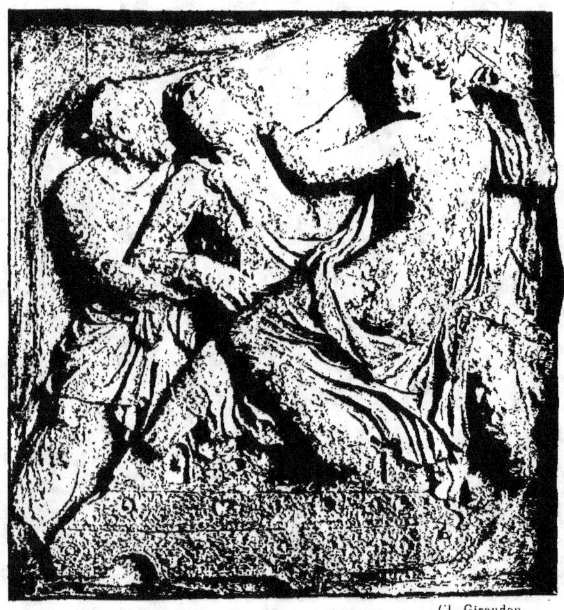

ART HELLÉNISTIQUE. Bacchus et Ariane. Sarcophage, fragment (*Louvre*).

la maîtrise à fixer tout cela dans une forme cohérente, à en
dégager et en distribuer l'esprit même selon la vie interne de
l'organisme recréé et sa rencontre, à la surface, avec la lumière
extérieure. L'instinct y est conduit et dompté par l'intelligence
où et comment elle le veut. A coup sûr, ce sont des Grecs
latinisés qui les taillèrent dans le marbre ou les coulèrent en
bronze. Ce sont des Grecs latinisés qui creusèrent dans les
rochers siciliens, face à la mer étincelante, ces amphithéâtres

184

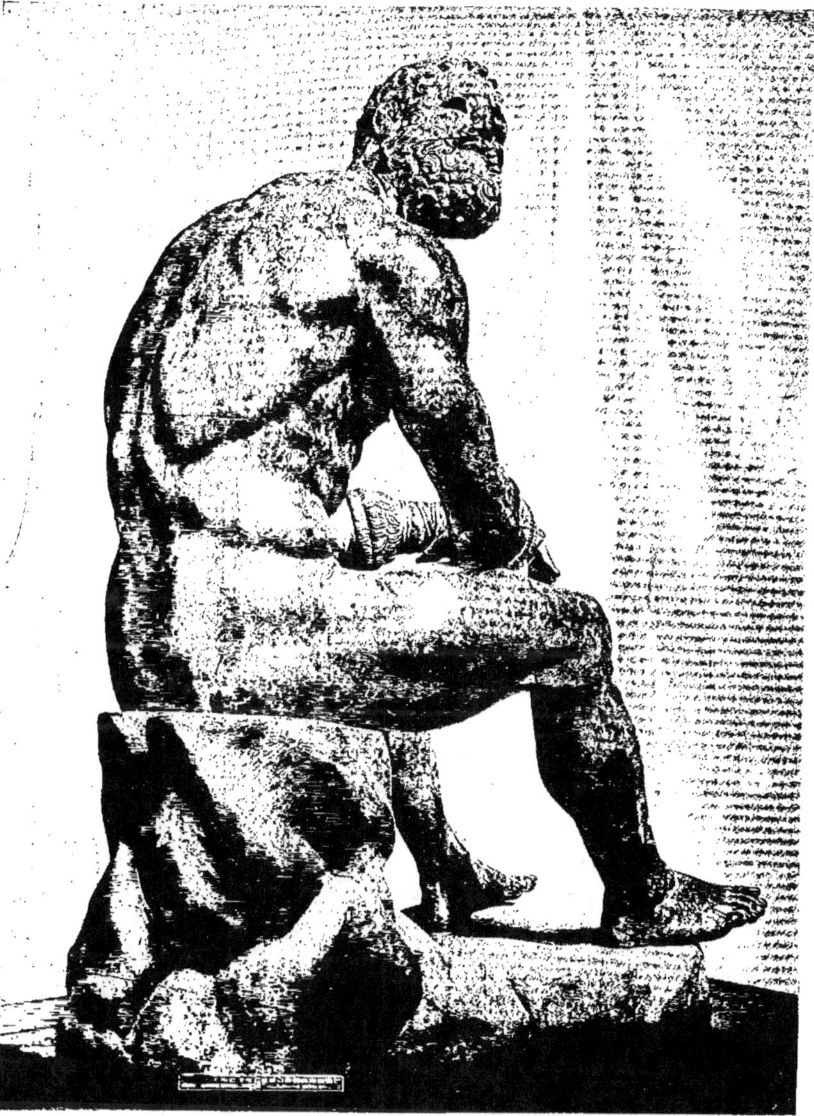

ART GRÉCO-ROMAIN. Pugiliste, bronze (IIe siècle av. J.-C.) (*Musée national romain*).

de marbre où les pâtres s'asseyaient à côté des dieux. Ce sont
des Grecs latinisés qui construisirent et décorèrent Pompéi. Ce
sont des Grecs latinisés, et certainement aussi pénétrés de cette
poésie concrète que la terre française infuse à ceux qu'elle
nourrit, qui bâtirent Arles et Nîmes et surprirent au bain ces
belles femmes accroupies, avec leur cuisse écrasée sous le poids
du torse, leurs seins pulpeux, les plis gras de leur ventre,
leurs reins creux où l'ombre remue avec la surface ondulante.
A Rome même, sous Auguste, à côté des copistes romains,
Pasitélès fondait une école grecque. Et c'est à Rome que les
sculpteurs grecs tentaient derrière lui, par réaction évidente
contre la sculpture d'Asie, un retour impossible à l'austérité
archaïque[1]. Partout ailleurs, en Attique, en Asie, dans les Iles,
l'hellénisme ne réagit plus que négativement contre la mer
sentimentale qui vient des profondeurs.

V

Mais il discute encore, il ergote; et, il faut bien le dire aussi,
il essaie, dans le naufrage de son esprit, d'en léguer au monde
futur, sinon par le langage de la forme qu'il ne sait plus guère
parler, du moins par le verbe, l'enseignement essentiel.
Autour du 1er siècle, toute la civilisation antique se concentre
à Alexandrie comme pour y dresser l'inventaire de ses conquêtes. L'Egyptien fatigué tient le fond de la scène, mais le
Juif et le Grec sont sur la rampe, applaudis, hués, amis ou

---

1. Je crois que le fameux Trône de Vénus (du *Musée national romain*), dont
l'élément central sert de frontispice à ce livre, attribué jusqu'ici au début du
v⁰ siècle, doit être restitué à cette Ecole, dont il serait d'ailleurs le chef-
d'œuvre. Sans parler de l'endroit où il fut découvert, sans parler de la figure
nue, d'ailleurs inférieure au reste de l'œuvre, qui s'y trouve et que les artistes
du v⁰ siècle n'auraient pas osée, il y a d'étranges détails, comme les oreillers,
quelque négligence de style, quelque élégance de bon ton, quelque habileté de
métier, un esprit plus élégant et plus raffiné que grave, un mélange de culture
exquise et de naïveté voulue, une ombre de « littérature » très éloignée de la
force et de l'austérité des prédécesseurs de Phidias.

186

ennemis, là seuls, ici suivis de multitudes fanatiques, travaillant dans la fièvre, la trépidation, la clameur d'un cosmopolitisme sans cesse brassé et renouvelé. Sur un lit de vices

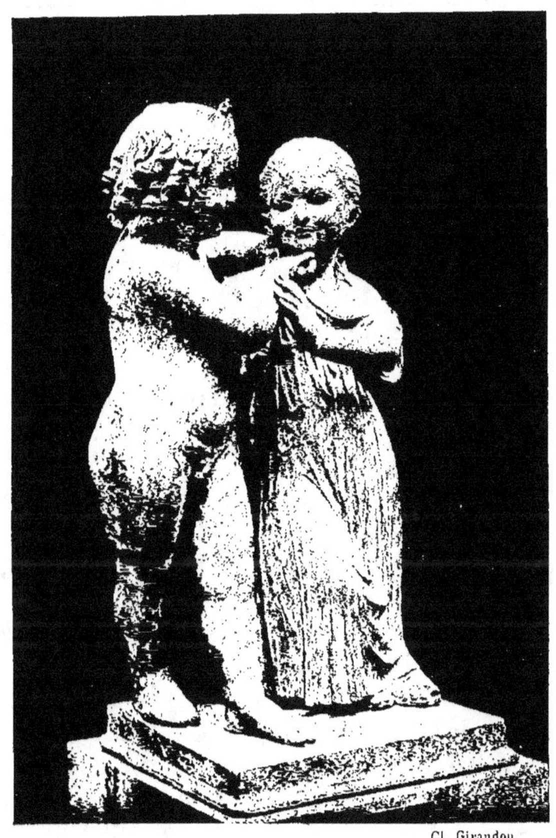

Art hellénistique Éros et Psyché, bronze (*Louvre*).

abjects, d'ascétismes exaspérés, d'intransigeances mystiques, de scepticismes indulgents, l'idée fermente. Philosophes, critiques, romanciers, théologiens, rhéteurs, artistes, tout ce monde se mêle et crie. L'artiste fait de la théologie, le philosophe du roman, le théologien de la critique, le rhéteur de la philosophie, le romancier de la rhétorique. Moment unique dans l'histoire où l'Egypte apporte son mystère, la Grèce sa raison, l'Asie son dieu, et où, malgré l'Egypte, malgré la Grèce, malgré l'Asie, la synthèse du monde ancien qu'effectueront dans le domaine trop aristocratique de l'esprit, l'enthousiasme des prophètes et la subtilité des sophistes, passera sur la masse humaine sans rassasier ses besoins. Le monde est fatigué de penser, il retrempe son idéal désorienté dans son élément primitif qui est l'innocence populaire. Une mythologie nouvelle triomphera des philosophes qui en préparent l'éclosion.

Ce milieu social particulier ne permet pas de croire à un grand'art alexandrin qui serait perdu. Ni la forte architecture, ni la grande sculpture ne reposent sur des systèmes, surtout quand ils s'interpénétrent et varient incessamment. La source de l'inspiration plastique était tarie dans le cerveau trop compliqué des hautes classes, elle n'était pas encore ouverte dans l'âme trop obscure des peuples. Là comme ailleurs, certainement, il y eut d'admirables retours, des élans spirituels droits comme une flamme mourante, les sursauts d'un profond amour. Certains bas-reliefs alexandrins, gréco-latins, hellénistiques, le fait n'importe guère, car le même esprit s'insinue partout, certains bas-reliefs sont saisissants par la verve et la grâce, la joie sensuelle conquise sur le pessimisme intellectuel, l'ardent abandon à l'ivresse de jouir par la connaissance et de connaître en jouissant. Les grappes sont mûres, les vendanges se font au son des flûtes et des crotales, on danse sur le raisin. Un très long hiver peut venir. La ronde tourne, les femmes échevelées secouent leurs seins nus, montrent leurs jambes, les panthères rampent dans l'ombre pour lécher le sang qui coulera. Mais cette époque où souvent l'hiératisme égyptien vient tenter l'inspiration mourante du Grec cultive avec une passion fâcheuse la sculpture « de genre », qui marque infailliblement, sur la poussière des siècles, la trace de la bassesse et de la vulgarité de l'esprit. On surprend les métiers d'exception dans leurs aventures pittoresques, on raconte des historiettes

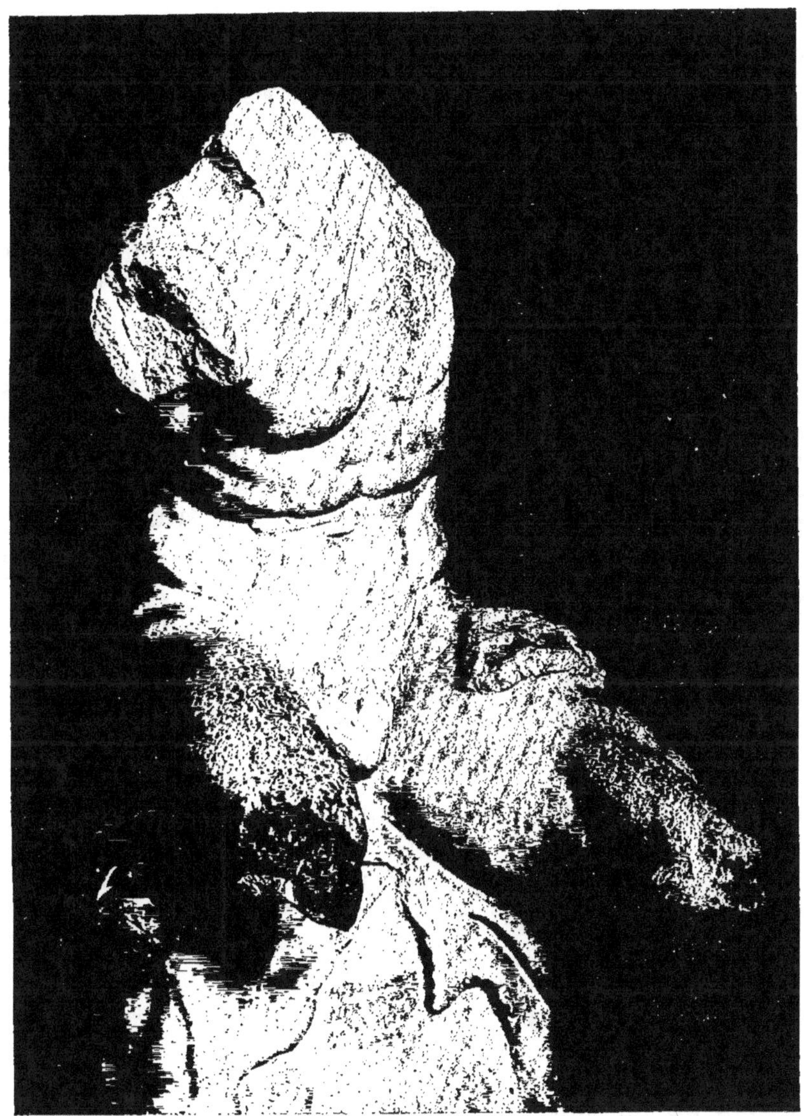

ART GRÉCO-ROMAIN. APOLLONIOS (Ier siècle av. J.-C.). Hercule du Belvédère
(*Musée du Vatican*).

qui font rire ou pleurer. C'est le bibelot japonais, avec beaucoup moins d'esprit, avec beaucoup moins d'adresse ou le
bronze d'ameublement des petits bourgeois de notre siècle,
avec beaucoup plus d'adresse et pas beaucoup plus d'esprit. La
plupart des bas-reliefs témoignent des mêmes tendances :
l'anecdote souvent confuse et surchargée, et un fond de
paysage pour la situer. Ils mon-
trent la sculpture envahie, à
l'époque ptolémaïque, par les
recherches et les procédés des
peintres. Et c'est la plus sérieuse
des indications sociales qu'on
puisse trouver en cet art-là.

Ce besoin de fusionner les
deux grands modes d'évocation
plastique était apparu, en Grèce
même, depuis trois siècles au
moins. Praxitèle voyait la forme
en peintre plutôt qu'en sculpteur,
Lysippe aussi parfois, et l'auteur
du *Tombeau d'Alexandre* et surtout le décorateur de Pergame.
La grande sculpture classique
s'était bien servi de la peinture,
mais comme moyen accessoire,
pour donner à la forme déjà
vivante de par sa structure pro-

ART ALEXANDRIN. Tête de femme
(Collection Laffan. Cl. du Musée).

pre, l'apparence superficielle de la vie. Sous les larges tons
simples qui couvraient les ensembles décoratifs et s'apai-
saient dans la lumière, le plan sculptural persistait. Au
IVe siècle au contraire, et bien plus encore aux époques
hellénistiques, le moyen d'expression pictural tend à se
passer de la forme et à modeler les surfaces par le jeu mystérieux des lumières, des ombres, des demi-teintes et l'enveloppe diffuse de l'air. Tentative légitime encore, quand elle
s'exerce sur le bas-relief, mais mortelle pour la sculpture. La

190

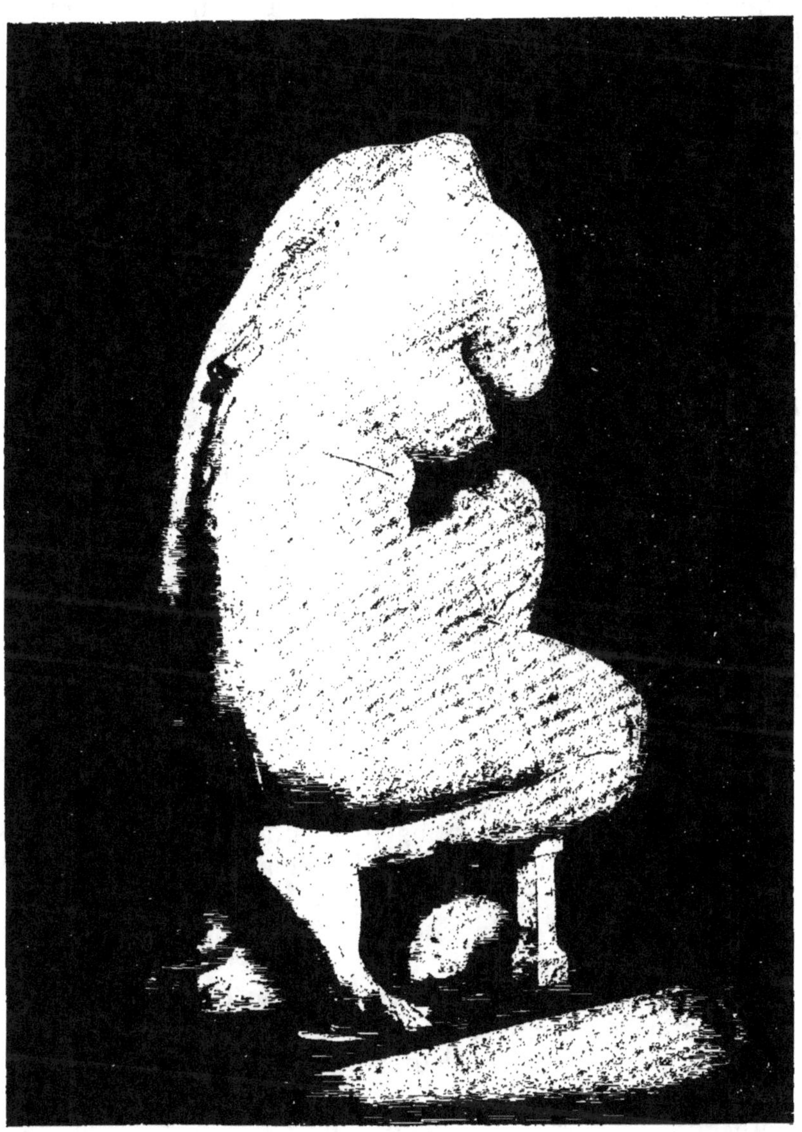

ART GALLO-HELLÉNIQUE. Vénus accroupie (1er siècle ap. J.-C.) (*Louvre*).

forme doit vivre dans l'espace par ses propres moyens, comme l'être vivant. C'est au niveau même des plans déterminés par sa vie intérieure, que l'atmosphère réelle doit venir la rencontrer. L'enveloppe est nécessaire au peintre seul qui transporte conventionnellement sur une surface plane la matérialité et la profondeur de l'espace. Si le sculpteur incorpore à la forme une atmosphère artificielle, l'atmosphère réelle la dévorera.

A l'époque Alexandrine, la confusion est accomplie. Il faut aux mystiques d'Asie, aux sceptiques d'Europe fatigués de leur scepticisme, l'enveloppe imprécise qui noie la forme, ouvre les rêves imprécis. La grande sculpture égyptienne, tout en gardant ses fortes traditions, s'était déjà orientée, à l'époque saïte, vers ces horizons nuageux. L'anecdote environnée du mystère de la peinture, tout l'art grec depuis Praxitèle y tendait. Le grand sentiment disparu, il fallait qu'un sentimentalisme neuf germât dans la douleur des foules et l'incertitude des esprits pour renouveler l'énergie du monde. C'est seulement dans ces tendances qu'on peut trouver dans l'art alexandrin une tentative obscure de fusionnement entre les aspirations essentielles des idéals du monde ancien.

L'idéal juif, c'est la justice. Il est limité, exclusif, par là intransigeant et dur. Comme tout excès passionnel, la passion sans contrepoids de la justice rend l'homme injuste pour ceux qui ne pensent pas comme lui, injuste pour lui-même dont la pensée ne connaît pas d'autre refuge que l'immolation de tous les jours ou l'impitoyable rigueur. Il est malheureux et seul, ne connaissant pas le pardon. L'idéal grec, c'est la sagesse, l'ordre du monde obéi et discipliné par l'intelligence, la conquête patiente, inclinée sur la vie, d'un équilibre relatif. Il sent fort bien ce qui est juste, mais ce qui est beau et ce qui est vrai le passionne au même degré. Il retrouve dans chacune de ces notions les échos des deux autres et l'une par les autres les complète, les tempère et les élargit. Phidias est dans Pythagore, et Socrate est dans Phidias.

Les Juifs devaient méconnaître le Christ, parce qu'il réagis-

sait en artiste contre l'idéal de justice qui les avait fait injustes,
et apportait aux hommes faibles la pitié des hommes forts.

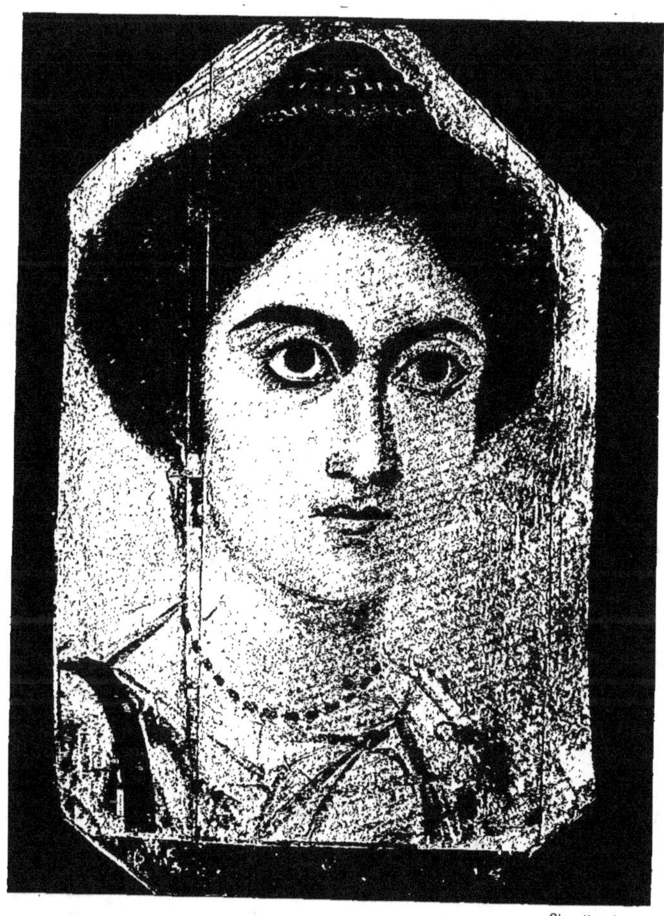

Cl. Alinari.

ART GRÉCO-ÉGYPTIEN. Portrait de jeune fille sur papyrus
(*Musée archéologique de Florence*).

Les Grecs étaient bien mieux préparés à le comprendre. Ils le
connaissaient de longue date. C'était Dionysos venu de l'Inde
et retournant en Asie avec les armées d'Alexandre, Dionysos,

193

13

le dieu des résurrections périodiques, le dieu des superstitions primitives, des magies et des maléfices, comme il avait été, au temps d'Eschyle, le dieu des ivresses païennes, Dionysos, l'éternel dieu des multitudes et des femmes. C'était l'homme-dieu de leurs mythes aussi, le héros, Héraklès, Prométhée. Avant le Christ, les stoïciens avaient enseigné la conquête de la liberté intérieure qui est la somme des disciplines que nous pouvons nous imposer. Avant le Christ, Socrate était mort pour les hommes. L'humanité du Christ fut le testament du monde antique plutôt que la préface du nouveau.

Elle apporta d'abord l'épée. Saint Paul va trahir Jésus, souffler à l'intelligence obscurcie du monde gémissant, la revanche de l'esprit juif. Les philosophes lui tournent le dos, mais les esclaves qui souffrent et les femmes, matrices de notre esprit comme de notre chair, les femmes qui veillent toujours à ce que le feu du foyer brûle, les esclaves et les femmes l'écoutent. L'homme crée l'idéal, mais il s'en lasse. Quand l'idéal s'éteint en lui, c'est la femme qui le recueille pour le faire dormir en elle jusqu'au jour où une autre voix mâle viendra l'y réveiller. Si l'art se féminise et s'attendrit dans l'esprit des hommes, comme en témoignent toutes les œuvres de cet âge, la volonté se virilise et se tend dans le cœur des femmes. Et c'est ceci qui tue cela.

La raison mourait seule, sceptique et dédaigneuse. Le sentiment grandissait seul, aveugle et tâtonnant. Il devait vaincre. Il était la foule et la vie. L'élan sentimental des faibles ruine la civilisation. On va brûler les livres, briser les statues, éventrer les temples humains, perdre le contact de la terre. Qu'importe. Il faut accepter ces chutes. Ce sont elles qui conditionnent les lendemains réparateurs. Sur le terrain occidental, labouré par la Grèce, la vraie pensée du Christ renaîtra, dans le verbe de Prométhée, après plus de mille ans d'obscurité, de fureurs, d'incompréhensions. On dirait que c'est cet abîme que regardent les vieux portraits de la dernière Egypte, avec leur visage d'énigme et les ténèbres de leurs yeux où tremble une lueur.

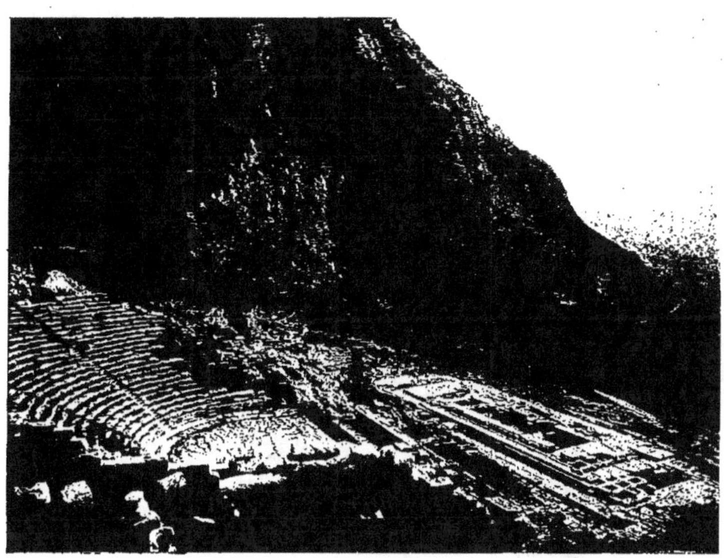

Delphes.

LA GRÈCE FAMILIÈRE

I

Tandis que l'art officiel, le grand art décoratif et religieux perdait de vue ses sources, l'art familier restait près d'elles, et pour lui seul elles ne se tarissaient pas. Le héros émané du peuple a disparu, mais le peuple est toujours là, et c'est en lui que survit l'âme grecque. Le peuple subit plus lentement l'influence corrosive de l'intellectualisme et de l'or et la flamme de vie couve en lui quand elle est en haut tout à fait éteinte. Même au temps des pires déchéances, l'instinct des multitudes enferme tous les éléments de la vie supérieure, il ne faut que l'éveil de désirs nouveaux par l'apparition de nouveaux besoins pour que le grand homme apparaisse et que mûrisse

195

en lui cet instinct que lui ont confié la foule morte des aïeux
et la foule vivante des hommes. La puissance animale brute,
la puissance intelligente, nous n'avons pas d'autres armes
pour conquérir notre propre organisation. Le civilisé moyen,

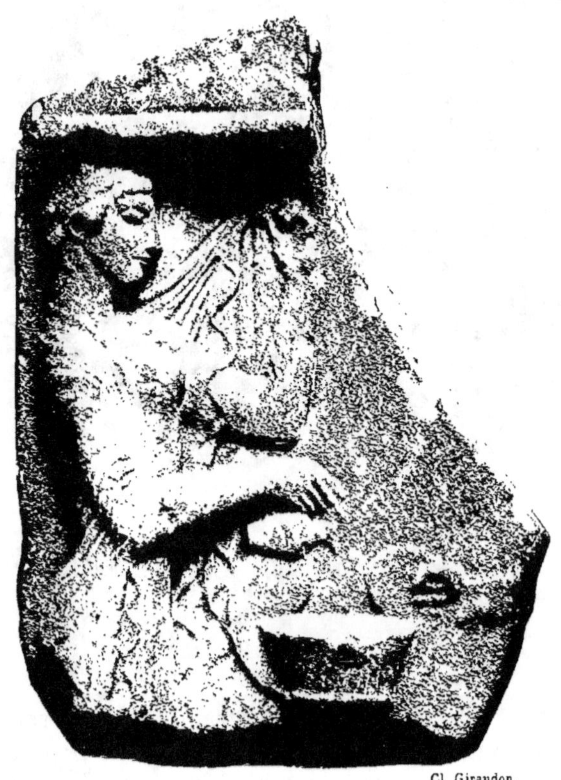

Fragment de stèle (fin du VIᵉ siècle) (*Collection particulière*).

au contraire, est aussi éloigné de l'ordre spirituel que de la
possession directe. Il n'a pas encore atteint l'une, il a perdu
l'autre. C'est un désert.

C'est le peuple qui recueillera, dans toute l'étendue du
monde grec, les éléments épars de l'âme antique. L'ouvrier
d'art remplace le héros. L'arbre déraciné va couvrir la terre

196

de feuilles. Du pavé des villes grecques sort un monde de bibelots, figurines de métal ou de terre cuite, bijoux, pierres gravées, meubles, monnaies, vases peints ou ciselés. Hier, l'homme de génie était au service du peuple. Aujourd'hui, l'homme du peuple est au service du rentier.

Le lien qui réunit le grand artiste à l'artisan, le passage de la grande sculpture à l'art populaire, c'est l'industrie des figurines en terre cuite qui se fabriquaient par milliers à Tanagra, parmi ces populations béotiennes que les Athéniens méprisaient tant. Cette industrie n'est pas nouvelle. Elle existe dès l'archaïsme. Mais, au IVe siècle, sous l'influence de la diffusion du goût, elle va se perfectionner et s'étendre. Elle suit, comme un petit reflet timide, l'évolution du grand foyer. Archaïque avec lui, elle est avec lui puissante et lumineuse, puis, à l'époque praxitélienne, franchement familière. Mais, avant Praxitèle, le reflet est tout à fait perdu dans le rayonnement du foyer. A partir de Praxitèle au contraire, quand le foyer pâlit, le petit reflet devient, dans l'ombre qui commence, un point de lumière éclatant. La grande sculpture, faite pour décorer les temples et vivre dans l'espace, échoue en s'essayant aux choses familières. La figurine, faite pour décorer les demeures privées et suivre son propriétaire dans sa tombe afin de lui tenir compagnie et de lui gagner les dieux, est essentiellement familière d'inspiration et de destination. Il était tout naturel qu'elle atteignît son apogée dans le siècle qui ramena les dieux parmi les hommes. Il n'y a pas beaucoup de dieux dans les sépultures béotiennes : il y a des hommes, surtout des femmes, des enfants, même des animaux, même des jouets et des poupées, même des figures obscènes.

On a dit que l'art grec avait manqué de caractère. C'est le connaître assez mal, et peut-être seulement par les calomnies que les Académies, les copies romaines et les romans rétrospectifs ont répandues sur son compte. Qu'est-ce que le caractère ? C'est la mise en évidence des éléments descriptifs, mais non pittoresques d'une forme donnée. L'art du Ve siècle, qu'on a dit sans caractère, dépasse le caractère individuel. Il exprime l'espèce entière, il la décrit en demandant à chaque individu son caractère dominant. Mais l'art familier de la Grèce ne vise pas si haut. Il suit, avec une sagacité charmante, le caractère individuel. On a oublié les portraits grecs — si rares, il est vrai, mais si aigus — on a oublié les Tanagras, les Myrinas, les peintures de vases, toute la peinture pompéienne et ces statuettes, ces ébauches où s'éternise la vie cruellement comique des malades, des bossus, des boiteux, des infirmes de toute sorte. On a oublié qu'il y a même des caricatures dans les sépultures de Tanagra. La popularité dont jouissaient les comédies d'Aristophane s'explique quand on connaît leurs spectateurs. On riait beaucoup en Grèce, les philosophes riaient des dieux, le peuple riait des philosophes. Les coroplastes de Tanagra et les potiers du Céramique étaient tout à fait joyeux.

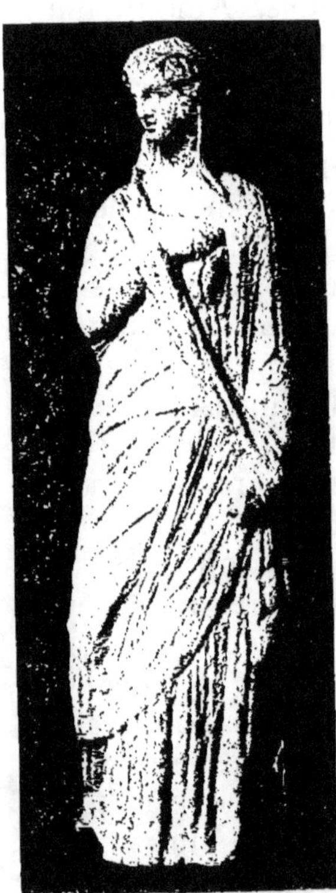

Cl. Giraudon.

Tanagra. Femme drapée
(*Bibliothèque nationale*).

Imitaient-ils les grandes statues contemporaines aussi souvent qu'on l'a dit ? C'est improbable. Il y avait parfois des réminiscences, et tout au plus. L'imitation, proche ou lointaine, c'est la mort. Or, elles vivent. Toutes les qualités de la sculpture praxitélienne y sont, plus aiguës. Elles sont modernes. Elles seront toujours modernes. C'est qu'elles sont éternelles. Faire un morceau vivant, c'est faire de l'éternité, surprendre les lois de la vie dans leur dynamisme permanent. Marche, danses et jeux, toilette, recueillement, causerie, attention, rêverie, immobilité, la vie des nuances, des impressions, des souvenirs passe dans ces charmantes choses, ou fuit, ou hésite, ou s'arrête. C'est une foule vivante de secondes imperceptibles que ces petites créatures candides aux cheveux roux, aux robes teintes. La Grèce, ici, cueille des fleurs et s'en couronne, se regarde dans l'eau, court sous les saules, se hausse sur la

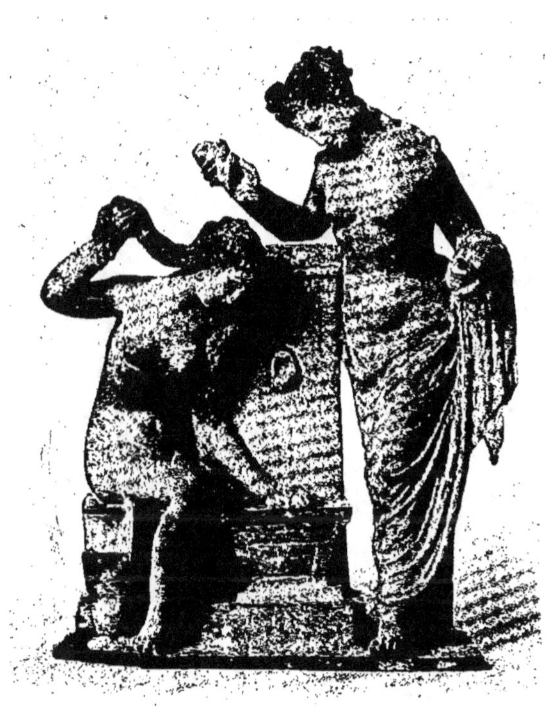

Tanagra. La toilette (*Collection particulière*).

pointe des pieds pour atteindre aux lèvres des dieux, sait vivre cette vie si ingénument animale que ses chanteurs et ses sculpteurs n'ont pu que la diviniser et parvenir en suivant sa pente, sans révolte, et sans trop douloureux effort, à en illuminer l'esprit.

Ces êtres gracieux ne savaient pas leur force de fascination.
La Grèce aima et se laissa aimer dans une admirable innocence. Si le grandiose sensualisme d'Orient créa le drame
musical et inonda le sculpteur d'Olympie de sa frénésie

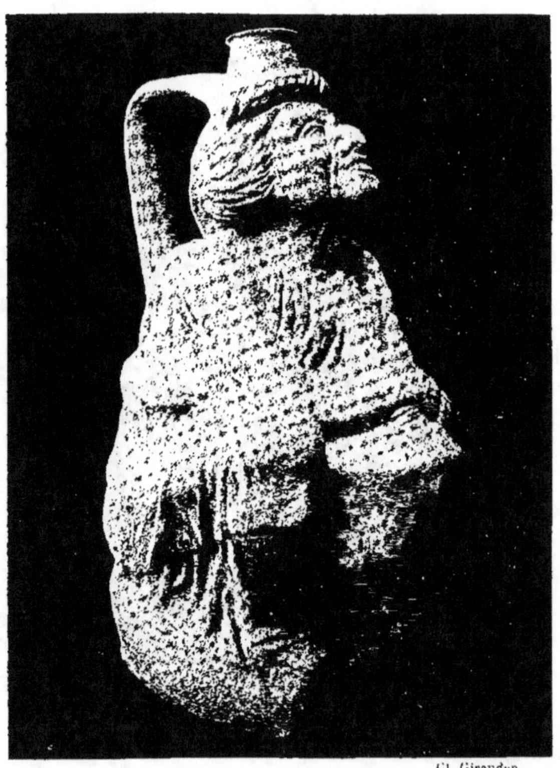

Cl. Giraudon.

Cruche (*Musée national d'Athènes*).

sainte, il ne fit qu'effleurer les masses populaires et les ouvriers
d'art qui traduisaient leurs besoins. C'est ce qui sépara toujours
l'art dorien et même attique, au moins dans ses manifestations
moyennes, de l'art des Grecs d'Orient. Les femmes de Myrina,
la Tanagra d'Asie mineure, savaient leur puissance d'amour.
L'âme vraie de la Grèce d'Asie, ardente à la volupté et faisant

200

ruisseler sa flamme dans l'intelligence hellénique est là, bien plus que dans la grande sculpture décorative du moment. La richesse verbale y paraît moins choquante que chez l'artiste de Pergame, car ce petit art coloré, ardent, primesautier, est fait pour être vu de près. Aucune emphase. Cela est gras, presque brutal, fait pour communiquer l'ardeur de ces belles femmes provocantes aux reins dodus, aux bras ronds, aux cheveux lourds, aux robes entraînantes, maquillées, parées, équivoques, toutes chargées de bijoux. On pense à la sculpture indoue qui remuera bientôt dans l'ombre des cavernes, aux idoles de Byzance autour de qui les gemmes étincellent, à l'agonie splendide, dans la pourpre vénitienne, du paganisme oriental. La conquête de l'Occident par la femme d'Asie est sur le point de s'achever.

II

Partout, entre le ive et le i^{er} siècle, partout en Italie, en Sicile, sur les côtes de l'Asie Mineure, l'art populaire et familier fait reculer l'art officiel. Le Coroplaste de Myrina, de Tanagra, le sculpteur alexandrin reste lui-même, tandis que le décorateur des monuments publics essaie de rattraper une âme sortie de lui, sortie du monde, et de reconcentrer par des moyens artificiels les éléments dissociés de la création artistique. À Alexandrie, le sculpteur de figurines n'était sans doute pas, comme à Myrina ou à Tanagra, un ouvrier, mais plutôt un de ces artistes mondains très brillants, très superficiels, très adroits qui foisonnent autour du riche. Toute expression sociale nouvelle, sans doute, appelle un art qui s'y adapte, et qui est beau par cela seul. Mais les sociétés ploutocratiques ne constituent qu'un moment de cette expression, le dernier, celui qui précède la chute. On a dit que le luxe appelait les arts. C'est vrai. Mais le luxe consume l'art, le profond sentiment créateur qui sort des peuples en plein effort comme l'enfant du ventre maternel et qui porte en lui leur foi, leur volonté, leur espérance, leur force de rayonnement. Entre la statuette du collectionneur et les temples de la démocratie, il y a la distance de l'Acropole qui les porte à l'étagère d'un salon.

A l'époque alexandrine, plus encore à l'époque impériale,

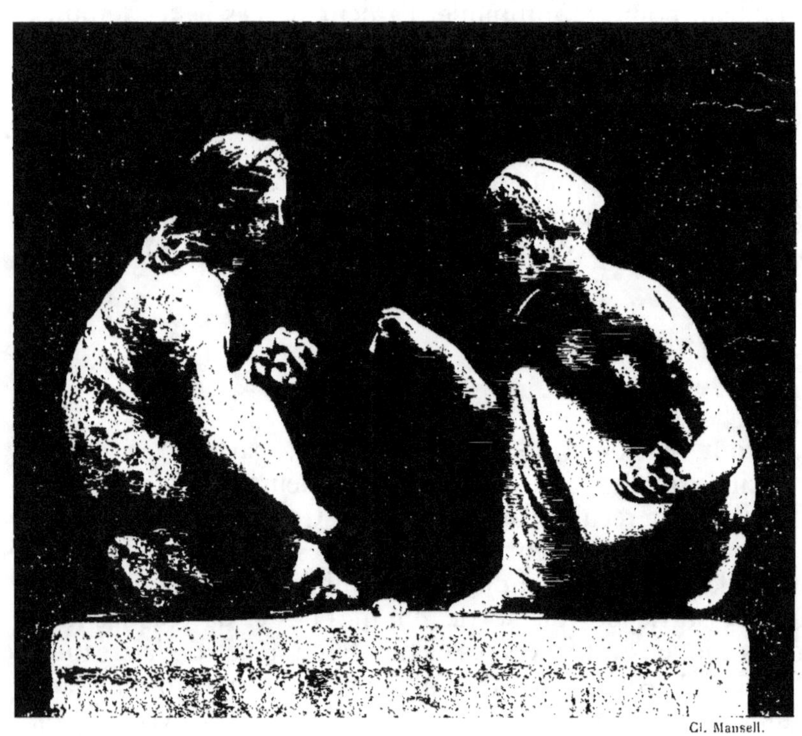

GRANDE GRÈCE. Joueuses d'osselets, terre cuite (*British Museum*).

la diffusion du goût a disloqué la force créatrice qui passe si souvent, quand elle se manifeste, pour une insulte au goût, c'est-à-dire à l'idée pratique et modérée que les dirigeants et les mondains se font de la fonction mystique de l'artiste qu'ils s'imaginent fait à la mesure de leurs besoins. Certes, le goût est délicieux, à Alexandrie, du moins le goût de l'aristocratie intellectuelle, car le parvenu, là comme ailleurs, n'aime que l'art anecdotique. Tout devient frôlement, frisson, passage. On crée des petits bronzes délicats où la matière prend des qualités de chair vivante, de peau chaude, tout ce blottissement frileux des corps nubiles que l'artiste sensuel, aux époques raffinées, décrit avec complaisance au collectionneur cultivé pour la joie des yeux et de la main. La femme ne se met plus nue, on la déshabille. Aphrodite ne sort plus de la mer, elle entre dans sa baignoire. Elle en tâte l'eau de l'orteil, son jeune corps se courbe ou se tord ou s'étire avec une impudeur parfaite, chaste quand même si l'on songe à l'Asie qui tente son dernier assaut, et sans doute grâce au contact de la pureté égyptienne, que la noblesse grecque vient reconnaître et épouser.

Voici le salon à la mode, les meubles rares, les vitrines où dorment des choses précieuses, à

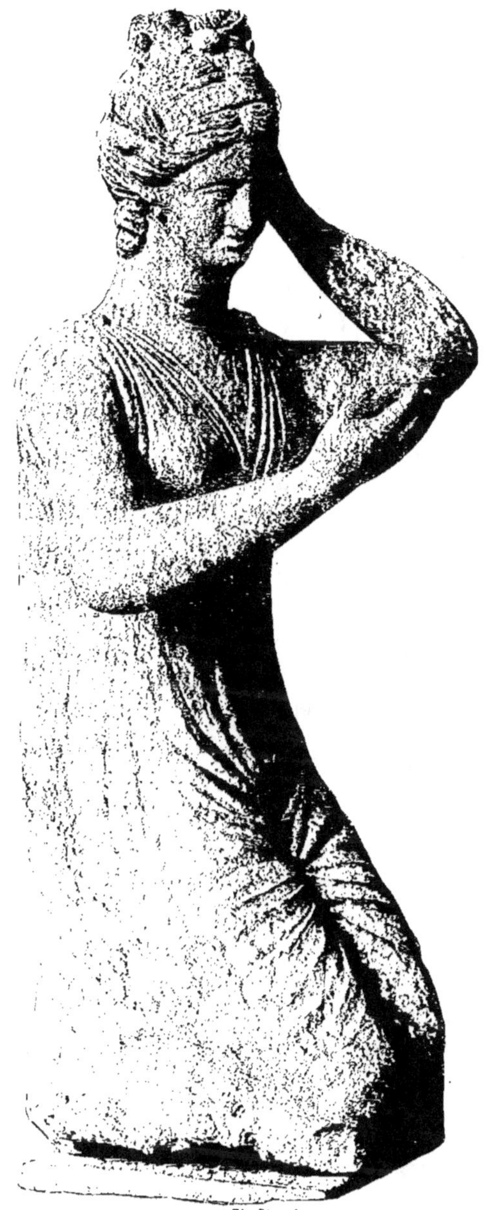

TANAGRA IVe siècle) (*Musée de Chantilly*).

l'abri des contacts profanes. La polygraphie et le roman ont succédé à la tragédie et à l'histoire. C'est l'époque où les élégants, hommes et femmes, couverts des pieds à la tête d'amulettes et de bijoux, boivent et mangent dans le métal ciselé. La cigale d'or dans les cheveux ne suffisait plus aux mondaines. Il leur fallait des bagues, des camées, des intailles, des colliers, des bracelets, des agrafes, des pendeloques. Bijoux d'or, simples de forme, en Grèce du moins, car l'Asie et la Rome impériale ont· des goûts plus pompeux. Le métal a la souplesse d'une liane, il rampe comme un reptile sur les formes, il épouse les sillons tièdes des cous, il cercle la splendeur des bras, il attire l'œil sur les belles mains, il marie à l'éclat mat de la peau fardée sa pâleur fauve. Serties ou suspendues, des pierres finement gravées, portant des dieux et des portraits, des oiseaux, des lions, des scarabées et des chimères, amulettes aussi nombreuses que les superstitions des époques sans foi.

L'art antique n'a pas connu la pierre pour elle-même, la lumière immobilisée. Il fallait qu'il travaillât la matière, qu'il imprimât en elle son idée de l'univers, de lui-même et de son destin. Dans la pierre, le marbre, le bronze, l'or, l'argent, l'ivoire, la cire, le bois, l'argile, dans toutes les cristallisations de la terre, ses os, sa chair, son sang, ses larmes, le Grec a ciselé partout la forme de son esprit. On a douté de la beauté de la sculpture chryséléphantine du Ve siècle, comme de la splendeur que devaient prendre, sous l'immense ciel grec, les temples bleus et or qui montaient des bois de lauriers, des acropoles et des promontoires, en accordant au marbre blanc je ne sais quel privilège d'absolue spiritualité. En sculptant Athéné ou Zeus dans l'or ou l'ivoire, les Grecs ne voulaient qu'exprimer leur vénération pour eux. Mais un esprit comme celui de Phidias ne pouvait pas se tromper sur l'instrument à employer. Il avait sous son front l'ordre, la force lyrique, l'accord harmonieux de l'intelligence et du cœur, et s'il sculptait les dieux dans l'or et l'ivoire, c'est que l'or et l'ivoire lui obéissaient comme le marbre. Qu'importe la matière ? Quelle

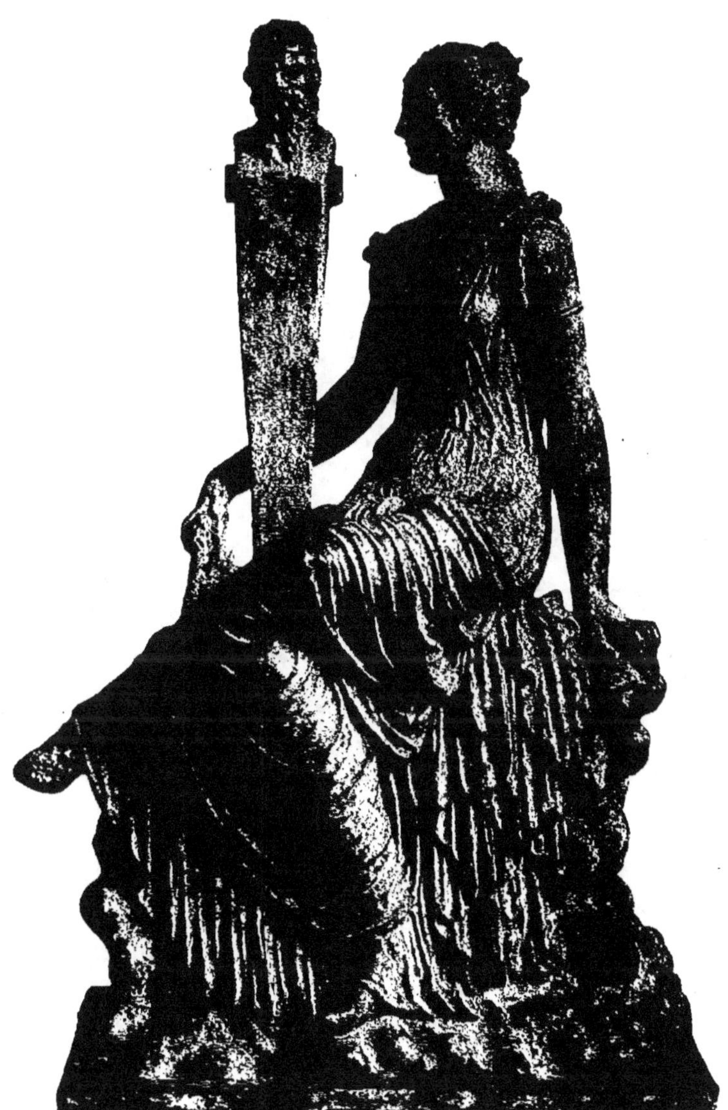

Tanagra (IVᵉ siècle) (*Collection particulière*).

qu'elle soit, elle exprime l'artiste comme l'écorce de la terre où
la houille et le diamant se mêlent, expriment son feu souterrain. Elle est jetée bouillante au moule de son âme, et quand
son âme est forte, l'argile est fort comme l'airain, et quand
son âme est douce, l'airain est doux comme l'argile.

La bonne matière du monde! Comme la peau et la laine
des bêtes, comme la chair des fruits, comme le pain, elle est
la compagne de l'homme. Elle est l'eau et le sel. Elle a la

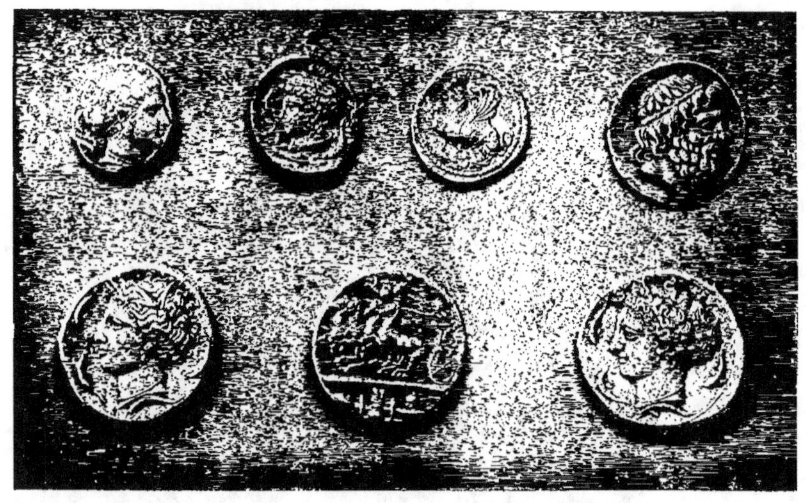

Cl. Giraudon.

Monnaies siciliennes (*Bibliothèque nationale*).

docilité des êtres domestiques, elle accueille le maître par le
seuil et les degrés, le protège par les murs et les toits, s'offre
pour son repos, se creuse pour recevoir ses aliments, s'allonge
pour atteindre ses lèvres, s'aiguise pour lui livrer les matières
moins dures qu'elle. Il fut un temps, vers la fin de l'hellénisme,
où la matière travaillée environnait l'homme de toutes parts
comme un cortège immobile qui le défendait et l'exaltait à la
fois. L'art héroïque faiblissait, sans doute, mais les dieux
d'ivoire et d'or étaient intacts au fond des sanctuaires, les
héros de marbre bariolé habitaient encore les métopes où

206

l'or des boucliers étincelait. Partout des temples peints, des propylées, des portiques, des stades à gradins, des colonnades, des dieux termes. De marbre les dalles des rues, les degrés des Acropoles, les amphithéâtres sereins faisant face à la mer par-dessus les collines. D'or et de pierre, jaspes, agates, améthystes, cornalines, calcédoines, cristal de roche, les bijoux qui pesaient aux bras, agrafaient les tuniques, luisaient dans les cheveux teints. Et dans les maisons de marbre, de pierre ou de bois et jusqu'au fond des sépultures, des sièges de marbre ou de bois, des vases d'or, d'argent, de bronze, des statuettes de terre cuite ou de métal, des pots d'argile ou des coupes d'onyx.

Dans le creux de la main tiédissaient de précieux morceaux de matière, la pièce d'or, d'argent, de cuivre. La Grèce n'inventa pas la monnaie, sans doute, mais ses cités furent les premières à lui donner sa forme circulaire, à frapper une tête d'un côté, un symbole de l'autre, une inscription mentionnant des devises, des signatures ou la valeur. Avec la diffusion de la richesse et de la culture esthétique, la monnaie jaillit par essaims des matrices de bronze. On en fabrique à peu près partout, à Athènes, en Asie, à Alexandrie, en Sicile surtout, dans les ateliers syracusains. La monnaie monte du foyer hellénique comme une crépitation d'étincelles. Le type change avec la ville, les événements, les victoires, les traditions. Statues, tableaux célèbres, légendes, mythes, animaux symboliques, portraits incisifs, les reliefs polis par des millions de mains, ombrés de noir au fond des creux, ont l'air d'une matière vivante immobilisée par le coin. Le cercle n'est jamais parfait, l'épaisseur du disque varie. Là, comme ailleurs, l'équilibre des éléments fait un organisme complet de l'objet d'art, que tuerait la symétrie. Le métal semble repoussé du dedans, comme gonflé de sucs et d'âme. Les Grecs lui donnent une vie charnelle ou végétale. Ils cisèlent des vases d'argent et d'or enlacés d'un réseau de branches où les graines, les bourgeons, les feuilles — chêne, olivier, laurier, platane, lierre — semblent frémir. C'est le fruit lourd enfoui dans le mystère du feuillage.

C'est peut-être par ces vases, et par maintes figurines de
terre cuite, qu'on peut le mieux juger à quel point les Grecs
ont compris le cadre où se meut la figure humaine. Ils n'en
eurent pas le souci dominant, comme après eux les Indous et
les Renaissants, surtout les Renaissants de Flandre et de
France, parce que leur sol était moins riche en formes ani-

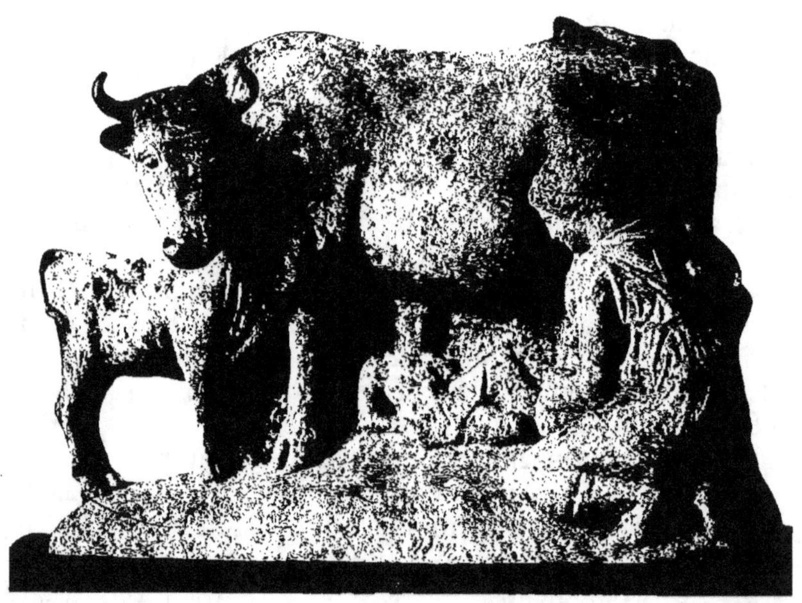

TANAGRA (IVᵉ siècle) (*Collection particulière*).

mées, et parce qu'ils voyaient dans l'homme le fruit mûr sus-
pendu aux branches, que ce fruit les attirait sans cesse, que
les rameaux, le tronc, le terrain où poussait l'arbre ne leur
apparaissaient que comme l'accompagnement de la mélodie
supérieure réalisée par leur esprit. Mais leurs grands poètes
tragiques ont vu les Ménades vêtues de peaux de tigre et
ceintes de serpents, couronnées de fleurs et de pampres, bondir
avec les panthères hors des forêts, ils ont parlé de monstrueux
accouplements d'où l'homme-bête jaillissait pour affirmer

208

l'accord grandiose de la nature indifférente et du volontaire esprit. Et le plus humble de leurs paysans qui savait la source et la grotte peuplées de divinités familières, sentait paisiblement la fraternité de son sol.

III

Les Grecs introduisaient dans leur maison le monde de l'air et des plantes. Le cadavre de Pompéi, ville de la Grande Grèce bâtie, décorée par des Grecs est couvert de fleurs. Dans les pièces closes, les marchés, partout des guirlandes de fleurs, de fruits, de feuilles, des oiseaux, des poissons, natures mortes épaisses, rutilantes, fougueuses, entourant des fausses fenêtres et des portes peintes qui s'ouvrent sur des perspectives de rues, de places, d'architectures et de champs. Sans doute n'est-ce là qu'une Grèce transplantée, latinisée, différente de la Grèce classique et tout envahie par les influences d'Alexandrie, d'Asie, et surtout inspirée par le ciel et la mer, la végétation, les rochers rouges, la flamme, le vin cuit dans la cendre chaude. Théocrite, sans doute, était Syracusain. Mais sur la terre grecque il y a des bas-reliefs, des sculptures de vases, des groupes tanagréens, chèvres-pieds, nymphes, jeunes femmes, danseuses, divinités des bois et des torrents, autour desquels on entend bruire les eaux, remuer les feuilles, mugir et chevroter les bêtes, rire et pleurer les flûtes dans le vent. Et si la nature environnante a fait taire un moment ses bruits autour du recueillement de Phidias inscrivant dans la seule forme humaine son intelligence du monde, Sophocle allait s'asseoir dans le petit bois de Colonne, le bois d'orangers pleins de cigales où les ruisseaux tremblent sous la mousse, Pindare, le rugueux poète du Nord, en se rendant aux jeux par les routes des gorges et des plages, y ramassait de formidables images, pleines de ciels et d'océans, Eschyle, du haut de l'Acropole d'Argos, regardait la nuit étinceler, et, du plus loin-

tain passé d'Hellas soufflait une brise fraîche. L'art égéen, déjà,
grouille de formes marines. Le vent de la mer, l'eau du fleuve
et le murmure du feuillage assistent à la rencontre d'Ulysse et
de Nausicaa, que le héros trouve semblable à un tronc de pal-
mier. Vitruve n'affirme-t-il pas que le dorique vient du torse
mâle, l'ionique du torse féminin ?

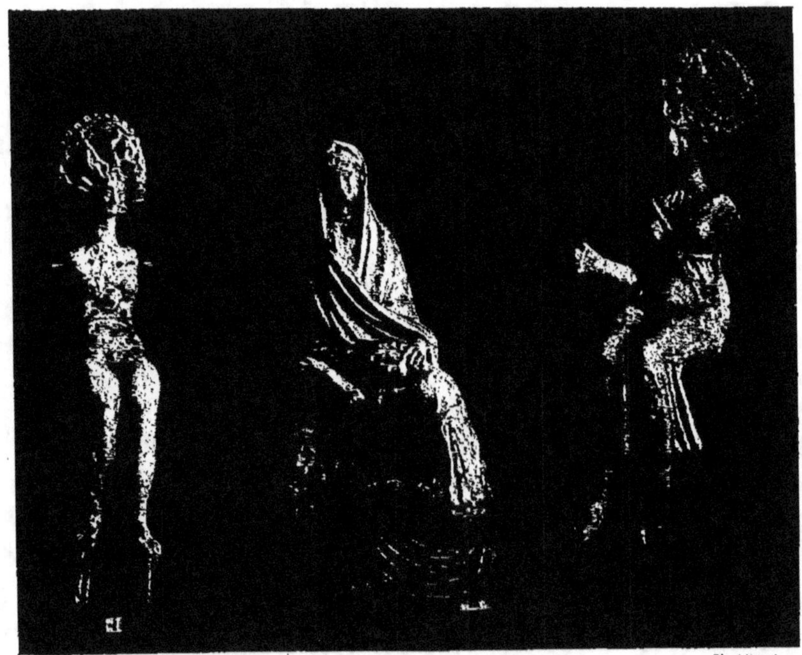

MYRINA. Statuettes, terre cuite (*Louvre*).

En tout cas, cet art pompéien, assez restreint, fait de souvenirs et d'imitations lointaines, et dû presque tout entier au
pinceau de décorateurs à gage, de peintres en bâtiment, respire
le monde animal et matériel, le monde pullulant et confus
qui nous entoure. Comme il est jeune encore, malgré la
vieillesse des civilisations païennes, comme il est vigoureux
dans sa vague morbidesse, profond et tout rempli de l'âme

antique ! Que sa puissance est persuasive, et comme, sur les
fonds monochromes, rouge, noir, vert ou bleu, la tache est
large, spontanée, la forme sûre, intense d'expression, vivante !
Amours, danseuses, génies ailés, dieux ou déesses, animaux,
formes nues, drapées, auréolées de gazes ondoyantes, légendes,
batailles, tout le symbolisme ancien, si près du sol, y revit
avec la sensualité un peu grosse et la can-
deur des ouvriers qui l'interprètent certes,
mais avec ce calme, cette fraîcheur à peine
un peu tachée, cette fleur de vie que le
vieux monde seul a connus. Demi voi-
lées, des formes dansantes apparaissent,
bras purs, jambes pures continuant comme
des branches balancées le torse pur. Les
corps nus émergent doucement de l'ombre, flottants dans leur ferme équilibre.
Ça et là d'implacables portraits, avec de
larges yeux ardents, la vie sans intermédiaire visible, dans son austérité brutale.
Parfois, côte à côte avec l'âme grecque
et un germe d'académisme par bonheur
encore inconscient, comme dans ce *Thésée
vainqueur de Minotaure* qu'eût aimé le
grand Masaccio, cette ardente expressi-
vité qui caractérisera, treize siècles plus
tard, le réveil de l'Italie. Monde inquiet,
inégal, travaillé dans tous les sens, mais

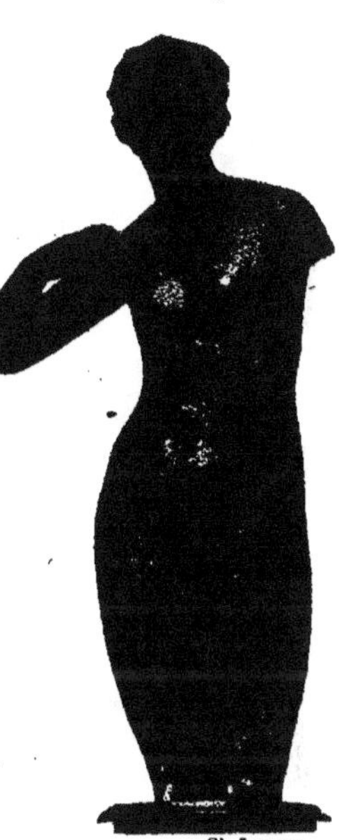

Statuette syriaque
(*Le Musée*).

fougueux, brillant, avec la pourriture en haut, l'ingénuité quand
même en bas.

Voyez ces regards immenses, ces grandes figures pensantes,
toute cette immobilité vivante qui frémit en dedans. Cette vie
arrêtée est presque terrible à regarder. On la dirait fixée sou-
dainement, comme saisie par le volcan à la même heure que
la ville. Impressionnisme, a-t-on dit ? Oui, par la fougue, la
largeur, l'instantanéité du mouvement surpris, mais exprimant,
par la voix pourtant affaiblie, pourtant énervée des artisans

211

d'une époque corrompue et sceptique, une force de compréhension et une profondeur d'amour où quelques hommes
isolés atteignent à peine aujourd'hui. C'est la seule vraie
renaissance de l'héroïsme grec. Elle répond, comme l'*Her*-

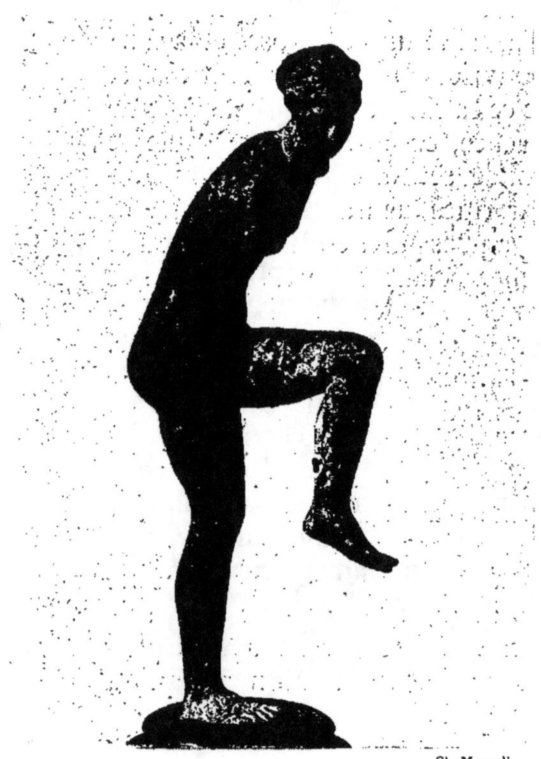

ART HELLÉNISTIQUE. Aphrodite, statuette, bronze (*British Museum*).

cule du Belvédère et les *Vénus* de la vallée du Rhône, au choc
de l'intelligence hellénique et de la force latine et crée dans un
éclair un art complet, par sa sève, sa vie ardente, sa fiévreuse
concentration.

Bien que ces peintures ne soient pas à proprement parler
des copies — en admettant que la copie soit possible et que le

copiste, médiocre ou génial, ne substitue pas dans tous les cas
sa nature à celle du maître, — bien qu'elles ne soient que des
réminiscences d'œuvres grecques et leur transplantation sur

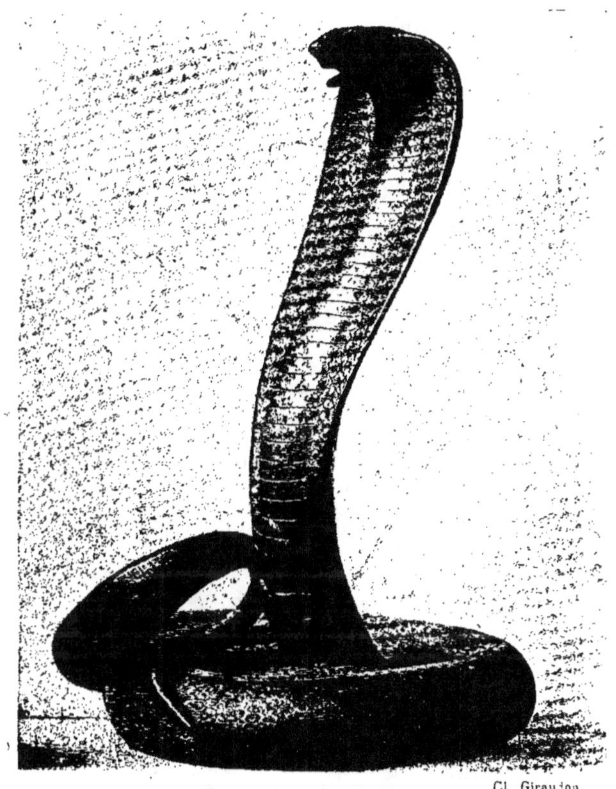

Uræus, bronze (*Bibliothèque nationale*).

un terrain renouvelé, c'est par elles que nous pouvons nous
faire une idée — lointaine — de la peinture antique, que les
temples ont écrasée en s'écroulant. Les fresques les plus
célèbres de la ville morte rappelaient les ouvrages de Polygnote, de Zeuxis, de Parrhasios, d'Apelles. La peinture racontait
les mythes anciens et les guerres nationales. Elle ne connut

213

d'abord que la teinte plate, sans doute très simplifiée, très éclatante. dure, en brutales oppositions, avant que le modelé apparût avec Parrhasios. Les lignes qui cernaient sa polychromie puissante devaient avoir la fermeté de la courbe ininterrompue que le passage des collines aux plaines et des golfes à la mer enseignaient à cette époque à ceux qui construisaient les dieux. Toujours décorative à ses débuts, elle subit la destinée de la peinture des écoles modernes où le tableau de chevalet apparaît quand les statues descendent du faîte des temples pour envahir les places publiques, les appartements et les jardins. Comme la sculpture elle dut se plier aux volontés du riche. Mais sans doute elle y résista mieux, étant plus souple, plus nuancée, plus individualiste, plus maîtresse de dire seulement ce qu'elle ne veut pas cacher. Je la vois, après Parrhasios, un peu semblable à la peinture vénitienne, autour de Giorgione et de Titien : mûre, chaude, automnale, avec un modelé fuyant dans les ombres colorées et des saillies éblouissantes et qui semblent dorées par les sèves du dedans. Moins fluide et musicale, cependant, plus massive, plus compacte. L'huile n'est pas trouvée et la cire rend le travail moins immatériel et plus lent.

IV

En tout cas, la peinture a conservé jusqu'à nous, par Pompéi, le parfum de l'âme grecque, dont elle nous livre un des plus mystérieux aspects bien mieux que la céramique qui ne nous en a guère esquissé que l'évolution extérieure, tout ce qui est composition, technique superficielle, sujets. La céramique se borne à figurer, avec les petites terres cuites, l'art industriel national de la Grèce, et c'est beaucoup. Mais elle ne peut prétendre à représenter autre chose que le reflet, dans l'âme populaire, des floraisons moissonnées par quelques esprits dans le corps de la nation.

Des centaines d'ateliers s'étaient ouverts un peu partout,

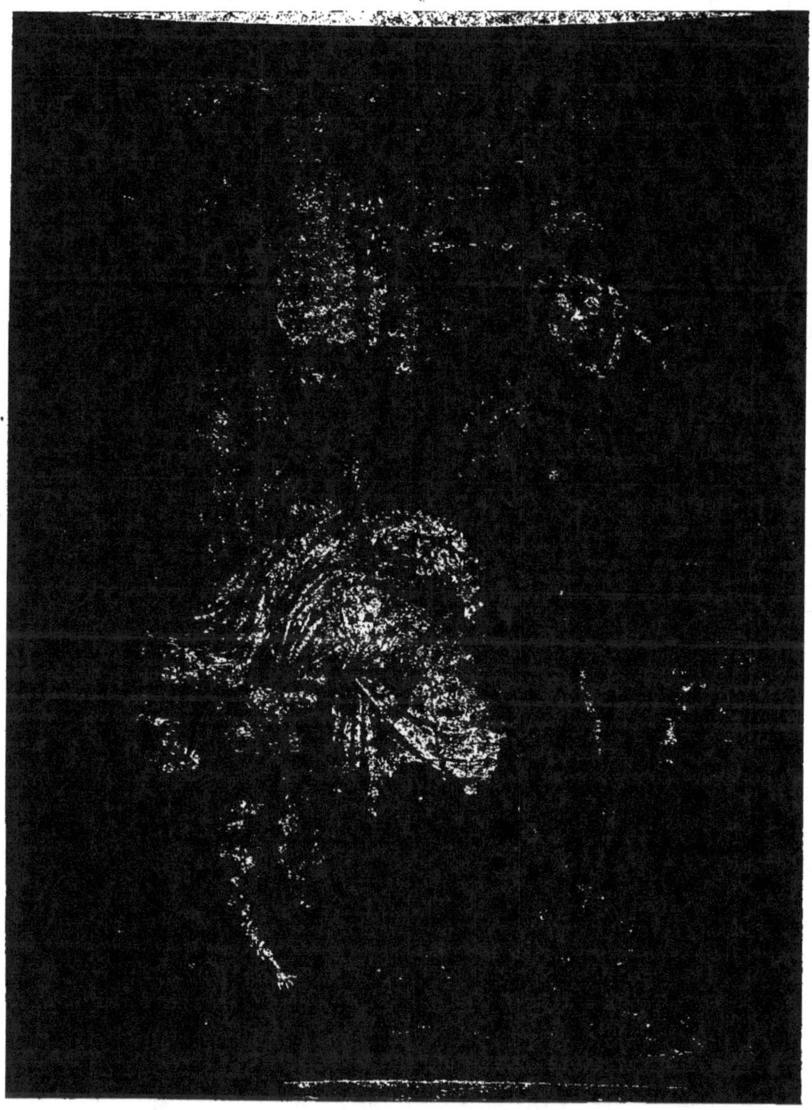

Cl. Brogi.

Pompéi (1er siècle ap. J.-C.). Téléphe allaité par une biche, fresque
(*Musée de Naples*).

à Athènes, en Sicile, en Etrurie, en Cyrénaïque, dans les Iles,
dans le Pont, jusqu'en Crimée. Les plus célèbres peintres de
coupes, Euphronios, Byrgos, Douris travaillaient avec leurs

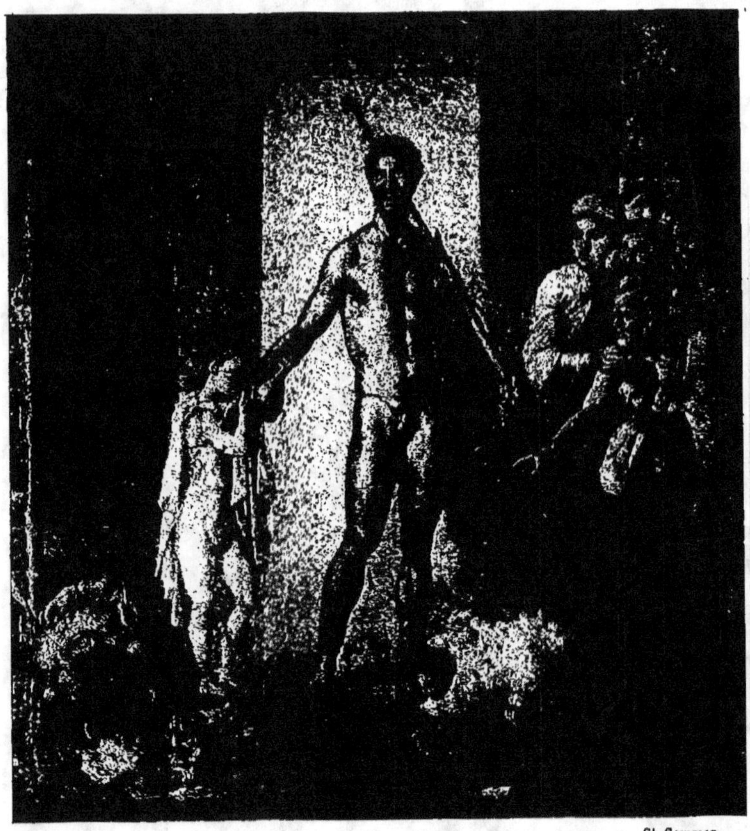

Pompéi (1er siècle ap. J.-C.). Thésée vainqueur du Minotaure, fresque
(*Musée de Naples*).

ouvriers, se répétaient souvent, se copiaient les uns les autres,
rivalisaient d'activité pour attirer le client et fondaient, dans
le bon travail en commun, l'échange continu, l'émulation, une
industrie puissante. L'esclave, là comme ailleurs dans la Grèce

216

non spartiatisée, était le collaborateur du maître, fermier à la campagne, domestique à la ville, ouvrier dans l'atelier, moins malheureux sans aucun doute que le serf féodal ou le salarié contemporain. L'homme était trop sage, alors, pour utiliser à

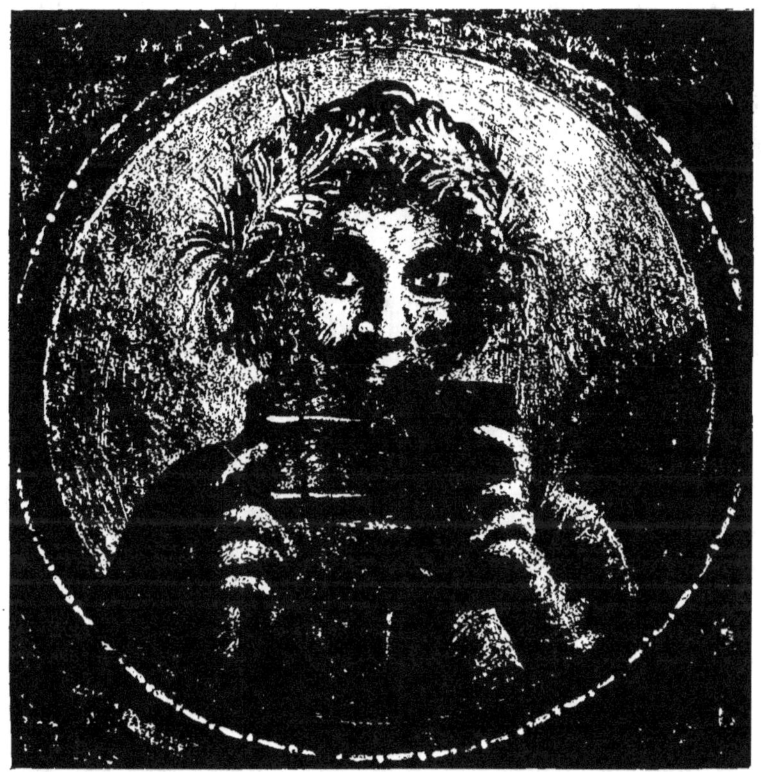

Cl. Alinari.

HERCULANUM. Faune jouant, fresque (*Musée de Naples*).

son profit la souffrance de l'homme, la vie était trop simple, trop près du sol, trop mêlée à la lumière pour que l'enfer en fût la loi.

Cependant l'art industriel, malgré ces puissantes racines, est si limité par ses fins mêmes qu'il ne peut prétendre à des intentions aussi hautes que celui des sculpteurs de dieux. Par contre, il évite bien plus longtemps le double écueil de la prétention et de la mode. Il meurt ainsi moins vite, et se renouvelle plus tôt. Diderot a eu raison de rétablir la dignité des arts industriels. Il a eu tort de les placer au même niveau que les autres. Le sculpteur, et surtout le peintre, ne sont guidés dans leur lutte

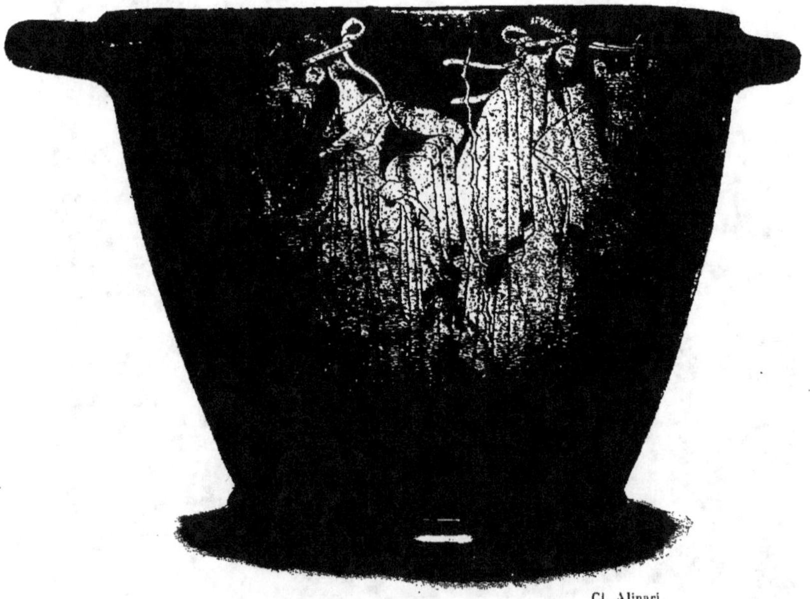

Canthare d'Epigenes (*Musée du Louvre*).

avec la matière que par la qualité de la matière. La destination de l'objet se meut dans un cadre si large que leur liberté n'a d'autre limite que l'espace infini où jouent les rapports de l'intelligence et de la sensibilité avec l'univers entier des sensations et des images. L'ouvrier d'art est enfermé en des frontières plus étroites par la fonction que doit remplir le meuble ou l'ornement qu'il travaille, et aussi par sa dimension. Une fresque et un dé à coudre n'offrent pas à leur auteur des moyens identiques. Si le son de l'âme peut être aussi pur, aussi touchant ici que là, les éléments de la symphonie y sont bien moins nombreux et infiniment moins complexes. Et, devant l'utilité pratique, l'utilité spirituelle est tenue de reculer.

Il faut que l'ouvrier contraigne en outre les ornements dont

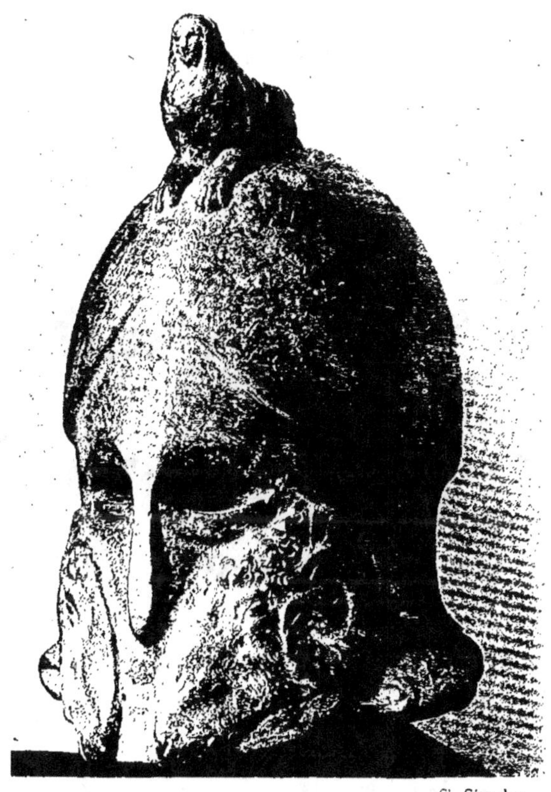

Casque votif. bronze (*Louvre*).

il veut décorer l'objet à suivre les contours de ses formes, à se modifier selon son volume, ses surfaces, à obéir comme lui-même à une destination exclusiviste et d'ordre quand même inférieur. Aussi est-il bien rare qu'on découvre, aux flancs des plus beaux vases athéniens, même un soupçon de cette com-

219

position libre qui apparente la grande sculpture au plan universel. Les formes s'allongent et se font parallèles pour épouser le flanc des amphores, leur donner de la rectitude et de l'essor. Elles s'étirent en rondes circulaires autour des coupes, des vasques, des cratères, comme pour entraîner le pot dans un mouvement giratoire. De-ci, de-là, très souvent sans doute, dans un ensemble sobre, fougueux, facile à lire d'un coup d'œil, noir sur rouge ou rouge sur noir, d'admirables détails,

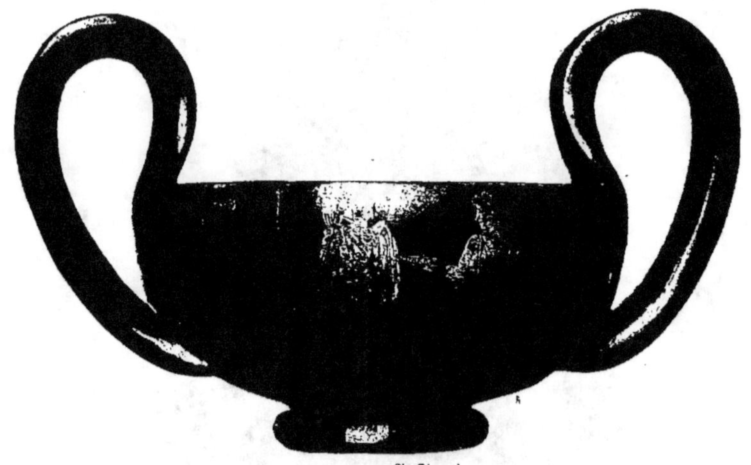

Coupe de Chélis (*Musée du Louvre*).

un dessin pur comme la ligne du pays, incisif comme l'esprit de la race, qui suggère le modelé absent par sa direction seule et sa manière d'indiquer l'attitude et le mouvement. Pour l'ouvrier comme pour le sculpteur des temples le moule archaïque est brisé, la nature n'est plus un monde de formes immuables et séparées, mais un monde mouvant, se combinant et se désagrégeant sans cesse, renouvelant ses aspects et changeant à chaque seconde les éléments de ses rapports.

La forme de ces vases est si pure qu'on la dirait née toute seule, et non sortie de la main des potiers, mais du jeu obscur et permanent des forces naturelles. Ils donnent la sensation vague que l'artiste obéit aux indications du tour pour étrangler ou pour renfler l'argile, asseoir la pâte ou l'allonger. Quand le tour ronfle, quand la matière tourne et fuit, une musique intérieure murmure à la forme mouvante le balancement mystérieux qui rythme les chants et les danses. Graines, mamelles, hanches rondes, fleurs fermées, fleurs ouvertes, racines tournoyantes, formes sphériques de la nature, le mystère central dort au creux recueilli des vases. La loi des attractions universelles ne régit pas seulement les soleils, toute matière se meut et tourne dans le même cercle. L'homme essaie d'échapper au

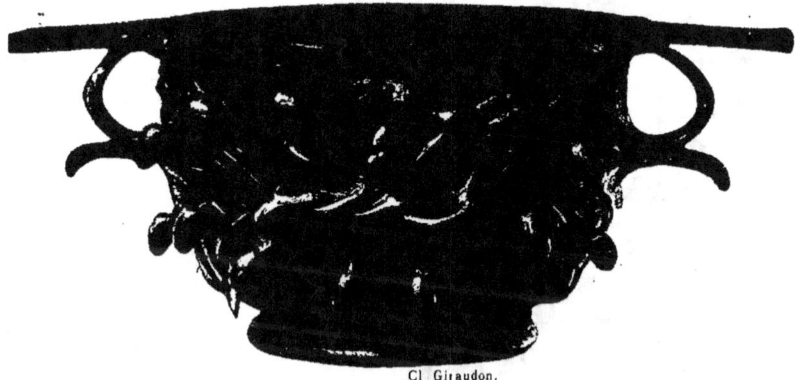

Cl. Giraudon.

GRANDE GRÈCE. Vase aux olives, argent, trésor de Boscoréale
(*Musée du Louvre*).

rythme, le rythme le reprend toujours. Le vase a la forme des fruits, des ventres de mère et des planètes. La sphère est la matrice et le cercueil des formes. Tout en sort. Tout y revient.

Le vase grec, sauf les grandes amphores panathénaïques qui ont la sévérité de leur destination, le vase grec, quand on le regarde de près, vous accueille presque toujours avec une familiarité charmante. Quand il raconte les aventures de guerre ou interprète les vieux mythes, il s'humanise délicieusement. Très souvent ce sont des enfants à leurs jeux, des hommes dans leur atelier, des femmes à leur toilette, de longues, d'ondulantes formes grasses indiquées d'un trait continu. La peinture familière de l'Egyptien agriculteur racontait le travail des champs. La peinture familière des Grecs, peuple de marchands et de causeurs, parle plus volontiers des travaux de la maison.

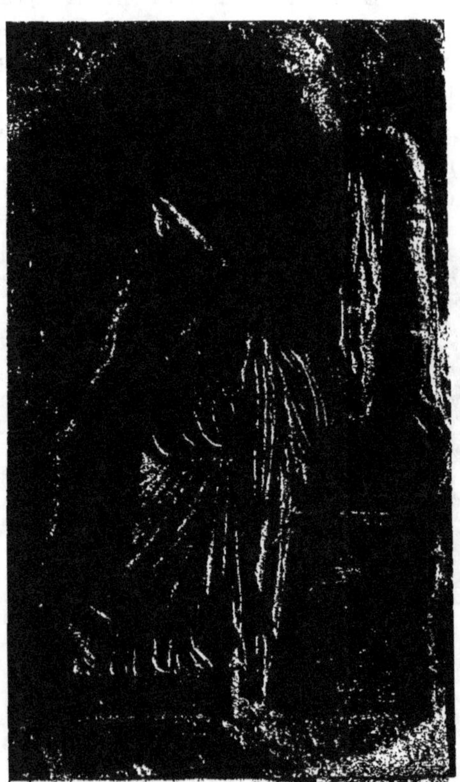

Cl Alinari.

Stèle funéraire (v° siècle av. J.-C.)
(*Musée national d'Athènes*).

La légende de l'héroïsme rébarbatif et quotidien ne tient pas plus devant ces vases que devant les figurines béotiennes. La vie, dans la cité antique, tend à un parfait équilibre, bienveillant bien que parfois difficile. Les passages entre ses éléments constitutifs sont plus sensibles dans le langage et la loi écrite que dans la réalité. L'indulgence, la familiariré méridionales, la vie simple rapprochent tout. Si le Grec avait méprisé la femme, il n'eût pas parlé d'elle avec tant d'intelligent amour, et s'il avait été dur pour le serviteur, il ne l'eût pas montré ainsi associé à sa tâche. L'enfant joue et va à l'école où il apprend la musique, l'écriture et la récitation. L'éphèbe fréquente le stade, l'homme et le vieillard l'agora, la ménagère file et coud. Aux jours de fêtes, les jeunes filles, roseaux ployés, eaux ondoyantes, fleurs et guirlandes balancées, dansent en théorie, rythmant au son des musiques grêles les mouvements de la marche, de la poursuite, de l'adieu, de la supplication, de la prière, de

222

l'inconsciente volupté, toute la vie résumée de nos gestes essentiels. La passion ? Le Grec l'a tellement connue qu'il l'a divinisée, mais elle était pour lui un aliment, le passage d'un état d'équilibre à un autre état d'équilibre, il pressentait que l'impulsion sentimentale était seulement un moyen de réaliser l'harmonie.

Arès, Aphrodite avaient leurs temples, Dionysos aussi, mais les trois sommets de la Grèce, en dehors d'Eleusis, sommet voilé, mystérieuse région où lui apparaissait sans doute l'unité de notre désir, c'étaient le Parthénon d'Athènes, le sanctuaire de Delphes, l'Altis d'Olympie où l'homme venait adorer sa Raison, sa Beauté, son Energie. L'héroïsme, c'est la vie acceptée. C'est la réalisation progressive et jamais atteinte des conquêtes qu'elle nous impose.

Le consentement au destin, voilà la Grèce. Il y a à Athènes, dans le petit cimetière du Céramique, au pied de l'Acropole et tout près du chemin qui menait à Eleusis, des stèles funéraires d'un symbolisme émouvant. La Grèce a voulu nous faire aimer la vie jusque sur sa pierre tombale. On s'y dit adieu avec des gestes simples, avec une figure un peu triste et tout à fait calme, comme si l'on allait se revoir. L'ami serre la main de l'ami, la mère pose ses doigts sur les cheveux de l'enfant, la servante présente à la maîtresse le coffret plein de bijoux. Les animaux familiers viennent assister au départ. La gloire de la vie terrestre entre dans l'ombre souterraine.

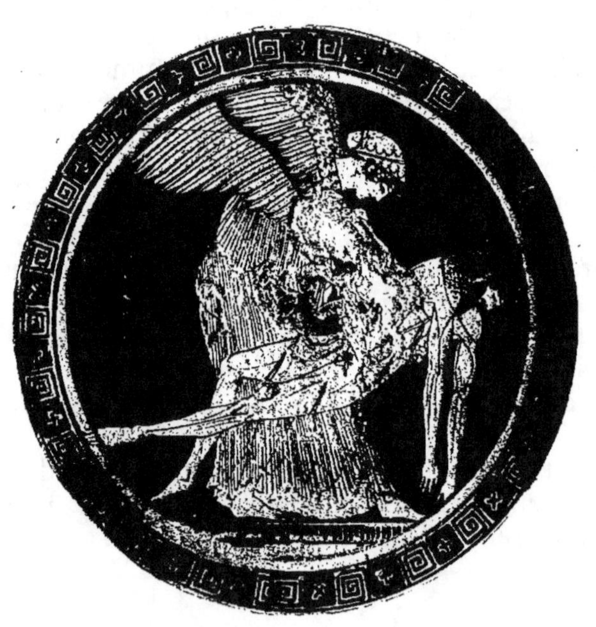

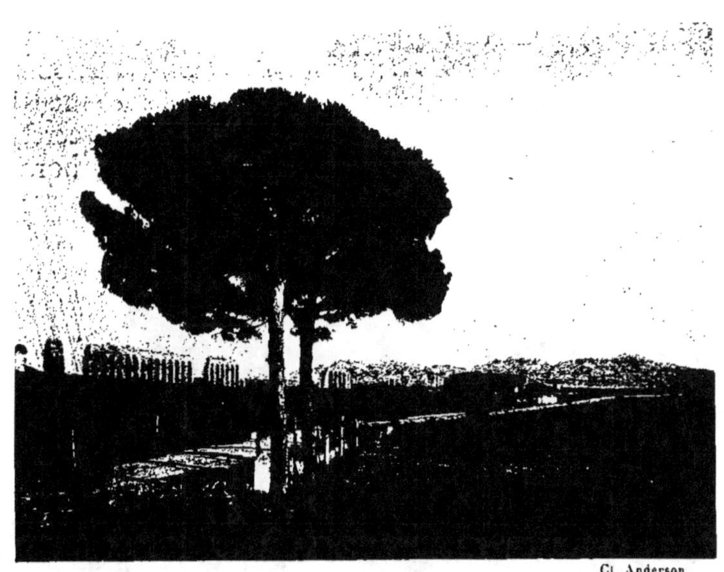

Campagne romaine.

ROME

I

Jusqu'à l'époque hellénistique, le rayonnement de la Grèce dans le monde méditerranéen empêcha d'apercevoir les civilisations qui grandissaient ou disparaissaient autour d'elle. La nation qu'elle connut et dont elle parla le mieux, c'est la Perse, parce qu'elle eut à la combattre. Les vieux peuples n'avaient guère qu'un moyen de se pénétrer et de se comprendre, la guerre. Or, la conquête militaire répugnait aux Grecs. Les colonies qu'ils avaient semées sur tous les rivages de l'Asie, du Pont, de l'Afrique du Nord, de l'Italie méridionale, de la Sicile, constituaient les escales d'un vaste réseau maritime assez fermé, national en somme, au delà duquel tout était pour

15

eux légendes, demi-ténèbres et confusion. Le négoce ne dépassait guère le littoral des mers heureuses. L'intérieur des terres, les montagnes de l'horizon, les forêts inconnues, en échappant à l'action de la Grèce, lui dérobaient leur secret.

L'hellénisme n'a laissé que des traces furtives hors du

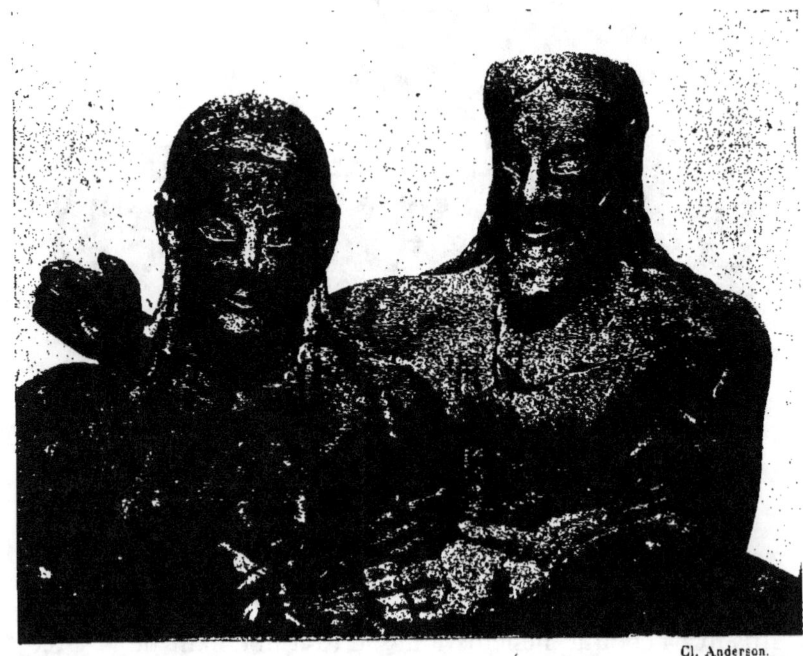

ART ÉTRUSQUE (VIe siècle av. J.-C.). Sarcophage, détail (*Villa du pape Jules*).

monde grec proprement dit. Il n'y eut guère qu'un peuple d'agriculteurs et de terriens qui subit assez fortement son influence par les villes de la Grande Grèce et les chemins maritimes. Le pays qui s'étend entre l'Arno, le Tibre, les Apennins et la mer fut peut-être le seul du vieux monde à accepter sans révolte, dès l'époque héroïque, la royauté de l'esprit grec. Les Etrusques, comme les Grecs, descendaient sans doute des vieux Pélasges et reconnaissaient dans les

226

produits que leur apportaient les navires, — les vases surtout
qu'ils achetaient par grandes quantités — l'encouragement d'un
effort parent du leur. En fait, les manifestations les plus originales de leur art doivent toujours quelque chose à la Grèce, et
certainement par son intermédiaire, à l'Assyrie et à l'Egypte.

Sans doute, à la longue, si Rome n'était venue en écraser

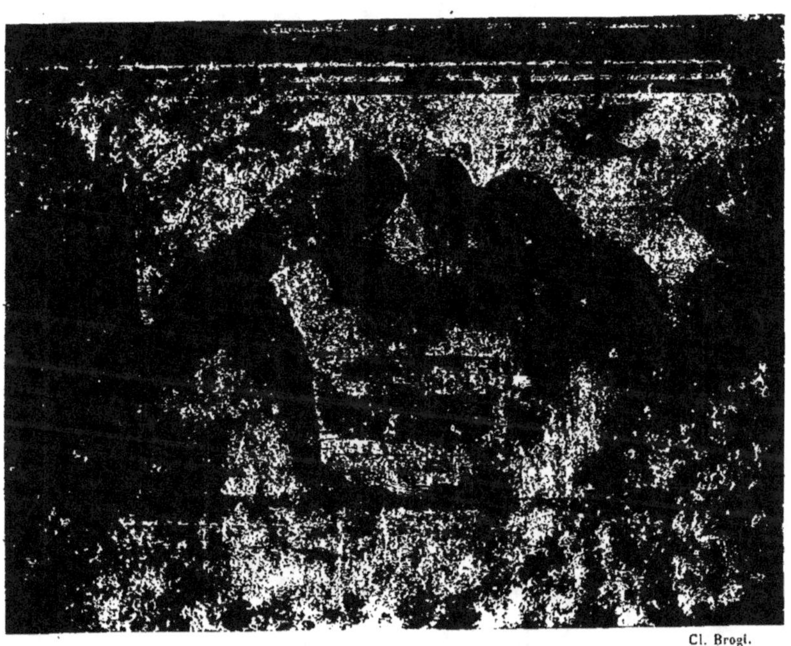

ART ÉTRUSQUE. Tombe des augures. fresque, détail (*Corneto Tarquinia*).

le germe, le génie étrusque eût-il profité du déclin de la Grèce
pour se réaliser au contact de sa terre. Elle est rude, torrents,
forêts, montagnes, très dessinée, très définie. Mais le paysan
d'Etrurie, courbé sur le sillon, ou l'œil sans cesse arrêté par
les collines, n'avait pas l'horizon libre qui s'ouvrait devant
l'homme grec, trafiquant entre les golfes et les îles ou berger
sur les hauteurs. De là, dans l'art étrusque, quelque chose de
funèbre, de violent et d'amer.

Le prêtre règne. Les formes sont entermées dans les tombeaux. La sculpture des sarcophages où deux figures étranges, le bas du corps cassé, le haut secret et souriant s'accoudent avec la raideur et l'expression mécaniques que tous les archaïsmes ont connues, les fresques des chambres funéraires

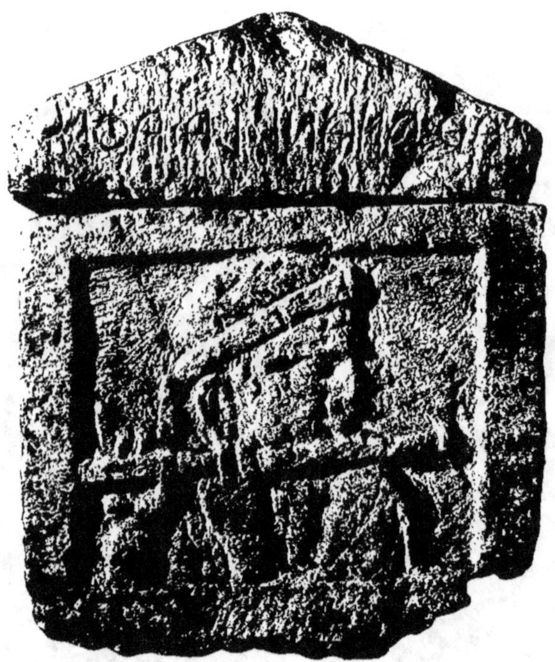

ART ÉTRUSQUE. Urne cinéraire (*Pérouse*).

qui racontent des sacrifices et des égorgements, tout leur art est fanatique, superstitieux et tourmenté. Le mythe et la technique viennent souvent des Grecs. Mais cela semble plus près de l'enfer que les Primitifs de Pise peindront, vingt siècles plus tard, sur les murs du Campo-Santo, que des harmonies de Zeuxis. Le génie toscan perce déjà sous ces formes bizarres, trop allongées, quelque peu maladives, où la vigueur et l'élégance de la race n'arrivent pas à vaincre son mysticisme énervé.

228

Cependant une étrange force, une vie mystérieuse en sourd.
Ces sombres fresques ressemblent à des ombres qu'on arrête-
rait sur un mur. Un tout-puissant génie décoratif s'y révèle,
un équilibre constamment poursuivi et comme stylisé par
l'apparente symétrie des gestes rituels, du vol des oiseaux, des
branches, des feuilles, des fleurs. Quelque chose comme une
danse, saisie au vol dans son rythme le plus fuyant.

L'Etrurie, en faisant l'éducation de Rome, fut l'étape intermédiaire de la civilisation dans sa marche de l'Est à l'Ouest.
Les annales matérielles de la République romaine nous renseignent peut-être mieux sur le génie des Etrusques que sur
celui de ses fondateurs. La voûte, que les Pelasges ont apportée
d'Asie et dont leur descendance égéenne a doté la Grèce primitive, est transmise à Rome par leur descendance italique.
L'arc de triomphe romain n'est que la porte étrusque modifiée.
Rome demande à des ingénieurs d'Etrurie sa *Cloaca Maxima*,
et c'est l'intestin de la ville, le viscère organique autour duquel
sa matérialité profonde s'installera pour croître peu à peu et
projeter ses bras de pierre sur le monde ancien tout entier.
L'Etrusque, dès le sixième siècle, n'apporte pas seulement à
Rome sa religion et sa science augurale, il creuse les égouts,
bâtit les temples, dresse les premières statues, forge les armes
par lesquelles Rome l'asservira. Il coule le bronze, et ses
bronzes ont une âpre force, tout entière tendue vers l'expression la plus intransigeante, rugueuse et drue comme les chênes
ramassés de l'Apennin. Le symbole de Rome, la rude louve
du Capitole, est d'un vieux bronzier toscan.

II

Dès ses débuts, Rome est elle-même. Elle détourne à son
profit les sources morales du vieux monde, comme elle
détournait les eaux dans les montagnes pour les amener dans
ses murs. Une fois la source captée, son avidité l'épuise, elle

va plus loin pour en capter une autre. Dès le commencement du troisième siècle l'Etrurie, broyée par Rome, cimente de son sang, de ses nerfs, avec le sang et les nerfs des Latins, des Sabins, le bloc où Rome s'appuiera pour se répandre sur la terre, en cercles concentriques, dans un effort profond. Toutes les résistances rencontrées, Pyrrhus, Carthage, Hannibal, ne seront pour elle que des moyens de cultiver sa volonté et de l'accroître. Les légions progressent comme une alluvion régulière.

Si le positivisme romain n'avait pas comprimé le Latin et l'Etrusque, on se demande, à lire Plaute, Lucrèce, Virgile, Juvénal, quel art eût pu réaliser cette rude synthèse des vieux peuples italiques, épris des bois et des jardins et dont le génie est amer comme ses feuillages, nourri comme ses labours. Mais le Romain fut trop tendu vers la conquête du dehors pour conquérir tout ce qu'il avait en lui-même de vigueur et d'âpreté. Tant que dura la guerre méthodique — cinq ou six siècles — il n'eut pas le temps de s'exprimer. Dès que les ressorts se détendirent, l'esprit de la Grèce conquise les faussa. Mummius, après le sac de Corinthe, disait aux entrepreneurs chargés de faire parvenir à Rome le butin : « Je vous préviens que si vous cassez ces statues, vous aurez à les refaire. » Cette méconnaissance du rôle supérieur de l'œuvre d'art a quelque chose de sacré. Elle révèle une de ces candeurs dont un peuple peut tout espérer, s'il l'applique à se regarder vivre. Elle eût été pour Rome le salut, si Rome avait refusé les chefs-d'œuvre que lui envoyait le consul. Mais elle les accepta avec empressement, elle en fit venir d'autres, encore d'autres, elle dévasta la Grèce, et son dur esprit s'usa sur ce diamant.

C'est là une des fatalités de l'histoire et la preuve de la tendance qu'a l'ensemble des sociétés humaines à poursuivre son équilibre. Asservi matériellement, un peuple de culture supérieure asservit moralement le peuple qui l'a vaincu. La Chaldée impose son esprit à l'Assyrie, l'Assyrie et la Grèce ionienne à la Perse, la Grèce transforme le Dorien. Rome

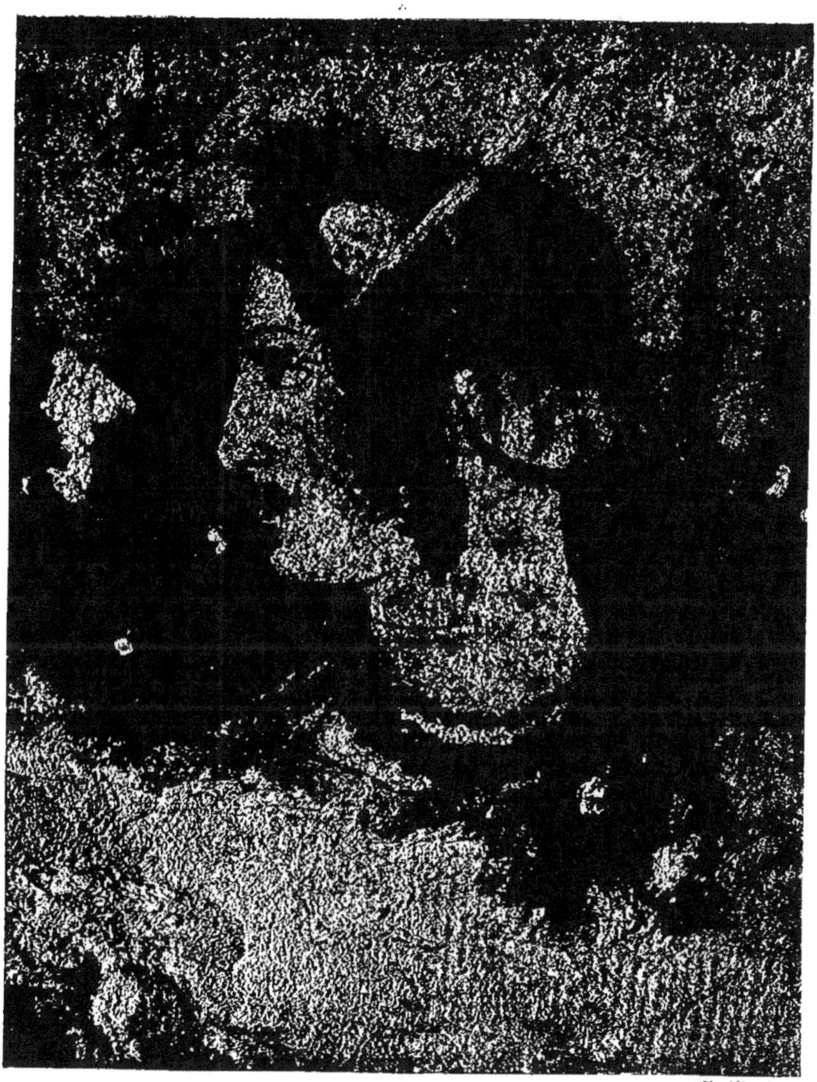

Cl. Alinari.

ART ÉTRUSQUE. Fresque (*Corneto Tarquinia*).

veut plaire à la Grèce comme le parvenu à l'aristocrate, la
Grèce veut plaire à Rome comme le faible au fort. A ce contact, la Grèce ne peut plus prostituer un génie qui s'est depuis
longtemps échappé d'elle, mais Rome y perd une partie du sien.

Le Romain, dans ses mœurs, son tempérament, sa religion,
toute sa substance morale différait totalement du Grec. Ici une

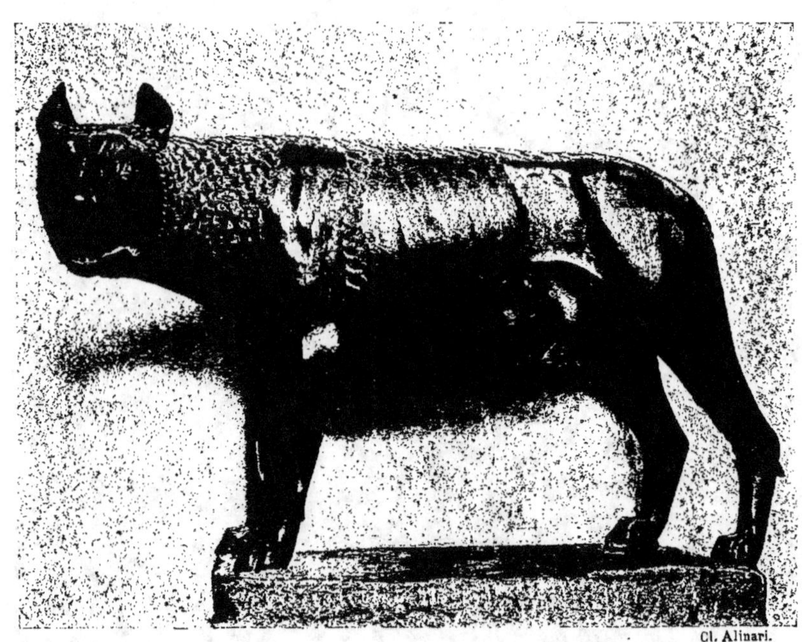

ART ÉTRUSQUE. Louve (*Musée du Capitole*).

vie simple, libre, investigatrice, toute au désir de réaliser l'harmonie intérieure qu'une imagination charmante poursuit sur
tous les chemins. Là une vie disciplinée, égoïste, dure,
fermée, cherchant hors d'elle-même son aliment. Le Grec fait
la cité à l'image du monde. Le Romain veut faire le monde à
l'image de la cité. La vraie religion du Romain, c'est le foyer
et le chef du foyer, le père. Le culte officiel est purement
décoratif. Les divinités sont choses concrètes, figées, positives,

232

sans liens, sans enveloppe harmonieuse, un fait personnifié à côté d'un fait personnifié. C'est un domaine à part, et au fond, secondaire. D'un côté le droit divin et la religion, de l'autre le droit humain et la jurisprudence. C'est le contraire de la ·

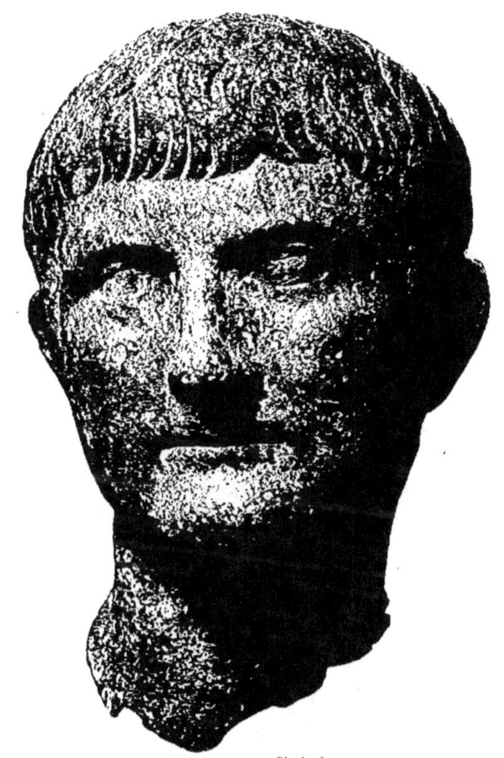

Cl. Anderson.
Buste de Tibère, bronze (*Musée national romain*).

Grèce où le passage est insensible de l'homme au dieu, du réel au possible. L'idéal grec, c'est la diversité et la continuité dans le vaste ensemble harmonique des actions et des réactions. L'idéal romain, c'est l'union artificielle de ces éléments isolés dans un ensemble raide et dur. Si l'art de ce peuple n'est pas utilitaire, il sera conventionnel.

233

Pourquoi prendrait-il les éléments de ces conventions formelles à d'autres qu'à la Grèce, qui les lui offre ? Il y aura bien des essais de transformation, même une sourde insurrection d'instinct. Malgré lui, contre lui, un peuple est lui-même. Le temple grec ne peut être transporté à Rome comme les statues et les peintures, et quand l'architecte romain revient d'Athènes, de Sicile ou de Paestum, il a eu le temps, en cours de route, de transformer sans le savoir la science qu'il en rapporte. La colonne devient épaisse et lisse, souvent inutile, placée contre le mur en guise d'ornement. Si l'ordre corinthien domine, le dorique et l'ionique transformés font de fréquentes apparitions, souvent se mêlent ou se superposent dans le même monument. Le temple presque toujours plus grand qu'en Grèce, perd son animation. Il est symétrique volontairement, massif, lourd, positif. Ce n'est guère que hors de Rome, en Gaule, en Grèce, en Asie surtout, que Rome construit de formidables temples, des temples éclatants de force et de soleil, où les hautes végétations corinthiennes paraissent des arbres vivants cimentés dans les murs. Mais sans doute Rome ne jouait-elle là dedans que son rôle habituel d'administration sévère. Les temples de la Gaule hellénique sont Grecs, les temples d'Asie ont la somptuosité et la grandeur redoutable de tout ce qui s'élève au-dessus de ce sol mystique, fiévreux, saturé de pourriture et de chaleur, et pour qui le temps ne compte pas. Partout, pour les monuments utilitaires eux-mêmes — car les arènes provençales, pour ne citer qu'elles, se présentent avec une discrétion, une grâce, une élégance dégagées qu'on ne rencontre pas en celles d'Italie — partout l'âme autochtone impose à Rome sa collaboration, et parfois sa domination. Dans l'ornement, par exemple, on trouve chez le Grec, chez l'Asiatique, chez l'Africain ou l'Espagnol travaillant sous les ordres du constructeur romain, l'insurrection silencieuse du sentiment personnel. Tels bas-reliefs gallo-romains font immédiatement penser, par leur saveur et leur verve, par la vigueur allègre avec laquelle la pierre est attaquée, par la tendresse concrète et peut-être un peu narquoise de leur accent,

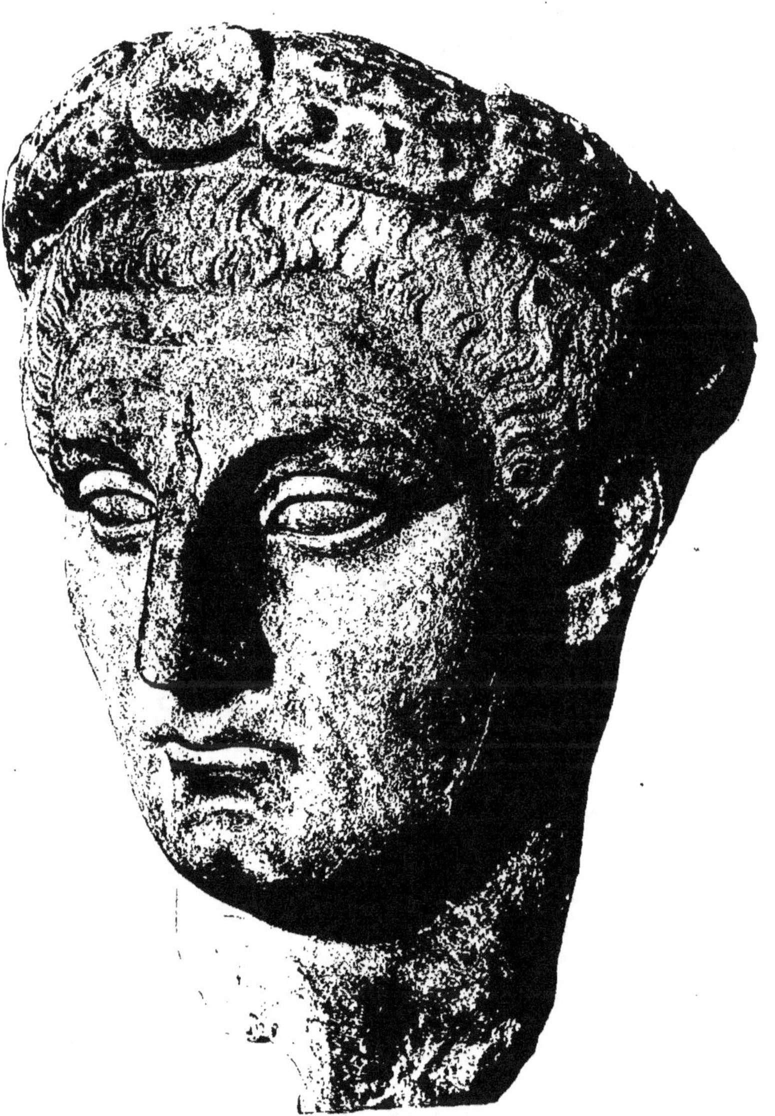

Claude (1ᵉʳ siècle ap. J.-C.) (*Musée du Louvre*).

aux feuilles, aux fruits, aux guirlandes, aux figures qui dix
siècles plus tard orneront les chapiteaux, les porches, les
façades des cathédrales françaises. C'est seulement dans l'or-
donnance générale de l'édifice que le Romain garde ses droits.

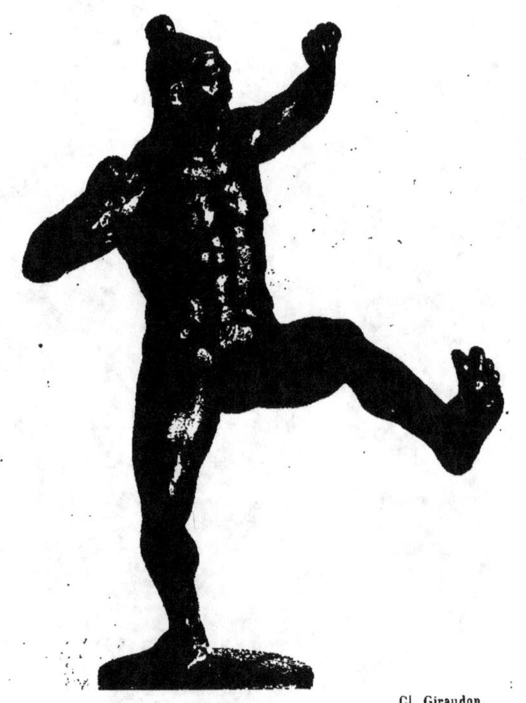

Cl. Giraudon.

ART GRÉCO-ROMAIN. Lutteur, bronze (*Louvre*).

Les Grecs bariolaient leurs monuments d'ocre et de vermillon, de bleu, de vert, d'or, ils éclataient dans la lumière.
Comment le Romain comprendra-t-il la polychromie? La
peinture a quelque chose de mobile, de fugitif, d'aérien presque,
qui répugne à son génie. Il la voit déjà pâlir et s'effriter sur

236

les marbres des Acropoles. Alors il l'incorpore à la matière,
il fait un temple où les marbres multicolores, unis ou veinés,
alternent avec les granits, les porphyres, les basaltes. L'harmonie n'importe guère : la couleur ne passera plus.

III

Même transformation partout, en peinture, en sculpture. La
copie, consciencieuse, est toujours infidèle. Elle est alourdie,
empâtée, pénible, elle est morte. Le statuaire grec qui travaille
à Rome a quelquefois de beaux réveils, mais il obéit à la
mode, il est tantôt classique, tantôt décadent, tantôt archaïsant.
Quant au statuaire romain, sa besogne est de fabriquer, pour
le collectionneur, d'innombrables répliques des statues de la
grande époque athénienne. C'est la seconde étape de cet
académisme dont le monde moderne souffre encore. La première datait de ceux des élèves de Polyclète, de Myron, de
Phidias, de Praxitèle qui savaient trop bien leur métier.

Rome s'encombre de statues. Il y a des morts et des vivants.
Tous ceux qui ont occupé une fonction publique, haute ou
basse, veulent en avoir, sous les yeux, le témoignage matériel
et durable. Bien plus chacun, s'il peut se la payer, tient à
savoir d'avance l'effet que produira l'auge dans laquelle on
l'étendra. Ce n'est pas seulement l'Imperator qui verra sa vie
militaire illustrer le marbre des arches et des colonnes triomphales. Le centurion, le tribun ont bien aussi, dans leur existence publique, quelque haut fait à livrer à l'admiration de
l'avenir. Les sculpteurs de sarcophages imaginent le bas-relief
anecdotique. Le « genre » d'histoire, cette forme spéciale
de dégénérescence artistique qui fit de tout temps si bon
ménage avec l'académisme, est inventé. Il s'agit de trouver et
de raconter, dans la vie du grand homme, le plus de faits
héroïques possible. Sur cinq ou six mètres de marbre, on
entasse les aventures, on presse les personnages, les enseignes,

237

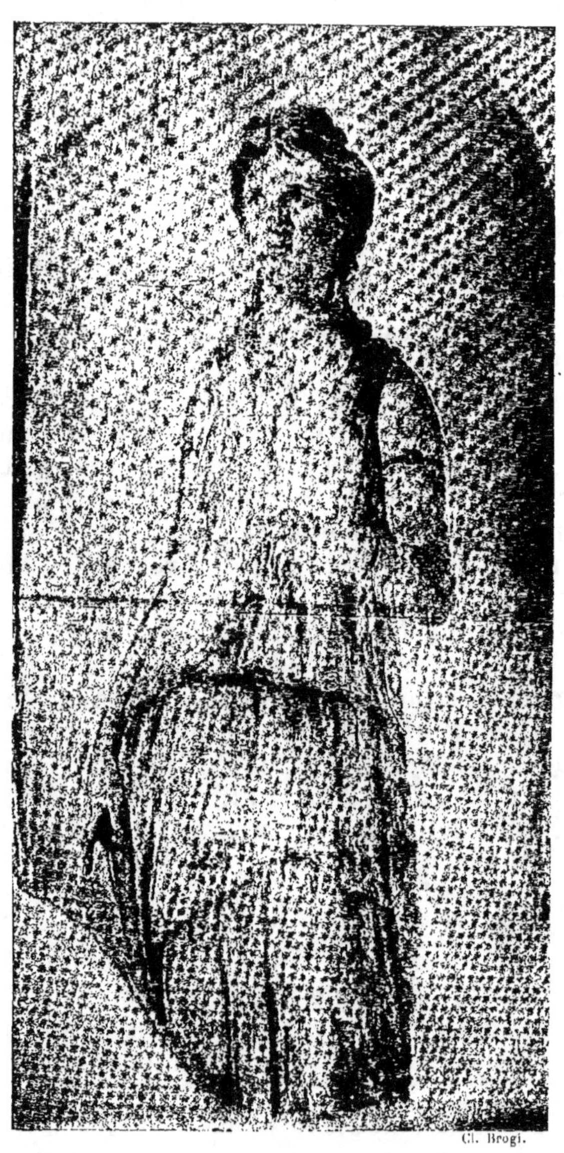

ART GRÉCO-ROMAIN. Bacchante, fresque (*Musée du Vatican*).

les armes, les faisceaux. Tout est épisodique, et on ne saisit
rien de l'épisode, alors que, dans le sobre bas-relief grec où
rien n'était épisodique, toute la signification de la scène apparaissait du premier coup.

Cependant, c'est surtout dans ces bas-reliefs que l'âpre

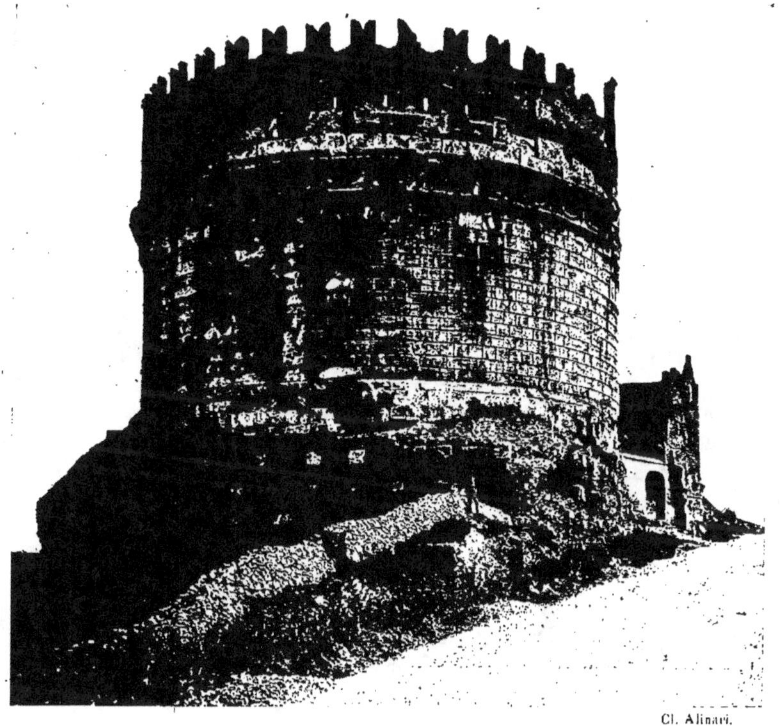

Tombeau de Cecilia Metella (1er siècle avant J.-C.).

génie romain marque sa trace. Il y a là, très souvent, une
sorte de force sombre et de solennité qui pénètrent en nous
avec tout un cortège de souvenirs écrasants, les lauriers, les
licteurs, la pourpre consulaire. Une puissance barbare y
éclate, qu'aucune éducation n'est capable de contenir. Parfois
même dans les lourdes guirlandes ciselées où les fruits,

les fleurs, les feuillages s'accumulent et s'enchevêtrent ainsi
que les moissons et les récoltes des fortes campagnes latines,
on voit sourdre cette sève rustique que Rome n'a pas pu tarir
et dont le poème de Lucrèce craque comme un vieil arbre
verdoyant. Les Grecs alors sont oubliés, et les sculpteurs

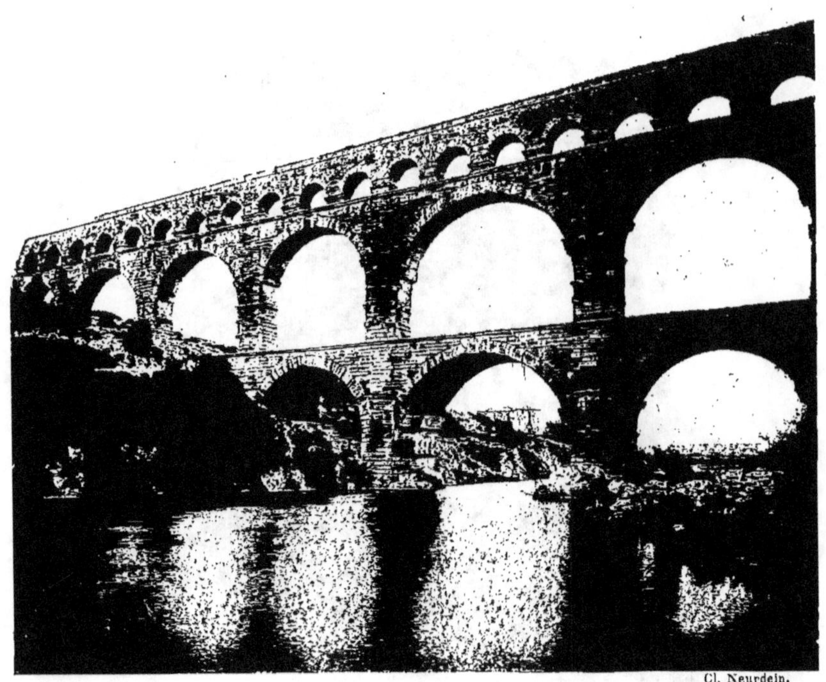

Pont du Gard (19 avant J.-C.).

venus d'Athènes doivent rire de pitié devant ces poèmes
confus à la richesse de la terre. C'est un rythme autre que le
leur, et ils ne comprennent guère. Et sans doute préfèrent-ils
l'imitation pesante qu'on fait d'eux. Plus de vides en effet, plus
de silencieux passages, plus d'onde spirituelle unissant des
volumes qui se répondent dans un souci constant d'équilibre
musical. Mais une orgie disciplinée quand même, où l'abon-

dance devient un élément qui s'incorpore à l'ivresse charnelle plutôt qu'elle ne s'inscrit dans l'espace intellectuel. Le décor romain au total s'affirme moins stylisé et idéalisé, sans doute, mais plus émouvant et sensuel que le décor grec. Le raisin crie, le chêne offre, à brassées, son gland compact, sa feuille noire, l'épi chargé de grains se groupe en gerbes épaisses, ou

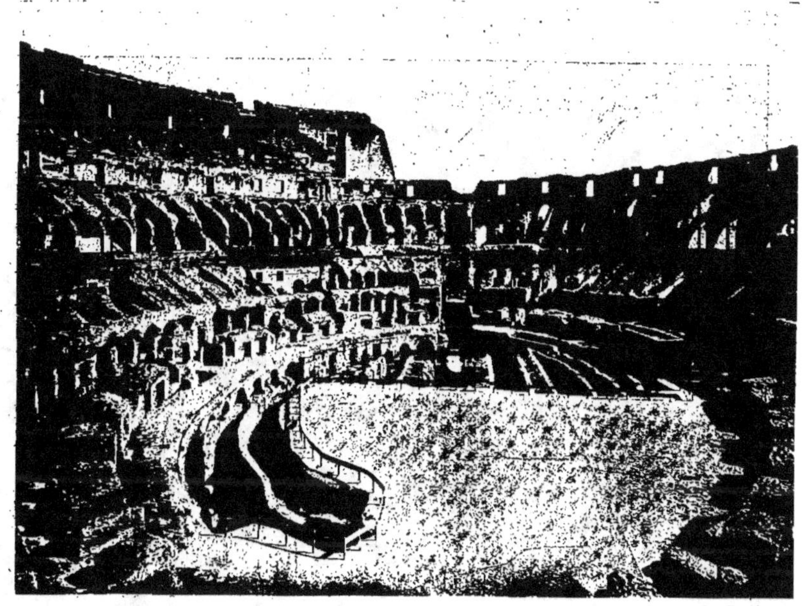

Rome (Ier siècle ap. J.-C.). Le Colisée, intérieur de l'arène.

sent flotter le parfum des ramures vertes et l'odeur du sol labouré. Il est riche et dru, mais confiné probablement dans les besognes ouvrières. Chez le statuaire officiel, au contraire, règne une confusion violente, un monotone ennui, l'immobilité.

C'est à cet esprit tout entier hors de l'homme et tout entier tendu à glorifier des êtres, des choses ou des abstractions vers qui l'homme n'est pas attiré vers sa véritable nature, mais par le préjugé ou le culte du moment, que l'allégorie dut la fortune

241

16

dont elle jouit dans l'académisme romain. Le grand artiste n'aime pas l'allégorie. Si on la lui impose, il la domine, il la noie dans la forme, tirant de la forme elle-même le sens qu'elle enferme toujours. L'allégorie, au contraire, domine le faux artiste à qui la forme n'apprend rien. L'allégorie, est la caricature du symbole. Le symbole est le visage vivant de l'abstrac-

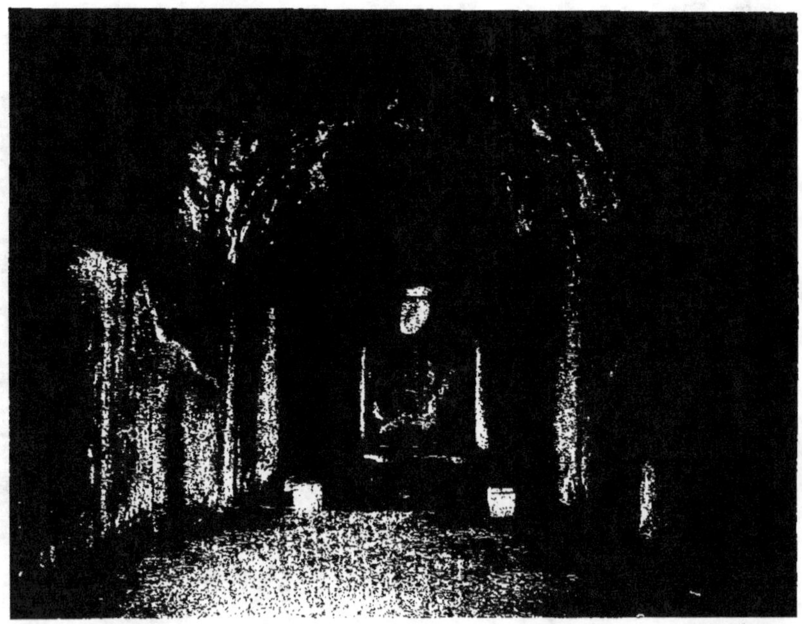

Rome. Thermes de Titus, galerie centrale.

tion réalisée. L'allégorie signale la présence de l'abstraction par des attributs extérieurs.

Ces froides académies, ces mannequins de bronzes et de marbre, ces gestes figés, toujours les mêmes, ces attitudes oratoires ou martiales qui ne changeaient pas, ces papyrus roulés, ces draperies, ces tridents, ces foudres, ces cornes d'abondance emplissaient tous les lieux publics, forums, carrefours, sanctuaires, de leur lourde foule ennuyeuse. Sarcophages, statues,

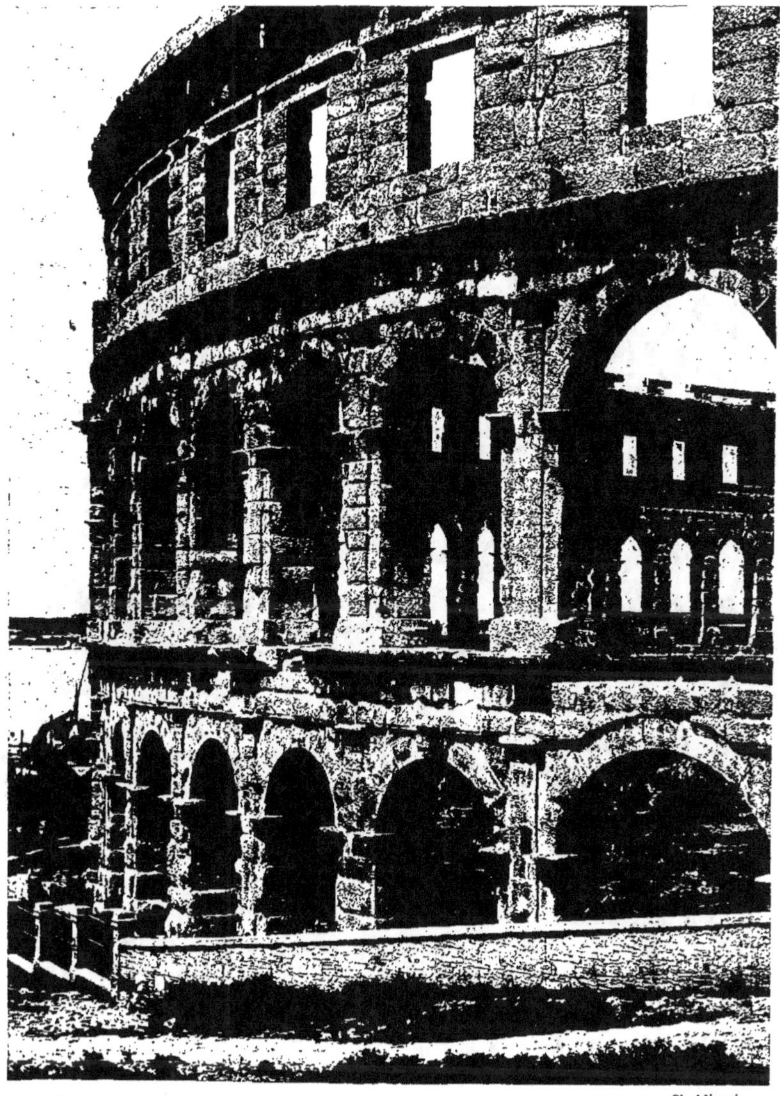

Pola (1er siècle ap. J.-C.). Les arènes, détail.

tout était fait d'avance, l'orateur vêtu de la toge, le général
cuirassé, le tribun, le questeur, le consul, le sénateur, l'imperator. Le corps était interchangeable. On vissait la tête aux
épaules. Pour reconnaître le personnage, il fallait regarder son
visage, parfois placé trop haut pour qu'on pût le distinguer.
Seul, il n'avait pas l'air de sortir de la fabrique. C'est qu'il

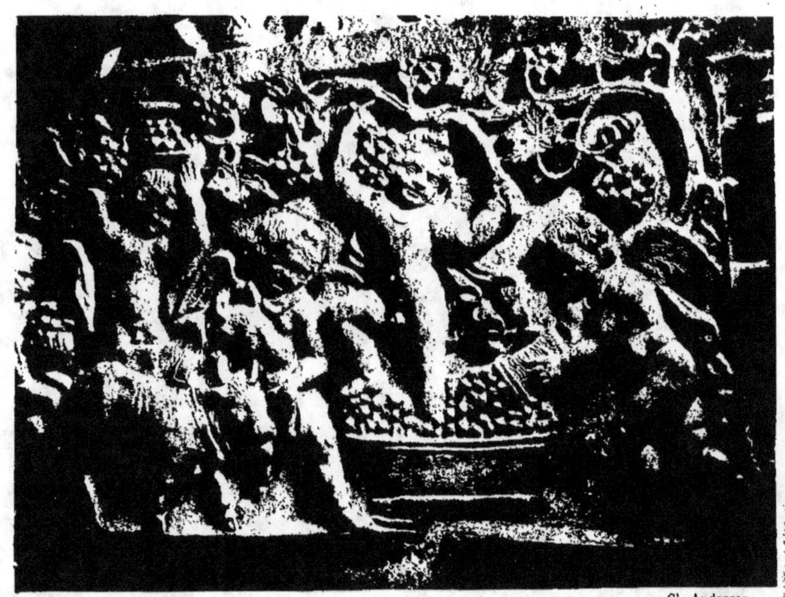

Cl. Anderson.

Sarcophage de Junius Bassus (*Vatican*).

répondait seul à un souci, obscur et matériel, mais sincère, de
vérité. Il n'était fait qu'après la commande, pour celui qui le
commandait, et l'artiste et le modèle collaboraient dès lors
loyalement.

Tous ces portraits romains sont implacables. Nulle convention, mais aussi nulle fantaisie. Homme ou femme, empereur
ou noble, le modèle est suivi trait à trait, de l'ossature du
visage au grain de la peau, de la forme des coiffures aux

244

déviations des nez, à la brutalité des bouches. Le marbrier est
attentif, appliqué, probe. Il ne pense même pas à appuyer sur

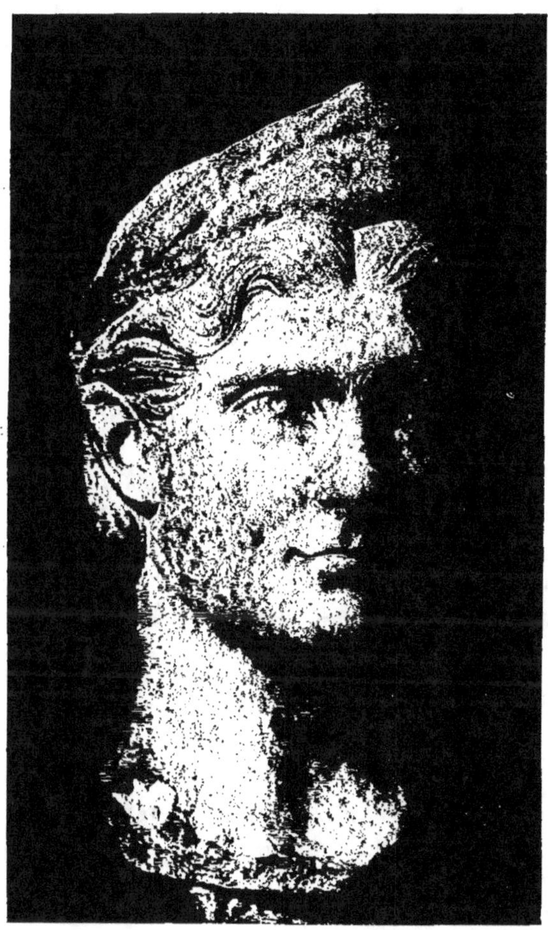

Cl. Mansell.

La femme de Trajean (*British Museum*).

les éléments descriptifs de la figure du modèle, il veut le faire
ressemblant. Aucun essai de généralisation, pas une tentative
de mensonge ou de flatterie ou de satire, pas d'intention psy-

245

chologique, et même peu de caractère, au sens descriptif du mot. Moins de pénétration que de souci d'exactitude. L'artiste ne ment pas, ni le modèle. Ce sont des documents d'histoire, des vrais Césars de Rome aux aventuriers d'Espagne ou d'Asie, des monstres divinisés aux empereurs stoïciens. Où est le type classique du « profil de médaille » dans ces têtes lourdes ou fines, carrées, pointues ou rondes, parfois rêveuses, souvent méchantes, toujours vraies, cabotins bouffis, idéalistes un peu niais, brutes tout à fait incurables, vieux centurions tannés, hétaïres couronnées qui ne sont même pas jolies ? Quelques-uns certes, à force d'attention, à force de vie concentrée, par leur densité et leur masse, par l'impitoyable poursuite d'un modelé profond que l'ossature du visage interrogé possède par hasard et révèle au statuaire, sont d'une puissante beauté. Dans la statue de la *Grande Vestale*, par exemple, la vérité immédiate atteint la vérité typique : alors Rome tout entière, sa domination sur elle-même, sa pesanteur sur l'univers, Rome apparaît en cette femme forte et grave, aussi solide que la citadelle, aussi sûre que le foyer, sans humanité, sans tendresse, sans défaillance, jusqu'au jour où lentement, profondément, irrésistiblement, elle aura creusé son sillon.

IV

Il faut tourner le dos aux temples, jeter à peine un regard sur les arcs de triomphe massifs et les colonnes triomphales autour desquelles l'ascension brutale des cortèges élève vers un empyrée qui ne dépasse pas leur cîme la force de Rome. La Rome qui se voulait, qui se croyait artiste, a mis dans les portraits de marbre et dans quelques bas-reliefs saisissants d'autorité et de rudesse tout son génie natal. Pour le retrouver en des manifestations plus caractéristiques et démesurément imposantes, il faut quitter le domaine de l'art proprement dit, de cette fonction supérieure dont le rôle est d'exalter

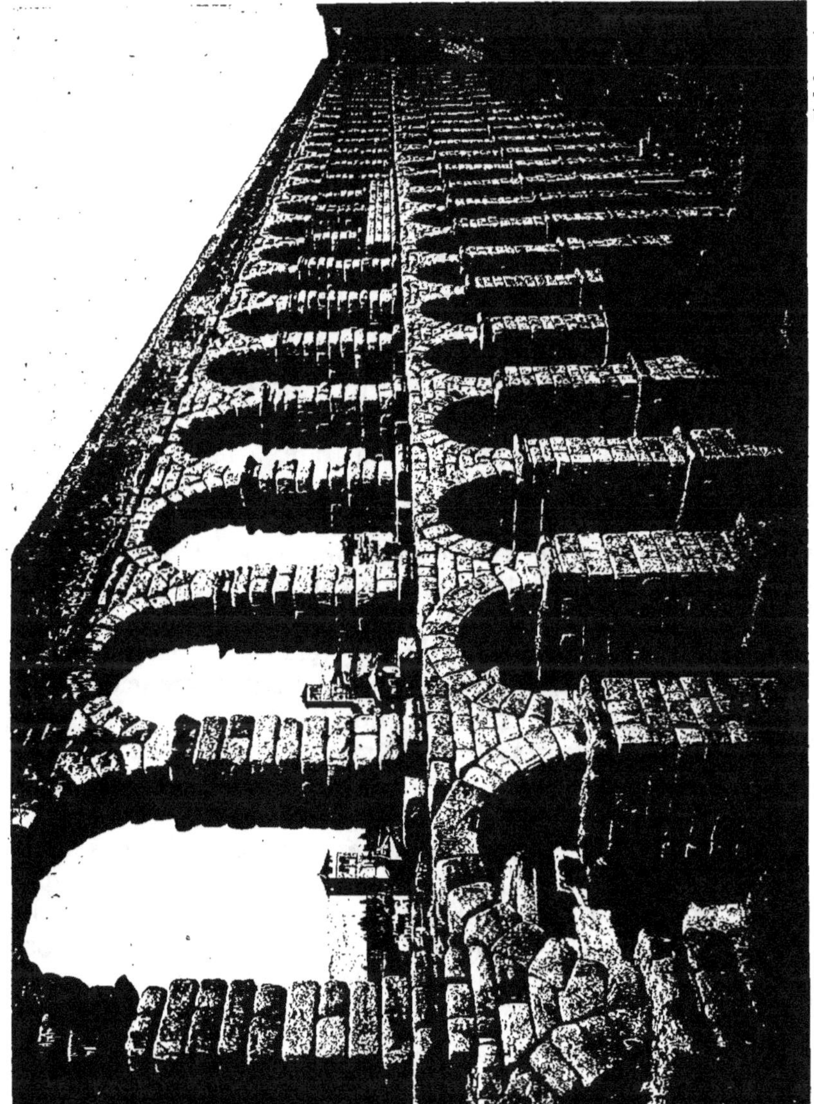

Cl. J. Laurent.

Ségovie (IIe siècle ap. J.-C.). Aqueduc.

toutes les fonctions élevées de l'intelligence et de l'amour, et
regarder les expressions de sa vie quotidienne, positive et
matérialiste. Rome n'avait aucun autre besoin moral que de
proclamer sa gloire extérieure, et tout monument y suffisait,
pourvu qu'il fût décoré du nom de temple, d'arc de triomphe,
de rostre ou de trophée. Mais elle avait de gros besoins de
santé, de force physique, et plus tard, pour dépenser cette force
et cette santé devenues lourdes à porter après la fin des
guerres, de gros besoins de nourriture, de femmes, de jeux
violents. De là d'abord les voies dallées, les ponts, les aqueducs, ensuite les théâtres, les thermes, les cirques : le sang, la
viande après la marche et l'eau.

L'idéal romain, au long de l'histoire, a l'uniformité et la
constance d'une règle administrative. A Rome, le vrai artiste
c'est l'ingénieur, comme le vrai poète c'est l'historien et le vrai
philosophe le juriste. Le Romain imposera à la famille, à la
société, à la nature, la forme de sa volonté. Il réprimera par la
loi ses instincts de rapine, il acquerra la vigueur morale qu'il
faut pour conquérir la terre en s'entretenant de lui-même, il
échappera à son milieu ingrat en poussant des tentacules de
pierre jusqu'aux extrémités du monde. Tout cela, son droit,
ses annales, ses routes, il les bâtira dalle après dalle, moellon
après moellon, comme, parti de Rome, il s'étendra sur les
plaines, les monts, les mers, cercle après cercle.

L'orgueil de ce peuple, sa force sont dans les lieux qu'il
habitait. Quelques collines basses au milieu des marais que
fuient l'habitant des hauteurs sabines et le laboureur du
Latium. Ni pain, ni eau, un cercle lointain de montagnes hostiles. Un refuge de parias, mais de parias violents, voraces,
qui savent qu'il y a des terres grasses, des villes riches, des
troupeaux derrière l'horizon. Coûte que coûte, il faut franchir
le cercle maudit. La race puisera sa force aux sources des
montagnes que des voies de pierre inflexibles répandront dans
Rome par torrents. Des voies de pierre inflexibles dirigeront
cette force à travers les marais desséchés, à travers les forêts
ouvertes, les fleuves, les solitudes, les montagnes, vers la lumière

du Midi, vers les brouillards du Nord. Le ciment lie les pierres et les dalles, en fait un seul bloc continu, du centre aux confins de la terre habitée. Le sang part du cœur, revient au cœur, Rome est dans tout l'Empire, tout l'Empire est dans Rome. Le monde antique est une immense oasis de bois, de terres labourées, de cités opulentes, d'océans féconds, Rome un amas

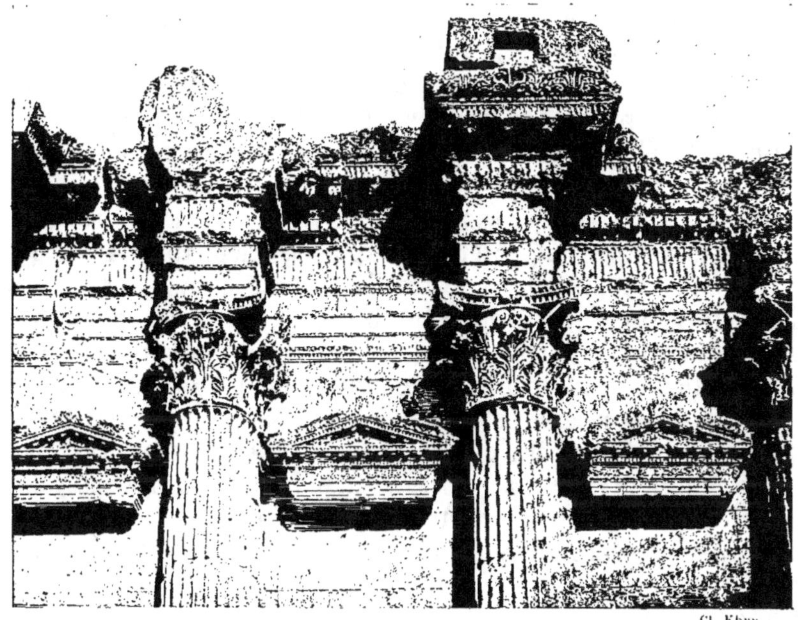

Temple de Jupiter à Baalbeck, détail (IIᵉ siècle ap. J.-C.).

de murailles et de masures, une houle noire et basse de bouges populaires dont la rumeur ne cesse pas et qui porte péniblement de durs vaisseaux de pierre, lourds de forme, lourds de silence. Entre le monde et la cité un désert morne, traversé d'artères rigides jusqu'au cercle de l'horizon, une étendue triste ondulant comme une mer sous le soleil ou la nuit.

Pour souder ainsi cette ville isolée au reste du monde, matériellement, moralement, il fallut un orgueil énorme, une énorme énergie, d'énormes travaux qui accroissaient cette énergie, exaltaient cet orgueil et le poussaient à entreprendre des travaux toujours plus énormes. Sous l'Empire, c'est une course à l'énorme. Encore des aqueducs, des ponts, des routes, encore des pierres à côté d'autres pierres, encore des pierres sur des pierres. Avec l'Asie asservie, la paix imposée, la soif et la liberté de jouir ont fait leur entrée dans Rome. Elle s'y rue, avec sa force de conquête et d'autorité. Plus énorme toujours, dans le jeu, l'amour, la paresse, comme dans la guerre, la loi, l'histoire, la construction de la cité. Rome ne se contente plus de faire sentir aux limites de son empire les pulsations de son cœur, elle transporte au dedans d'elle jusqu'à la matière de son empire. Les hommes de toutes les races l'engorgent, y traînant derrière eux leurs mœurs, leurs dieux, leurs sols. « Les climats sont vaincus, la nature asservie ; la girafe africaine se promène dans Rome sous une forêt mobile, avec l'éléphant indien ; les vaisseaux combattent sur terre » (1). Après les aqueducs, après les routes, on construit des amphithéâtres, des cirques où des armées s'égorgent, où quatre-vingt mille Romains peuvent voir lâchée contre des hommes toute la faune du désert, de la forêt, de la montagne, et des nappes de sang chaud arroser le sang coagulé. On bâtit des thermes, avec des piscines où trois mille baigneurs sont à l'aise, des tepidariums immenses, des promenoirs à voûtes monstrueuses où l'oisif passe sa journée au milieu des femmes, des danseuses, des musiciens, des rhéteurs, des sophistes, des statues rapportées de Grèce. Mais l'âme de la Grèce n'y est pas entrée avec elles. Le Grec, jusqu'aux jours de sa plus triste déchéance, aimait ces formes pour elles-mêmes. Le Romain les juge à peine dignes d'encadrer l'orgie de chair, de sang, d'eaux ruisselantes. Il s'enfonce avec frénésie dans sa lourde sensualité.

Mais là au moins il est artiste, sans le savoir. La fonction sans doute est basse, toute submergée de matière, positive, égoïste, cruelle. Mais l'organe qu'elle appelle y est si puissam-

1. Michelet, *Histoire Romaine*.

ment adapté qu'il en acquiert une écrasante et rare et directe et
monotone splendeur. Ainsi toujours, au bas comme en haut
de l'échelle, sur le premier degré comme au fronton du temple,
dans l'ordre matériel comme dans l'ordre moral, le beau et
l'utile s'accordent mystérieusement.

L'architecture religieuse officielle déborde d'ornements,

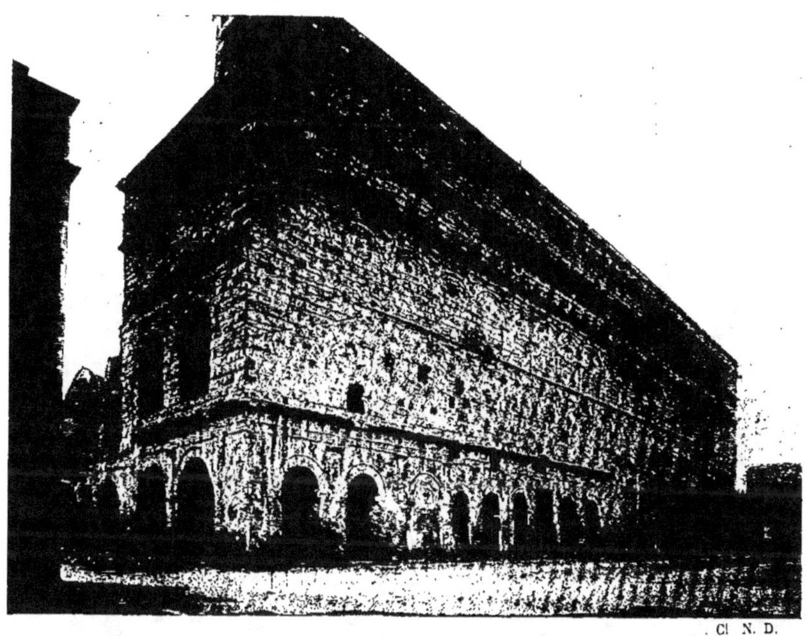

ORANGE (IIe siècle ap. J.-C.). Le théâtre.

quadriges, bas-reliefs, allégories, fausses colonnes. La colonne
corinthienne, si illogique avec son chapiteau de feuilles écrasé
par l'entablement, et que les Grecs employèrent à peine,
semble avoir été inventée pour permettre aux Romains de
faire éclater, dans un stupéfiant contraste, l'inintelligence
artistique de ceux d'entre eux qu'on charge d'entretenir la
ville d'art. Dès qu'ils usent de l'ornement, leur architecture
perd sa beauté, parce qu'elle perd sa logique. Et c'est la

251

même erreur toutes les fois qu'ils visent à l'effet avant de songer à la fonction. Telles coupes d'argent romaines ont leur vasque encombrée de formes ciselées. On peut à peine y boire. Jouisseur et positif, le Romain divague quand il aborde la spéculation, l'idée générale, le symbole. Dès qu'il s'agit de satisfaire ses instincts les plus matériels, il dit des choses admirables.

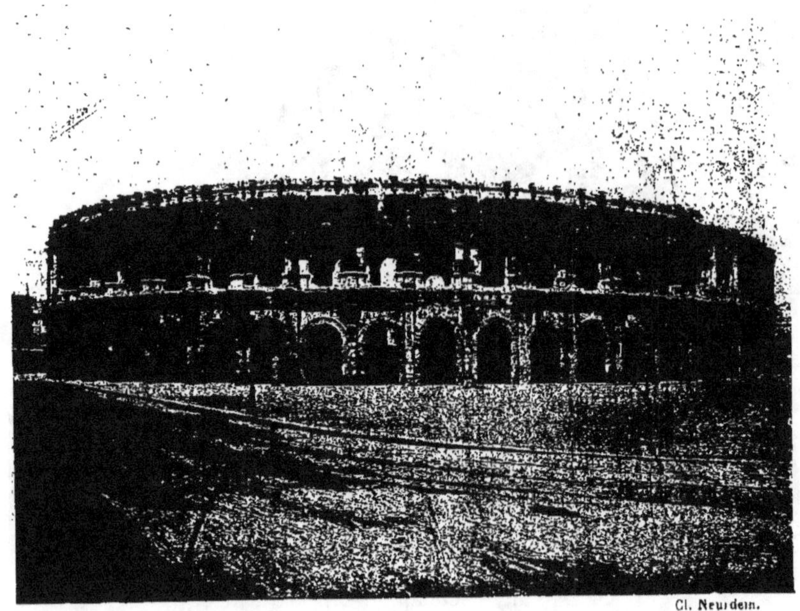

Nimes. Arènes (ii° siècle ap. J.-C.).

Pas d'ornements sur ses aqueducs, ses ponts, ses thermes, très peu sur ses amphithéâtres, et ce sont, avec les portraits positifs, ses seules œuvres d'art réelles. Nus, droits, catégoriques, acceptant leur rôle, ils présentent des murs terribles, des entassements de matière dorés par le feu méridional, craquelés et blanchis par les gelées du Nord, des voûtes aériennes sur des piliers cyclopéens, des théories d'arches géantes enjambant les vallons, les marécages, crevant les barrières rocheuses

252

ou les escaladant, sûrs dans leur ascension verticale ou leur
marche comme des falaises ou des troupeaux de monstres
primitifs. Le but qu'ils visent leur donne une allure impla-
cable. Ils ont la rigueur du calcul, la force de la volonté, l'autorité de l'orgueil.

Ils ont la légèreté des frondaisons oscillant au sommet des

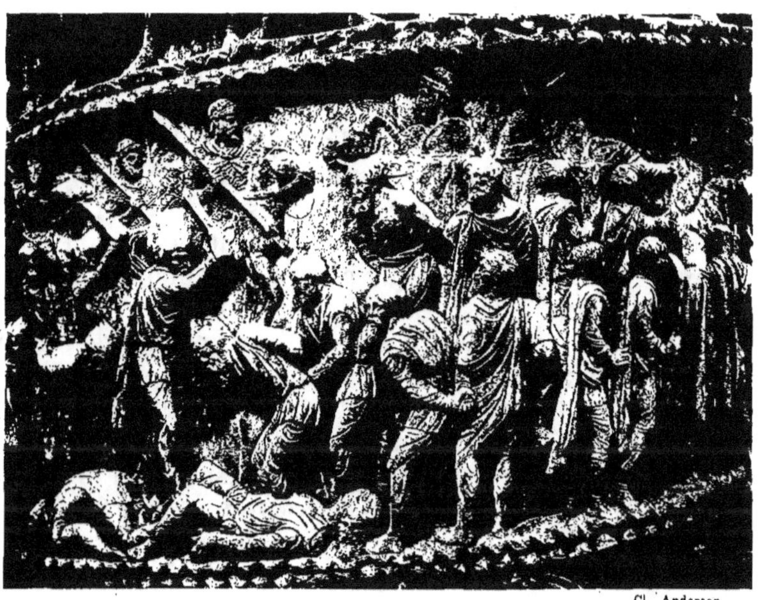

Rome. Colonne Antonine (iie siècle ap. J.-C.). Exécution des chefs germains,
détail.

arbres, à soixante pieds du sol. L'arche, la voûte, le berceau,
les couloirs et les coupoles, mille blocs de granit suspendus
en l'air comme des feuilles pendant vingt siècles, et qui ne
peuvent pas crouler avant que l'infiltration des eaux, l'assaut
des vents et du soleil aient déraciné leurs troncs, ont l'air de
végétations naturelles qui traverseraient les hivers. Pétrifier
l'épaisseur de l'azur, l'épaisseur des cîmes des bois! Il fallait
l'imagination humaine pour réaliser le prodige d'offrir aux

253

foules, comme abri perpétuel, les courbes arrondies par dessus la courbe de la terre. Il fallait l'audace des hommes pour suspendre la matière dans l'espace par sa propre pesanteur, coller les pierres l'une à l'autre en leur laissant trop peu de place pour leur permettre de tomber et réfréner leur tendance à s'écarter l'une de l'autre en donnant aux piliers qui les portent, à force de les épaissir, une absolue solidité.

Plus il est haut, plus il est droit, plus il est nu, plus il est épais et dense, moins il offre de jours, d'ouvertures, de vides, mieux le mur représente, sur la face riante ou dramatique du sol, l'image de la volonté, de l'énergie, de la continuité dans l'effort. Le mur romain est l'une des grandes choses de l'Histoire. Il est l'Histoire. Et, comme il est la force, il est le droit. Il semble sans interruptions, il tient toujours, même craquelé de fissures. La chute de mille pierres ne l'ébranle pas. Pendant dix siècles, on a bâti toutes les maisons de Rome avec les moellons du Colisée. Le Colisée n'a pas changé de forme. Le mur romain reste partout identique à lui-même. La dalle des routes qui, durant deux cents lieues, poursuit sa marche rigide, n'est qu'un mur couché sur la terre pour l'étreindre et l'asservir. L'arche des ponts, qui n'est qu'un mur tendu comme le bois d'un arc, bande la corde passive des fleuves. Le mur des aqueducs creusé comme le lit des fleuves même, porte leurs eaux en ligne droite là où l'édile le veut. Haut et nu, le mur extérieur du théâtre interdit aux yeux de celui dont il s'agit d'endiguer les appétits ou les révoltes, d'errer sur le libre horizon. Le mur des cirques, continu et compact comme un cercle de bronze, enferme l'orgie sanglante dans la rigueur géométrique d'un problème administratif. Le mur qui s'arrondit au-dessus des tepidariums et des piscines avec la docilité d'une atmosphère maintenue dans ses frontières sphériques par la gravitation des cieux, confère à la volupté et à l'hygiène l'autorité grandiose d'une loi d'ordre naturel.

C'est à Rome que le poème pélagique du mur, si nerveusement et savamment développé par les Grecs et les Etrusques, trouva ses plus puissantes et ses plus durables expressions.

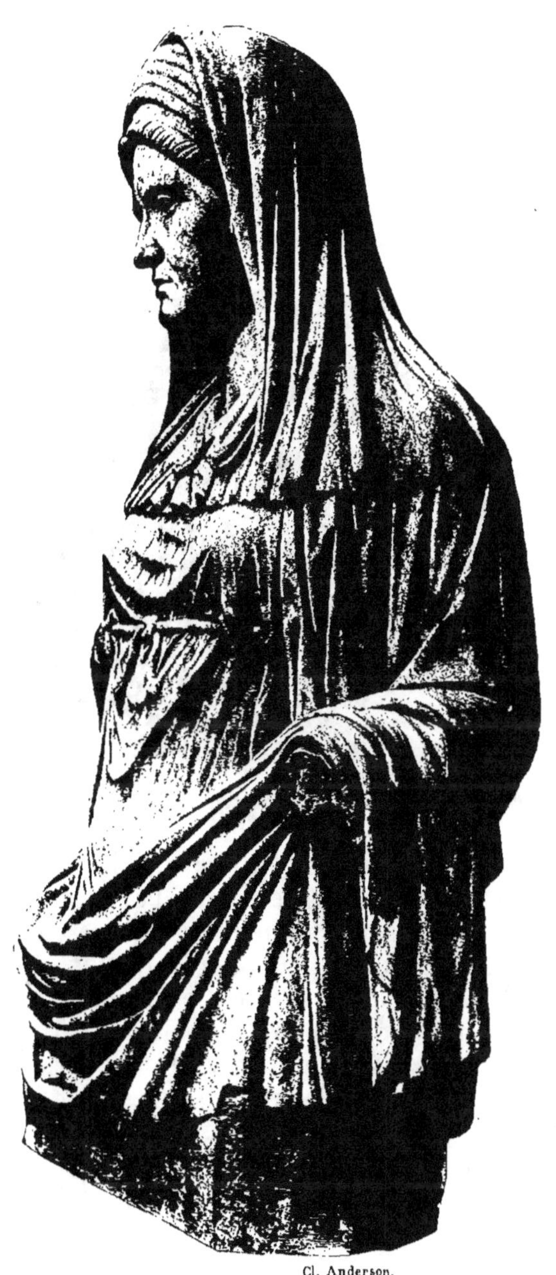

La Grande Vestale (IIIe siècle ap. J.-C.) (*Musée National romain*).

C'est à Rome que les applications de la voûte asiatique furent
les plus variées, son usage le plus fréquent, son emploi le plus
méthodique. La voûte, en Chaldée, en Assyrie, s'allongeait,
s'écrasait ou se renflait sur les palais, sur les maisons, planait
au-dessus des villes. A Rome, elle est la base même de toute
construction utilitaire, et la plupart des formes architecto-
niques dérivent de sa présence, arches des ponts, vomitoires,

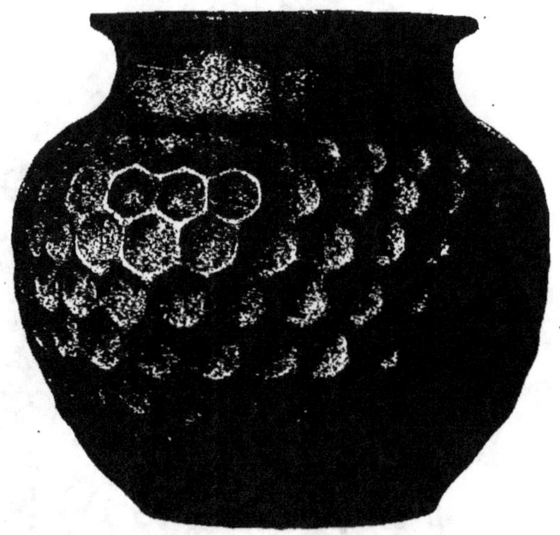

Vase du Trésor de Bernay, argent (*Bibliothèque nationale*).

couloirs autour des cirques, immensité des salles amenée par
la force des murs, puissance des supports commandée par la
hauteur des édifices, monuments circulaires, images de l'horizon des plaines portant la coupole du ciel.

Le tombeau de *Cecilia Metella*, le *Môle d'Adrien*, le *Panthéon
d'Agrippa* surtout sont des raccourcis de la force de Rome et
du cirque sévère et sauvage au centre duquel elle est bâtie. La
puissance en est triste, les murs pleins, aussi rugueux qu'une
peau de monstre, l'intérieur secret et jaloux comme l'âme de
ce peuple qui ne consentit pas à se manifester avant d'avoir
enlevé à tous les autres peuples le droit de la discuter. Cela

256

pèse sur l'écorce terrestre et semble émaner d'elle. Au sommet du Panthéon, une ouverture circulaire laisse passer la lumière du ciel. Elle y tombe comme à regret et ne parvient jamais à en éclairer les recoins. Rome est volontaire et fermée.

C'est seulement dans les cirques de pierre que le soleil descendait à flots, mais pour y éclairer les spectacles que le

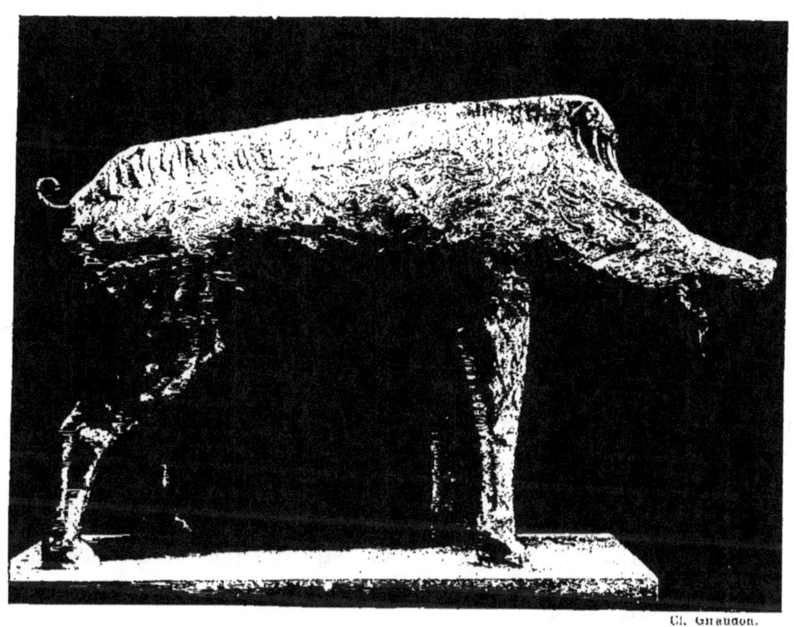

ART GALLO-ROMAIN (commencement du IIIe siècle). Sanglier (*Musée d'Orléans*).

monde domestiqué donnait à Rome en attendant qu'il y puisât la haine, la révolte, la soif de purification. *Panem et Circenses !* Le Colisée n'est que la formule de pierre des besoins monstrueux du peuple roi. Le patricien ne dispose plus de la guerre pour occuper le plébéien. Voilà du pain. Voilà des cirques où peut tenir toute une ville, et construits de telle sorte que de chacune de ses places on puisse assister à l'agonie de cette ville. Jamais on ne vit, sous le ciel, de théâtre mieux aménagé pour y donner le spectacle d'un suicide plus grandiose que celui-là.

257

17

L'équilibre romain n'eut pas le caractère spontané et philosophique de l'équilibre athénien, et ce n'est pas tant à cause de l'étendue multiforme de l'Empire de Rome que de la profondeur de son anarchie morale. La Grèce, en guerre avec la Perse, était beaucoup plus près de l'harmonie que Rome ne le fut à l'heure même où elle décrétait la paix. Son repos, son art, jusqu'à ses plaisirs furent d'ordre administratif. La lutte des intérêts, la rivalité des classes, le désordre social n'y cessèrent pas, des premiers temps de la République au triomphe du Christianisme. Tout le long de l'histoire romaine, le pauvre lutte contre le riche qui le tient d'abord par la guerre, ensuite par les jeux. Mais, plus bas que le pauvre, il y avait un être plus misérable qui n'assistait guère aux jeux qu'en qualité d'acteur. C'était l'esclave, le grouillement obscur de Suburre et des Catacombes, la femme, autre esclave outragée tous les jours et par tous dans sa chair et dans sa tendresse. L'être qui vit dans les ténèbres demande sans cesse au soleil qu'il se lève au dedans de lui. La marée mystique des pauvres, née du scepticisme hellénique, monte et va submerger le matérialisme romain. Rome ne se doutait pas, sans doute, que le jour où elle brisa l'effroyable résistance du petit peuple juif, ce jour-là marqua le commencement de la victoire du petit peuple juif sur elle. Il était dans la loi des choses que l'âme du monde antique, comprimée par Rome, refluât dans l'âme de Rome. Les patriciens avaient subi l'idéal grec, les plébéiens, à leur tour, subissaient l'idéal juif.

L'Eglise allait se bâtir sur cette pierre dure, et le riche, encore une fois, asservir le pauvre en lui donnant la promesse ou le simulacre des biens qu'il réclamait. Rome, en se faisant chrétienne, ne cessa pas d'être elle-même, comme elle était restée Rome en croyant s'helléniser. Les apôtres avaient déjà voilé le visage du Christ. Rome n'eut pas de peine à couler le sentiment des masses au moule de sa volonté pour les lancer de nouveau à la conquête de la terre. Son désir matériel d'empire mondial allait se réveiller au contact du rêve de communion morale universelle que le Christianisme après le Bou-

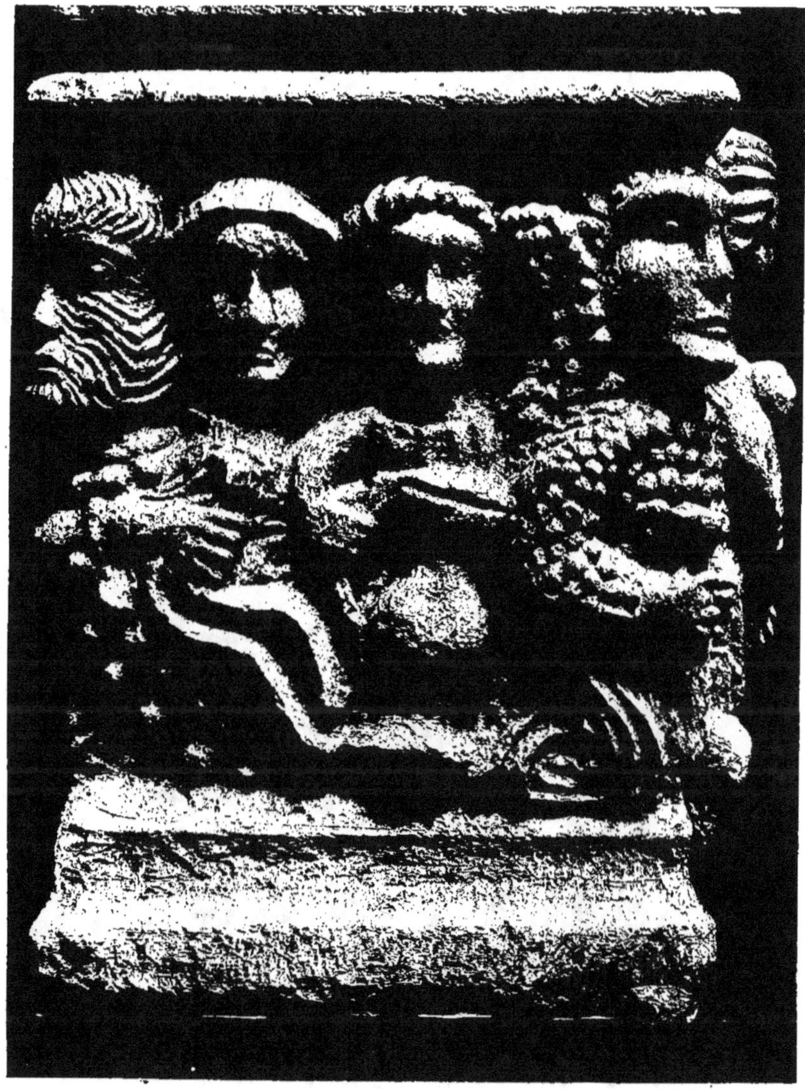

ART GALLO-ROMAIN. Autel (*Eglise de Vérécourt*).

dhisme lointain, semait dans les âmes, et transformer ce rêve
à son profit. Julien l'Apostat, le dernier héros qui parut sur
la terre obscure avant la chute du soleil, avait cru combattre
la religion d'Asie. C'est déjà contre Rome qu'il luttait, et
Rome avait l'habitude de vaincre. Les hommes du Nord,
flots après flots, pourront descendre vers la Méditerranée, le
grand miroir des figures divines, la cuve inépuisable de rayons
où tous les peuples anciens sont venus puiser la lumière.
Rome, noyée pendant plus de mille ans sous d'incessantes
alluvions humaines, restera Rome, et quand elle réapparaîtra
à la tête des peuples, les peuples s'apercevront qu'ils sont
marqués de son empreinte.

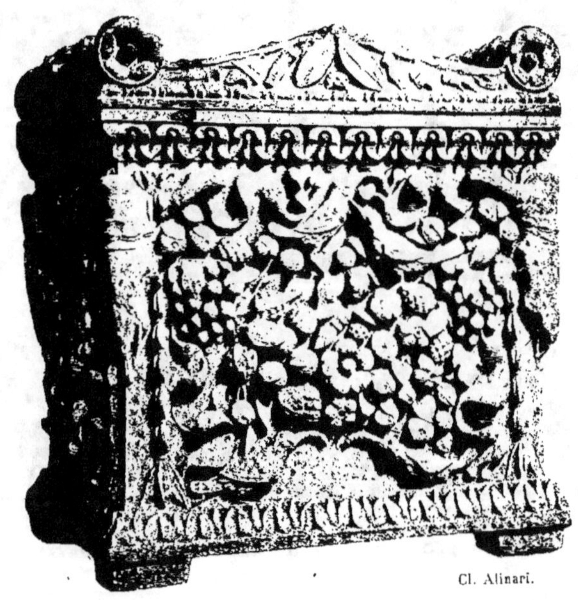

Urne cinéraire (*Musée national romain*).

INDEX ALPHABÉTIQUE

DES NOMS CITÉS DANS CE VOLUME [1]

Abraham, 99.
Agamemnon, 99.
Alexandre, 93, 176.
Anténor, 128.
Apelle, 213.
Aristoclès, 114.
Aristophane, 130, 198.
Assurbanipal, 76.

Baudelaire, II.
Bernin, XIX.
Briaxys, 171.
Byrgos, 216.

Carrière (Eugène), VIII.
Cervantès, X.
Cézanne, XX, XXI.
Clarke, XIX.
Cléœthas, 114.
Cyrus, 85.

Darius, 114.
Diderot, 218.
Douris, 216.

Endoios, 116.
Eschyle, 100, 124, 149, 194, 209.
Euphronios, 216.
Euripide, 164.
Evans, 99.

Giorgione, 214.
Guyau, V, VI.

Hagélaïdas, 114.
Hannibal, 230.
Homère, 98.

Jésus-Christ, 192, 193.
Julien l'Apostat, 260.
Juvénal, 230.

Kanakhos, 114.
Kant, V.

Lamarck, XIV.
Léocharès, XIX, XXI.
Lucien de Samosate, 182.
Lucrèce, 230, 240.
Lysippe, 168, 190.

Maret, XIX.
Masaccio, 211.
Michel-Ange, II, XI, XIX, XXII, 184.
Michelet, II, 250.
Moïse, 99.
Mummius, 230.
Myron, 128, 130, 237.

Napoléon, XIX.
Newton, XIV.

1. Les noms des artistes dont il est directement question sont en italique.

Parrhasios, 213. 214.
Pasitèlès, 180.
Périclès, 130.
Phidias, III. XIV, XIX, XXI, XXII,
    125, 126, 130, 138, 142, 149, 152-64,
    166, 167, 180, 186, 192, 204. 209. 237.
Pindare, 124. 209.
Pisistrate, 108, 116.
Platon, VI, 126.
Plaute, 230.
Polyclète, 123, 130, 237.
Polygnote, 213.
Praxitèle. 162. 164. 166. 182, 190, 197,
    237.
Pyrrhus, 230.
Pythagore. 192.

Rembrandt. III, XIV, XXI, XXII.
Renoir, XX, XXI.
Rodin (Auguste), VIII.
Rubens, XXI.

Saint Paul, 194.

Salomon, 88.
Sargon, 76.
Schliemann. 98. 99.
Scopas, 171. 179.
Semiramis, 72.
Sennachérib, 76.
Socrate, 126, 192, 194.
Sophocle, 124, 149.
Spencer (Herbert). V, XIII.

Taine, II.
Théocrite, 209.
Titien, 214.
Tolstoï, III.

Virgile, 230.
Vitruve, 210.

Winckelmann, XXI.

Xerxès, 118.

Zeuxis, 213. 228.

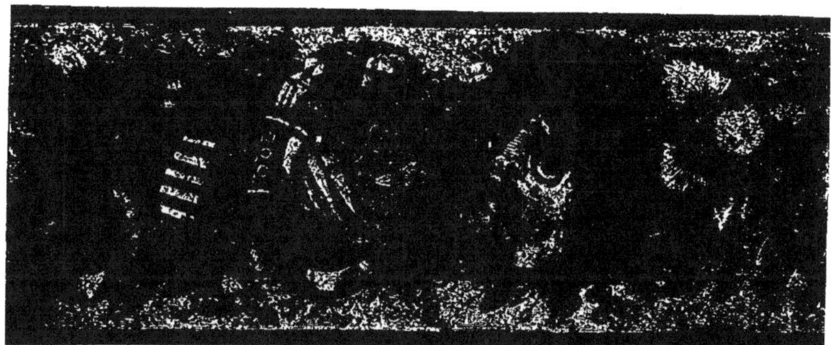

Pompéi. Mosaïque (*Musée de Naples*).

Cl. Alinari.

TABLE

Introduction a la 1re édition I

Préface a la nouvelle édition xv

Avant l'histoire I

L'Égypte 25

L'ancien orient 65

Les sources de l'art grec 95

Phidias 125

Le crépuscule des hommes 159

Les arts familiers de la grèce 195

Rome 225

Index alphabétique 261

Tableaux synoptiques 265

www.ingramcontent.com/pod-product-compliance
Lightning Source LLC
LaVergne TN
LVHW021125050726
842519LV00002B/342